空海名言法話全集

空海散歩

第7巻

さとりの風景

白象の会❖著
近藤堯寛❖監修

筑摩書房

序　弘法大師空海を生きる

高野山清凉院住職　前官　高野山大学名誉教授　**静　慈圓**

私は、四国徳島の田舎寺で生まれました。両親が弘法大師空海（以下空海と略す）を信奉していましたので、自然に十八歳で高野山大学に入学しました。空海は、常に私の信仰対象でした。空海を学問として研究をしたのは大学四年の卒業論文の時でした。空海の密教を知りたく思い『辯顕密二教論』をテーマとしました。

論文で得た結論は、批判精神ということです。批判精神（疑う態度）の欠如したところには論文は生まれない。したがって私は、空海を知りたいために空海を疑うこととなったのです。以後、朝も晩も空海の著作を疑い、気が付くと四十年が過ぎていました。疑った結果として論文は多く出来ましたが、その結末は、いくら批判しても批判し尽くせない空海がいました。脱帽です。学問では、理解が得られないところに空海密教がありました。

そこで私は、空海を信仰せざるを得ないこととなりました。すると空海が教えてくれることが生まれたのです。一言すれば、空海の密教は、「悟った空海が自ら大日如来の三昧に入り、その中から発した言葉」それが空海の文章なのです。空海の文章には、僧侶としての上求菩提の言葉と下化衆生の言葉があるといえます。

私も七十八歳になりました。最近は、人生は短いと感じています。空海の言葉にも「日天矢の如く運って人の童顔を奪う」、「命の速やかなること飛ぶ箭の如し」、「命の短きこと雷光よりも急なり。松下の塵埃と作りぬ」、「古の人今見えず、今の人那ぞ長きことを得ん」とあります。だから私はあわてているのです。空海の人間性にもっと深く触れたいためです。空海も「この身の脆きこと泡沫の如く、吾が命の仮なること夢幻の如し」、「貴き人も賎しき人も摠て死に去りぬ、死に去り死に去って灰塵となる」等と述べています。人間は皆死ぬのです。

空海を知るために、一番大事なのは、空海の言語が「漢字」であるということです（もちろん梵字悉曇も大事です）。だから漢字文化圏の中に空海を位置づけること。このことは人間空海を知る、空海の思想を知る基本であります。次に「空海の入唐求法」です。空海は入唐することで漢字文化圏の中心にいきました。だから中国の思想・歴史・土壌を知ることも必要です。私は、文章からだけでなく色々なことを試みてきました。文章解読は、大学の教室で出来ます。だが曼荼羅思想を知りたい。だから梵字悉曇を学ぶ。仏の世界を画く、そのために彩色を研究する。彩色の研究には、敦煌が必要となる。三密行を行う。そのために儀軌を学ぶ。密教法具の研究が必要、密教道場の構造が必要となる。密教道場での儀式には、声明が必要となる。空海の墨書の研究も当然です。と言う如くです。密教は、総合芸術なのです。私は空海を求めているのですが、七十歳を過ぎると、何が私の専門なのか分からなくなりました。

さて、私の友達に近藤堯寛僧正がいます。彼とは大学時代からの知り合いで彼は四歳年下です。周知の如く近藤僧正は、深く空海を信奉し空海に近づくことを、生涯の目標としています。私は、弘法大師御入定千百五十年御遠忌の年（一九八四年）に「空海長安への道」と題して、中国で空海の入唐ルートを再現しました。私は、団長として五人の隊員の中に近藤僧正を推薦しました。二千四百キロを共に踏破しました。三十六年前の懐かしい思い出です。彼は一つの仕事を決めると、執拗に食い下がります。諦めません。

近藤僧正は、学生時代から変わらず、謙虚で文才があり出版の仕事も順次に大きな成果となって現れています。高野聖として先頭に立つと共に、学侶としての学問の深さを具えた不思議な僧侶です。最近の著書、『空海名言辞典』、『おとなの絵本 観音物語』を見てびっくりしました。発想が柔らかい。これは彼が持っている天性の才能です。やはり現代の高野聖です。

今回の『空海名言法話全集 空海散歩』の発想と内容は、真言宗団が必要とする完成本です。まずは「白象の会」の方々の心意気に感服致します。そして八十人ほどの僧侶や一般人が心を一にして為し得る空海の聖語集が出来ること、なんと痛快ではありませんか。空海の文章から、人間空海の深層に迫ろうとする執筆者の方々が、空海への信心を深めることはもちろんです。

今の私たち、次の世代の僧侶、そして空海の信徒の道しるべが出来るのです。時代を超えたこの大きな仕事に讃嘆するものであります。

令和二年十月二十一日

全十巻の構成と凡例

第一巻「苦のすがた」（名言二二一句）　賢愚・優劣・戯論・無知・無益・排除・偽装・妄想・衆生・凡夫・現世・世情・末法・乱世・罪過・災難・無力・無明・煩悩・貪欲・渇愛・地獄

第二巻「世のながれ」（名言二二七句）　無常・人世無常・山川無常・草木無常・寂滅・故人追慕・悲哀・生死・輪廻・自業自得・執着・汚泥・迷悟・明暗・苦楽・是非・善悪

第三巻「たすけあい」（名言一九二句）　供養・回向・挨拶・香華・鐘・薬・歓喜・満足・清廉・謙遜・自然・風光・調和・協力・効果・好機・熟成

第四巻「こころをつくる」（名言二三三句）　練磨・慈悲・自利利他・救済・布施・四恩・恩愛・恩恵・報恩・孝行・友情・仏縁・帰依・信心・誓願・功徳・福智・天皇・人徳・人倫

第五巻「法を伝える」（名言二一九句）　伝法・灌頂・寺院・東寺・金剛峯寺・伝道・善導・善知識・驚覚・発心・修行・仏道・求法・彼岸・実践・努力

第六巻「さとりの記述」（名言二二一句）　方便・仮和合・教法・理智・認識・道理・無記・戒律・適法・越法罪・後悔・反省・無欲・断悪・文芸・作詩・作文・書道・筆法・

師僧・恵果阿闍梨・師弟・僧侶

第七巻「さとりの風景」（名言二一〇句）　修禅・入定・静寂・威儀・阿字・本不生・月輪・入我我入・顕密・密蔵・秘密・機根・各人各様・般若・智慧・空・中道・縁起・因縁

第八巻「これが真言密教」（名言二一一句）　融通無碍・一即多・不二・真言・陀羅尼・梵文・呪文・経文・文字・加持・祈禱・三密・仏力・威神力・守護・自在・実証・瑜伽・観法

第九巻「仏のはたらき」（名言二二八句）　仏法無尽・広大無辺・菩提・菩薩・清浄・本有・実相・不変・唯仏・唯心・法身説法・対機説法・以心伝心・言語道断・除闇遍明・転迷開悟・煩悩即菩提・滅罪生善・一味平等・差別即平等・和光同塵

第十巻「大日の光」（名言二一八句）　大日・我即大日・仏身円満・仏陀・成仏・即身成仏・草木成仏・曼荼羅・法界・遍照・遍満・荘厳・根源・仏性・如実知自心・法爾自然

一、全十巻の流れは、弘法大師著『秘密曼荼羅十住心論』の階梯のように、苦界から修行、真言、悟り、大日の光へ向かっていく精神的発達史のシリーズ本になっています。したがって、読者も著者とともに、巻を重ねるにしたがって迷いから悟りへ、心境が次第に高みへ登っていきます。

二、全十巻に採用されている空海名言とその順番は、『空海名言辞典　付・現代語訳』（高野山出版社）に沿っています。

目次

第二章　ふかみ

第三章　ふしぎ

第四章　つながり

空海名言法話全集　空海散歩

第七巻　さとりの風景

装幀・本文デザイン　山田英春
扉イラスト　かんだあさ

第一章

しずけさ

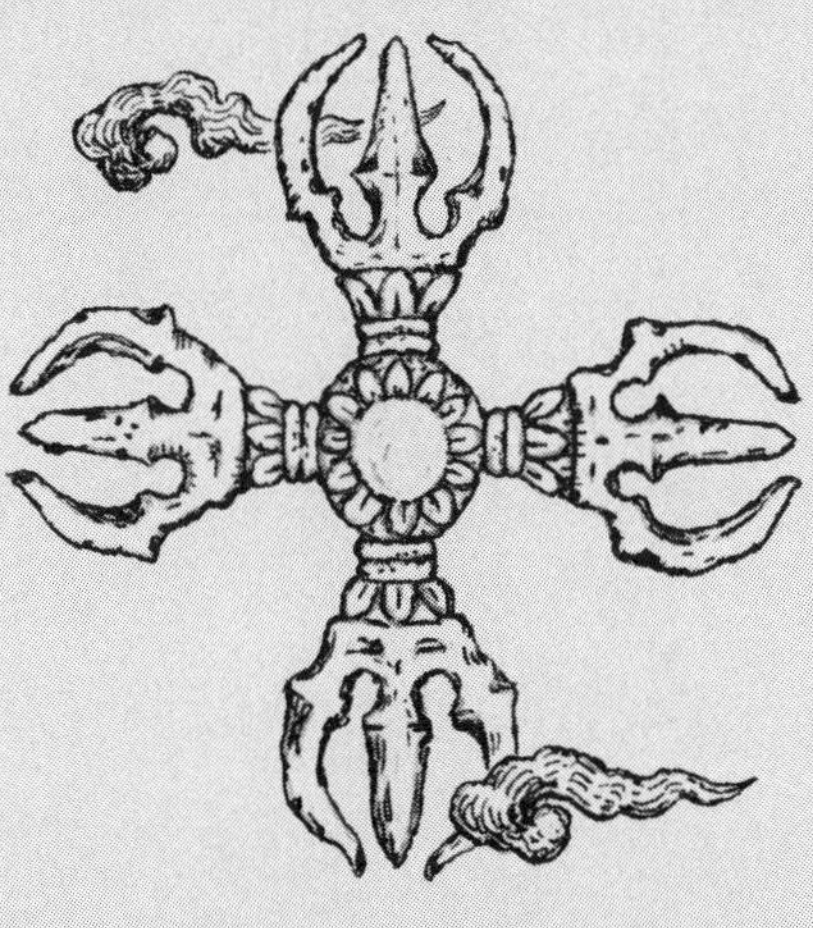

修禅

初めて石淵《いわぶち》贈僧正大師に逢って　大虚空蔵等並びに能満虚空蔵の法呂を受け　心を入れて念持す（御遺告）

【初めて石淵の贈僧正大徳に逢って、虚空蔵求聞持法を受け、真剣に念誦する】

◉出会いの大切さ　空海さまが六十二年の生涯をどのように過ごしたかを述べられている部分です。その中で法相宗の高僧、石淵の勤操大徳にお遇いになった出会いと、教わった事柄との出会いと、いずれもが生涯を決定づけるほどの大切なことだったと言っておられます。

私たちも今を思い、過去を振り返ってみると、人生を決定づけるような出会いが幾つかは有ったはずです。岩波書店の創業者、岩波茂雄氏の自叙伝を学生の頃読んだことがあります。その中で心打たれたことは、氏が少年の頃、友と二人でボートを漕いでこの湖の向こう岸まで渡ろうと、船出をしました。諏訪市中洲のお生まれだから、諏訪湖のいずれかの入り江だったのでしょう。目的地に向かって懸命に漕いでも漕いでも船出した時と同じ、向こう岸は近づいてこない、手は痛くなり泣けそうになりながら頑張ってやっと岸辺に辿りつきました。一息入れて気持ちが落ち着いたところで大変なことに気づきました。今来た船路をまたボートを漕いで帰らなければならないということを。帰路の苦しみは往路の何倍も大変だったと述べられています。この経験があって後の書店経営の困難を乗り切って来られたと言っておられます。

人生に帰路はありません。でも過去を活かしていくことはできます。また活かさなければなりません。尊い貴重な過去は沢山あるでしょう。活かして生きましょう。

空海さまが学ばれた「虚空蔵求聞持法」は、とても厳しい修行です。ですから「心を入れて」の実際の行がすごいのです。世俗を離れて厳しい環境にも堪え、伝授された修行を続けられました。その中で空海さまの生涯のご活躍を決定づけたのが、室戸岬での修行、ご体験です。虚空蔵菩薩を心に観想しておられる時、明星が虚空蔵菩薩の輝きとなって空海さまの口中に入ったと言っておられます。その時、宇宙的エネルギーを体得されたのではないでしょうか。その厳しい修行を完成された結果、超人的な活躍で密教を完成され、今日まで生き続けられているのではないでしょうか。

（野條泰圓）

修禅

土佐の室生門の崎に於て寂暫す　心に観ずるとき明星口に入り　虚空蔵の光明照らし来って菩薩の威を顕し　仏法の無二を現す（御遺告）

【土佐の室戸崎にて瞑想し、心が統一されたときに明星が口に入り、虚空蔵菩薩の光明に照らされて仏法の真髄を得た】

◉四国八十八ヶ所の修行　お大師様は十八歳で大学に入学されましたが中退され、二十四歳で山岳修行者として自分の生まれ育った四国又近畿一円の山岳聖地を跋渉、苦修錬行されました。この時の修行が四国八十八ヶ所霊場の開祖であります。

四国八十八ヶ所霊場巡拝はお大師様が修行の、ゆかりの寺八十八ヶ寺を訪ね巡る旅です。阿波の国（徳島県）発心の道場として、第一番札所霊山寺から土佐の国（高知県）を修行の道場、伊予の国（愛媛県）を菩提の道場、讃岐の国（香川県）涅槃の道場、八十八番札所大窪寺が結願所です。全行程を歩けば四十五日ほどかかります。「即身成仏」道程として人を助け、世を救う救済利人衆生済度の修行道場です。

土佐の国の室戸岬の第二十四番札所最御崎寺の下にある海岸に「御厨人窟《みくろど》」という洞窟があります。ここでお大師様は虚空蔵菩薩の化現明霊を感得されました。お大師様の御名前、空と海、「空海」となられた場所と伝えられています。

伊予の国の大洲市にてお大師様が橋の下で一夜を過ごされた別格霊場第八番札所永徳寺に十夜ヶ橋があります。御詠歌に「ゆき悩む浮世の人を渡さずば一夜も十夜の橋と思はゆ」と詠まれ、悩める衆生を救う衆生済度の姿を今に諭されております。

讃岐の国、四国の最高峰である石鎚山を眼前にした第六十番横峰寺は七五〇メートルに所在します。昭和の頃は、麓より難儀をして歩きました。八合目のあたりから胸突き八丁になり、大変な札所でした。最後八十八番札所は大窪寺です。徒歩で四十五日路程歩き通して結願所の御宝前に立ちますと熱いものがこみあがってきます。歩ききったことが自信となり、新しい力が湧いて新たなる人生が開けて来ます。

四国遍路にはいつもお大師様が見守って下さる由緒ある霊場です。ここにはお大師さまといつも一緒という「同行二人」の御誓願があります。この御誓願の信仰が四国遍路の力の支えになっています。

（安達堯禅）

修禅

吾れ去《いんじ》天長九年十一月十二日より深く穀味を厭うて専ら坐禅を好む　皆これ仏法をして住持せしむる勝計なり　並びに末世後世の弟子門徒等の為なり（遺告真然大徳等／太政官符案並遺／空海僧都伝）

【私（空海）は、去る天長九年十一月十二日より穀物を避け、ひたすら坐禅を続けている。これは仏法を末永く護持し、人々の幸福と弟子を養成するための決意である】

◉若者達に人気の寺修行　私の母の夢枕に「若者を育てよ」と青年を抱いた不動明王がご降臨されました。若者達を鍛え高める為に、滝のある所に真言宗の勝光寺を立ち上げました。私共は十八年前からユニークな「人間繁盛寺子屋塾」を開校し、若者達の人間力向上と信仰心を育む事に全力で取り組んでおります。

密教は修行修禅を大切にしています。釈尊さまは坐禅で悟り、空海さまも求聞持法で人生の大転換をはかり、常に坐禅・山岳修行に命がけで取り組んでおられました。

当寺の寺修行では、滝行・坐禅・読経・写経・護摩行・人間繁盛学・作務等を行っております。ほとんどの若者達は初めての体験ですが大変好評です。中でも意味不明で敬遠されると思っていた読経が意外と人気で、皆で唱える一体感に感動しています。

人生で誰しも一番苦労するのは人間関係です。人間繁盛学は、良き対人関係を作る為に私が立ち上げた人間学です。先ず「人間という生きものの本質や習性やクセを知る」という事から始めます。「商い」と「寺の手伝い」の両極の様な現場を同時進行で半世紀、実践の中で掴み取り練り上げた人間学です。現実的で自己肯定する人間学は、分かり易く受け入れ易く元気が出ると、月に百名程の若者が挑戦しています。

今、若者達は何かを求めています。それを教えてくれる教師や学校を探す事はとても難しいです。そして何より問題なのは、セクハラ、パワハラと騒いで横車を押す人が多く、本音や本質や肝心な事が言いづらくなってきている事。大変由々しき問題です。人間教育がおろそかになり日本の将来が大変憂慮されます。

心の教育をできる処が大変少なくなっています。お寺での寺子屋塾は、本音や大切な話がしやすいので、一番重要な人間教育に最適な空間だと考えます。寺院や僧侶の活性化にも繋がります。寺子屋塾の開設にトライしてください。若者の為、寺院の為、日本の将来の為に同志を求めます。

（井本全海）

谷響きを惜しまず　明星来影《らいえい》す（三教指帰上）

【室戸崎の潮騒が海岸に轟き、明けの明星が光を放って迫ってきた】

◉YOLO！　夢を未来に託さず、今ここで決断し、今を生きる！　中央官吏を目指すのか、僧侶を目指すか。十代の空海が自分の決断を先延ばしせず、出家を明確に志した瞬間、その決断を祝福するかのように、谷は大きくこだまし、明けの明星が現れたという体験です。その後、迷いが吹っ切れたように僧侶への道、さらには密教の道を究めるきっかけとなった空海と密教の実質的な出会いとなったと言われています。

何一つ特別なときのために取っておかない、いま生きている一日一日がその特別なときと信じ、今ここで見、聞き感ずるままに決断しそして即実行に移すという人と、自分の夢の実現を全て未来に託す、あるいは楽しみを先に延ばす人がいます。

後者のタイプとは、友と語らう青春の時を惜しみ、大好きな部活も諦め、ひたすら一流大学を目指して受験勉強一筋に励む高校生、今は仕事で多忙を極め家族との団欒もままならないが定年退職後には夫婦で海外を旅行して廻るつもりだと楽しみを先延ばしする会社人間などです。

しかしながら、人はおぎゃーとこの世に生を受けたその瞬間から有限の人生の時間が刻まれ始めます。つまりは YOLO = You only live once.「人生お一人様一回限り」ということです。

しかも全ての人にとって例外なく、自分の人生がいつ閉じるのか知らされることはなく、いつ死ぬかわからない文字通りのサドンデスなのです。過ぎ去った時間、過ぎ去りし青春の日々は二度と戻ってくることはありません。引退後の海外旅行をどんなに楽しみにとっておいても、その前に夫婦どちらかが長時間飛行機に耐えられる体力がなくなるかも知れず、新型感染症のパンデミックに見舞われた渡航禁止の事態もありえます。そもそも夫婦揃って生きているかどうかも分かりません。

今この時、この瞬間にやりたい事をやり、行きたいところに行き、会いたい人に会う。後々後悔することのないよう、いま目の前の自分の人生をとことん味わい尽くせる人こそが真に幸せな生き上手、人生の達人と言えるのではないでしょうか。

今ここに生きる！　私もかくありたいと思います。

（森正樹）

修禅

朝市《ちょうし》の栄華念々これを厭い　巌藪《がんそう》の煙霞《えんか》日夕《じっせき》にこれを飢《ねが》う（三教指帰）

【華やかな生活ぶりが次第に厭わしくなり、山中で暮らすことを日々に願うようになった】

朝市とは名誉と利益を争う処です。奈良の都は爛《らん》熟《じゅく》した文化に人々の心は倦《う》み疲れ、加えて南都仏教界は民衆を指導する力を失い、政治に口を出し、道鏡のごときは天皇の位に就こうとするなど綱紀《こうき》は乱れに乱れておりました。

◉宇宙は慈悲と智慧を持つ仏さま

この南都仏教界との絆を断つために、桓武天皇は都を奈良から長岡に遷《うつ》しました。その頃、お大師さまは母方の伯父で儒教学者の阿刀大足《あとうのおおたり》の進言で入京され新都長岡の大学で学ぶ事になります。

当時の大学で学ぶ科目は主に儒教でした。これは、君に仕えては忠、親に対しては孝、夫婦相和し仁・義・礼・智・信の五常を以て身を修めることです。ところが、泡のごとく短いこの世での栄誉と立身出世を求める儒教は、永遠の真理を求めるお大師さまにとってはとても満足できるものではなかったのです。

そして儒教、道教、仏教のそれぞれの教えを比較検討し、仏教こそが最も優れた教えであるとの結論に至り、仏道に入られました。そして中国へ渡り、密教を我が国に伝え、真言密教を確立されたのです。

真言密教は、現実にそこに生活している人々を救済していく利他行の実践を眼目とします。羅漢さんのように俗を厭い、山中に隠れ住み、自らの苦悩を解脱して聖なる世界で宗教的な生活をするだけでは駄目なのです。その聖なる世界から再び俗なる世界に還って、自分の幸せよりも他人の幸せを願うという利他行が大切な点です。その最も適切な方法と手段を瞬時に知り、そして実践できる智慧と力量を磨くのが真言行者の修行です。

それには先ず私たちが住むこの宇宙の本当の姿は慈悲と智慧を持つ無限生命である法身大日如来であることに気づくことです。この教理を背景とした瞑想に徹底する生き方が密教です。

（篠崎道玄）

修禅

熱を風巌《ふうがん》の上《ほとり》に避け　涼を瀑の飛漿《ひしょう》に逐《お》う　薜蘿《へいら》の服に狂歌し　松石の房に吟酔す　渇きては澗中の水を飲み　飽くまで煙霞の糧を喫《くら》う（性霊集一　山に遊ぶ）

【風が吹く岩のほとりで暑さを避け、滝の飛沫で涼を納め、かずらの衣を着て詩歌に耽り、松と石で組まれた小屋で吟詠する。喉が渇けば谷の水を呑み、腹いっぱいに霞を食らう】

◉いつも晴れるとは限らない　真済さまの言葉によれば、師空海さまは、折に触れ即興的に詩歌を創作したという。風物に触れての感興や自然との感応を好んで歌ったようであります。「山に遊びて仙を慕ふ」は、仏道の世界を指し示し併せて俗世間におけるわずらわしさをあわれみ、自然界に無常の思いを託送とした作品であるとのことです。真済さまの言葉をつづければ、十五歳以後は隠逸者の行為を慕い仏門の大道の妙理に熱中した模様でございます。この首題の意味は解説に書かれている通りでございます。

そびえる岩、ひろい谷の美、神木霊草の生える所は、見聞きすれば自ら窮めないでおられなかった模様であり、詩文によって絶遠の地で憂愁の念を吐き出され、異国で心を通じさせられたという。あるときは、靄《もや》や霞の中に臥して独りうそぶき、心のおもむくにまかせ詩歌をつくられたという。

この「山に遊びて仙を慕ふ」は非常に長い詩であります。上記の他に自然界に無常の思いを託そうとしたところの心を打つ言葉がたくさん語られております。「高い山は風が起こりやすく　深い海は水量を測ることがむつかしい」「いなずまの光（のように過ぎ行く時）は無常なものである」「欲望にしばられることは葛のつるが伸び生い茂って山や谷にはびこるようなもの」「禅定（瞑想）の智慧によって心の海を透明にすれば、際限ない慈悲は常に拡がり行く」。そして、最後には「修行中の方々は天の眼をもたないであろうから、一篇の文章を書いて示した」と結ばれています。どうか、私のような若輩がいろいろ述べるよりも、この「山に遊びて仙を慕ふ」に親しんでいただきたいと存じます。真済さまは、われわれ弟子たちのうち詩文に趣味のある者は、永く師の事蹟を味わい、修行の休息時に、常々この文をひらき読んでいただきたいと申しております。

（岩佐隆昇）

鸞鳳《らんほう》は梧桐《ごとう》に集まり　大鵬は風床に臥す（性霊集一　山に遊ぶ）

【仙境では、鸞や鳳が桐に群れたり、大鵬が風を寝床にして伏したりして、奇瑞を眺めることができる】

◉修行者の心境　右の文言は『性霊集』の最初「山に遊んで、出世間の聖者を慕う詩」の一節です。これにはお大師さま自身の、より高い修行の心境が詩《うた》われています。

この一文には神鳥（瑞鳥）が三種見えています。鸞《らん》鳥と鳳凰と大鵬です。鸞鳥と鳳凰は青桐に棲んで、竹の実を食らい、甘泉を飲み、身は五色を備え、その声は五音に相当すると伝えます。大鵬は『荘子』に「一とび九万里を昇る」とある想像上の鳥です。いずれも世間の鳥とは格段の違いがあり、人間の立場で言うならば、三神鳥は諸仏と言っても過言ではありません。

勝れた修行者あるいは覚者は、世間から遠離して、その心も広大であり、大自在心をもって活動しています。そういった心で、山にあるいは大自然に接する時、普通の眼には映らない命が見えて参ります。それは神鳥のような仮の存在であったとしても、真実の修行者にとっては、大いなる生命の躍動を感じられるのです。

この一文の後に「飛竜はどんな所で遊ぶのであろうか。それは大空であり、塵の全く無い所である」という文言も見られます。真実の修行者が竜とすれば、俗塵を離れた大空三昧こそ、修行者の本懐と言えるでしょう。

私事になりますが、私の修行方針の一つとして、一年間に一度は山に籠ります。人間関係を絶って大自然の中、一人で数日、観禅、念誦三昧に耽ります。といっても凡人のすることですから「やれやれ、やっと心が落ちついてきたなあ」と思う頃には出山せねばなりません。それでも自坊にいるよりも、悠かに心が澄み、大自然の命にいつも感動しています。「大峰の懐《ふところ》に伏して月兎の光明に眠る」という自語が浮かんだり、駄句では「月に射らるる西行の居《い》し聖処《せいしょ》」等があります。

なおお大師さまは、この詩において「大日如来とは誰の名であろうか。本来自分の心そのものである」と述べています。即ち大日如来は真言宗の本尊であると同時に、修行者の完成すべき霊格でもあります。それ故に何かにつけ、自心が大日如来であるという信と自覚をもつ事が、各自の大いなる前進につながると思います。（浅井證善）

修禅

誰か如《し》かん　禅室を閉じて　澹泊《たんぱく》としてまた儴徉《じょうよう》せんには（性霊集一　山に遊ぶ）

【禅室にこもって、何にも煩わされず、仏と遊ぶことがなによりもうれしい】

◉案ずるより産むが易し　空海さま二十四歳の時の著作「三教指帰《さんごうしいき》」の中で、人のためのより優れた教えは、儒教、道教、それよりも仏教だと述べられています。何ものにも捉われない自然の中に育まれる修行の極意は、摩訶不思議な霊的自然観に包まれる法身「大日如来」と一体になる実感を沸き起こすことです。

古来から農耕や牧畜によって定住を知った人類は、自然開発で町や都市をつくり、貨幣経済を生み出しました。また産業革命によって石炭、石油、原子力へと技術革新に及び、更には飛躍的な人口増、大量消費を生み出しました。これは人が心身健全に生きようとするまともな社会環境とは言えません。経済至上主義の裏でこころ病む人々の急増が問題化しているのは必然と言えます。自然を見定める大切な叡智がなおざりにされています。

空海さまの詩集「遊山慕仙詩」の冒頭には「高山風易起」（高山は風起き易く）で始まり、「深海水難量」（深海は水量り難し）へ続きます。すなわち自然主義に基づく仏のおしえは一般庶民人々にとって最も正しく相応しい教えであると讃えられています。

山林原野、方々を闊歩される修行僧・空海さまは日頃から自然の未知なる魔力「神仙」に身を委ね、自らの苦行の励みとされていました。

空海さまの詩文「誰如閉禪室　澹泊亦讓徉」には、自然の中に身を置く修行僧が道理に適う修行に勤しんでいる姿を労い、途中で挫けそうになる多くの修行僧を癒し救う言葉と捉えられています。

人から厚い期待を受けることは、繁茂力の強い野草「つる草」が辺り一面に蔓延るようなもので、内心に苦痛を伴いかねません。だから一転して何にも惑わず惑わされず思慕、思慮を経て自らを見つめ見直すことは自然です。

誰にも何物にも干渉を受けない穏やかで清々しい空間に身もこころも置くことこそ修行の大事な時間であり空間であると考えます。

（湯浅宗生）

孤雲は定まれる処なし　本より高峰を愛す　人里の日を知らず　月を見て青松に臥せり（性霊集一　良相公に贈る）

【孤雲は流れて留まる所がないけれども、雲は高い峰を愛する。そのように、私も人里から離れ、月を眺めながら松の下で臥すことが楽しい】

◉人里から離れる楽しみ　高野山の雲はほぼ目の高さで流れています。私の書斎は二階ですから、坐椅子の背もたれに頭を着ければ目前に雲が眺められます。執筆にゆきづまれば背もたれでくつろぎ、雲を眺めながら文脈を考えます。杉の梢に孤雲が浮かび、槙の繁みに白雲が流れ、鳥の声、雪の舞い、梵鐘の響き、ものを書くには上質な環境で坐っています。

寝ころがって夜空を眺めていますと、やがて星屑を見おろしているような錯覚になります。そのままじっと星を眺めていると、どちらが上で、どちらが下かわからない浮遊感覚になります。夜の散歩のときに、ベンチや叢《くさむら》に寝そべって時間を忘れて星空を仰ぐことがあります。やがて現実にかえり、私は家族のもとへ帰宅します。ところがお大師さまは山林が棲家ですから、そのまま月や星と語りあっています。

良岑安世《よしみねのやすよ》公からお大師さまへ手紙が届けられました。公は桓武天皇の皇子であり、大臣でもある文学仲間であります。「山に籠られて久しくなりますが、そんなに高野山は楽しいところですか。早く都に帰って来てください」という内容です。それに応えられた漢詩が首題の名言です。

お大師さまはこの詩を蘿皮函《らひかん》に収めて安世公へ返信しました。蘿皮函とは、蔦《つた》の皮で作った綾模様の文庫です。山の生活では金糸銀糸の織りなす反物はありません。山林にこもり、世俗を忘れ、蔦の衣を着用しておられるお大師さまが、久しぶりに浮世心を起こされた装飾木工品です。しかも、使者の下山を待たせての急ぎの制作です。天然ごしらえの蘿皮の文庫がなにより心のこもった返書となりました。

深山幽谷の息吹《いぶき》が安世公の手に届きました。喧騒たる都では味わうことができない野趣のある贈り物です。小箱には流雲と夜景の七言絶句の漢詩が包まれ、高野の匂いも添えられています。安世公は南峰への想いに胸をふくらませ、詩情にかきたてられたことでしょう。お大師さまの粋な計らいが伝わってくる一句です。

（近藤堯寛）

修禅

南山の松石は看れども厭かず　南嶽の清流は憐《あわ》れむこと已《や》まず（性霊集一　山に入る興）

【高野山の松や石はいつまで見ていても飽きることがない。清らかな川の流れも豊かにして淀むことがない】

◉何が楽しい事なのか　弘法大師は若い頃から自然の山野に親しみ、厳しい修行をされてきました。高く険しい山々を巡《めぐ》ったり、或いは命がけで行った唐（中国）への旅などを経たりして、様々な経験知識を積み重ね、なお、猛烈に祈ってきた訳です。そうした中で、都においては天皇や文化人と交流し、地方の市井を歩いては多くの人を導いてきました。それらの業績を私達は、逸話や伝承として知る事が出来ます。

さてここに出ている先の文は、自然の様を見て感動し、飽くことがないと言っています。多くの人は、普段は多忙の中で過ごし、心を静める時間を持つことは希です。好きな事や楽しい事を求め、一時の満足や安堵は得ますが、長くは続きません。感動したり嫌悪したり、様々な心事柄に振り回されて、心の平静は得難いものです。しかし、もし自分の好きな事ばかりが続けられればそれで良いでしょうか。ずっと楽しい時間が続くのでしょうか。よく考えてみれば、いつまでも続けられず、厭になったりもするでしょう。厭と言う文字は、「あきる、みちたりる」との意味があります。つまり満腹の状態でもう欲しくなくなる訳です。

ことわざに、「起きて半畳、寝て一畳」と言う言葉があります。ここまでは多くの人が知っています。最低限これだけあれば足りる。欲は出さないで現在の生活に納得するのも大切との意味でしょう。しかしこれには続きがあります。「天下取っても二合半」と言うのです。つまりどんなに偉くなっても、一日に食べられる量はその程度で満足できる筈だと言うのです。

自然界を見れば山も川も、空も海も、あらゆるものが常に変化しています。そして次々と新たな感動を与えてくれます。朝日も夕日も毎日が違うのです。その事で心が掻《か》き乱される事はありません。自然界は遠くにある訳ではなく、窓を開けると霊峰にも通じる大気に親しむ事が出来ます。その外界の精気を取り込んで、心の中の川の流れが淀《よど》まないように努めたいものです。

（佐川弘海）

修禅

浮華名利の毒に慢《おご》ることなかれ　三界火宅《さんがいかたく》の裏《うち》に焼くることなかれ　斗薮《とそう》して早く法身の里に入れ（性霊集一　山に入る興）

【浮き世の名誉や利害に惑わされず、欲望の炎に焼かれぬように、俗塵から抜け出して早く仏の世界に入ろう】

◉没頭できることを見つける　心身ともに悩みのない人に仏教は不要です。しかし、人生そのままで終わることはありません。「老病死」が待っています。動けなくなってからの楽しみの準備は、動ける間にしておかなければ、〝アリとキリギリス〟になってしまいます。なぜ「諸悪莫作・衆善奉行」（七仏通戒偈）かと言えば、心が清らかで落ち着いていないと悟りを開こうなどという気持ちは起こらないからです。実にシンプルです。大乗仏教では、その道を目指した瞬間に悟りへの道は開かれていると説きます。大阪発東京行きの新幹線に乗った瞬間、もう東京に着いたのと同じように。「平常心是道」と言われるように、当たり前のことをきちんとやるのが修行の基本です。些細なこともおろそかにしない。目の前の人がどんな気持ちでそこに立っているのか、相手の気持ちを深く考え、その人が望むことを全身全霊をかけてさせていただく。そのような人が仏でなくて何でありましょう。感染症を防ぐために命がけで働いている人、被災地で汗を流すボランティア、工場や田畑で汗にまみれてものづくりをする人、学業に没頭している学生さん、目を輝かせてハイハイしている赤ちゃん……。すべてを忘れて打ち込んでいる姿は美しいもの。仏さまです。仏さまは自分のことなど何も考えておられません。「自分」などというものは本来どこにもないのですから。

ところで、深い悩みや不幸、大病などを体験された方の、人生を生きる姿勢はひと際きびしいように見受けます。私の畏友の一人に、十代の頃からなぜ生きるのかという疑問を持ち続けて追究されてきた方がおられます。その方は、五十歳になる前に、〝自己と如来が同一である〟という気づきを得られました。悟りには多くの段階があると言われますが、この方の表情や生き方、言動を拝するかぎり、ある高みに達しておられることを感じます。冒頭の言葉を単なる絵に描いた餅とすることなく、まず何か一つにこだわって実践したいものと思います。仏教は、実践を旨とします。現実の生活を〝方便〟として向上したいものであります。

（友松祐也）

修禅

家も無く国も無し　郷属を離れたり　子に非ず臣に非ず　孑《けつ》として貧に安ず　澗水一杯朝《あした》に命を支え　山霞一咽夕《ゆうべ》に神を谷《やしな》う（性霊集一　山中に何の楽）

【家も国も故郷もなく、子でも家臣でもなく、ただ独り欠乏生活にあまんじて、渓谷の水と山の霞で命と心を養っている】

◉お遍路で得たもの　『性霊集』は、お大師さまの弟子である真済が、師の書簡などを写し取り編纂したものです。そのため、お大師さまのお人柄がよく表されています。頭初の文章は、友人の良岑朝臣からの、帰京をすすめる手紙にたいするお返事です。真言僧として、仏さまにお仕えするきっぱりとした意志がよく見て取れます。

高野山はお大師さまが僧侶の修行の場として切り開かれた土地です。そこに還られ「煩悩を断絶すれば、迷いから解放されて、大空が広がった中に仏の光明があまねく光り輝いている。この境地こそ、本当の楽しみと言える」と続いています。

さて、現代の我々が、お大師さまの追体験をする方法の一つとして、お遍路をあげることが出来ると思います。お遍路とは、たった一人で自分の心と対話しながら、ひたすら歩き続ける修行です。先ごろ、お遍路に行く機会をいただきました。

お遍路では様々なことに気付かされます。重い荷物を背負っては、執着をはなれようと思う。また、一杯のお茶に涙して、これまでの人生で受けてきた、沢山の善意に気付かされる。この「気づき」が悟りではないでしょうか。山中では、頼れるのは自分自身だけです。そんな中「おせったい」によって人との繋がりが生まれます。冷たいお茶を入れてくれた小学生や、置き忘れた杖を車で探し続けてくれた若いご夫婦など、数え上げればきりがないほどの「おせったい」にあずかりました。それは「一人であって一人でない」と言う、仏の教えであるところの、非有非無の中道の精神です。

自己を見つめることによって、一見すると楽しさが無いような環境であっても、「仏智」があれば楽しさを見出すことが出来ます。また、小さな悟りを積み重ねていくことによって、「上求菩提」の修行を続けていくことが出来ます。そして、「仏智」を得たなら「下化衆生」に努めたいと思います。お大師さまのお言葉をかみしめながら、日々の生活に生かしていきたい。そして、自己を見つめるために「お遍路」にも、引き続き臨みたいと思います。

（丸本純淨）

修禅

懸蘿《けんら》細草《さいそう》　体《てい》を覆うに堪えたり　荊葉杉皮《けいようさんぴ》　是れ我が茵《しとね》なり　意《こころ》ある天公紺幕垂れたり　龍王篤信にして白帳陳《つら》ねたり（性霊集一　山中に何の楽）

【蔓の衣に身を包み、刺がある葉や皮を寝床とし、天は私を味方にして青空の天井を与え、雲のカーテンを引いてくれる】

◉「君知るや、君知るや」　人里遥かな高野の山中で修行に専念されるお大師さまのお姿です。つたかずらを身に寒暑を凌《しの》ぎ、木の皮の褥《しとね》に草枕、一杯の谷川の水に命を支え霞《かすみ》を食らって精神《こころ》を養う――実はこれは若年の日、山野を跋渉しつつ修行に励んでおられた頃の自らを登場させた書――『三教指帰《さんごうしいき》』にそのままのお姿の描写が見受けられます。ご生涯を通じ変わることのなかった山岳修行者としてのご自身の心象であるといえましょう。

お大師さまの時代、日本では儒・仏・道三教を比較論考する『三教指帰』の類書は生まれませんでしたが、中国では早く五六九年、北周の武帝が三教の代表者を集めて論議を行わせ、その結果、儒先・道次・仏後の序列を定めて以来初唐に至るまで百年、〝三教論衡《ろんこう》〟は政治を巻き込む課題となっています。

仏教が中国に伝来した当初、その翻訳受容は道家思想を手掛かりに進められましたが、三教の論議はその中に潜む違いを次第に洗い出していきます。それぞれの思想の文化的差異は、同じく形而上世界を語っても仏教はより瞑想的・思弁的・分析的であり、中国思想はより現実的・実践的・総合的であるといわれます。しかし唐朝三代高宗から六代玄宗へと、皇帝の面前で行われる〝三教論衡〟も次第に儀礼化すると共に、三教は相互に浸透し融け合っていきました。

お大師さまの『三教指帰』は戯曲仕立てのスタイルの斬新さもさることながら、内容的には日本初の儒教論・道教論・仏教論として、質量ともに文化史上燦然たる輝きを放っています。その後の、真言密教を打ち立てる中で取られた方法――教相判釈《きょうそうはんじゃく》（比較思想論）の嚆矢《こうし》の書といえるのではないでしょうか。しかし、一点ご注意を喚起したいのは、お大師さまの基本姿勢は三教の教理の優劣よりも、三教いずれをも聖説としてその価値を受けとめるところにあります。この精神は庶民の学校として開かれた綜芸種智院の教育内容にそのまま反映されています。

（田中智岳）

修禅

春の華　秋の菊　笑って我れに向かえり　暁《あかつき》の月　朝《あした》の風　情塵を洗う（性霊集一　山中に何の楽）

【高野山では、春には華が開き、秋には菊が咲き、花たちが私に笑って語りかけてくれる。さらに、明け方の月や風が、心の塵を洗ってくれる】

◉自然の中に身を置く　この文章の前に、「山中の楽しみは都会のなかの喧騒とはことかわり、まことに静かで落ち着いていて生命のふるさとに帰ったような安堵があります。朝には清らかな谷川の水を一杯飲んで生命をささえ、夕には山にかかった美しい霞を大きくひと飲みして気力を養います」とあります（『空海百話』東方出版）。お大師さまは、ご生涯を通じ、高野山の自然の中での瞑想修行や日常生活を大切にされました。高野山で活力を蓄え、人々を幸せに導く活動に精進されたのです。

平家落人伝承がある高知県香美市香北町の山中に、真言宗智山派の宝珠寺がありま す。平成二十四年五月に、田中弘明住職、智恵さん夫婦がこの寺に入寺されました。

田中住職は長崎県出身、智恵夫人は秋田県出身です。元々お二人は京都の総本山智積院に永らく勤務されており、定年を機に縁あって移り住まわれました。

宝珠寺は、高知市内から車で約一時間、町の幹線道路から約三キロ、海抜百五十メートルの山中に位置しています。一番近いスーパーまで車で二十五分。冬には境内に雪が二〜三回積もります。寺のある場所は四方を山に囲まれた盆地で、まるで高野山のような八葉峰の形状の地域だそうです。ご住職が入寺前に当地に下見に来られた時、すぐに高野山を連想され、この地を気に入られたそうです。日本中を探してもなかなか、このようなすばらしい環境の地域は見当たらないとのことです。

この寺は住職が住まない兼務寺院でしたので、新しい住職が来られたことで、檀家や地域の方々が非常に喜ばれたそうです。月に一回、檀家、地域の方々が参加して、寺の整備も行なわれています。これも住職夫婦の人柄ではないでしょうか。住職は、殊の外、自然を大切にし、瞑想に親しまれており、また、豊かな感性を持たれた詩人でもございます。今回の新型コロナウイルス禍は、自然を破壊し続けた人類への重大な警告であろうと思っています。宝珠寺さんの地道な活動が、世界の自然保護運動の大きな潮流になると確信しております。少欲知足の生活を心掛けましょう。（菅智潤）

菜を喫《くら》い水を喫って楽しみ中に在り（性霊集二　沙門勝道）

【野草と水だけの食生活であるが、その中に深い楽しみがある】

◉修行の旅は苦しみではなく楽しみである　わたしは、二十一歳〜二十五歳まで、昔から木食行と言われている修行をすることを楽しみ、これが当時のわたしの生きがいでした。二十三歳までは高野山で、四国の自坊に帰ってからは二十五歳まで、仕事が少なくなったら木食行の旅を楽しみました。長くて一か月、短い時はその半分。高野山では寮の一室と周辺の行場（女人堂の下の不動の滝、高野三山）、それから高野山、護摩壇山、龍神温泉など紀伊山地の山々、四国では焼山寺、太龍寺、星谷寺、それから室戸岬が思い出の行場です。

先ず、修行の旅に出る前は何か月も前から旅の支度をします。この旅の支度は、すでに日常を離れた非日常で、これは修行の一部になります。たとえば、橋の下で寝る時、夏はシュラフカバーに野外用の蚊帳、これがあれば夏の暑い夜も、蚊に煩わされることもなく、快適に寝ることができました。大きな橋の近くには大きな町があり、銭湯があります。夜空の星を眺めながら、風呂上がりの道を橋の下の寝床に帰ります。飯盒で米を洗い、薪を集めて石でかまどを作って、近くにある畑の中にあるゴミ捨て場に行くと、カボチャや茄子の形の悪いものなどがあり、味噌を入れて野菜汁を作りました。お腹がすいているのでこれがけっこうおいしいのです。「菜をくらい水を喫って楽しみ中に在り」ということです。

お米は托鉢でもらってきたもの、たまに千円札をくれる人もあり、お米屋さんでお米や味噌を買いました。そして、いつも少しの粉ミルクを荷物に入れて歩いていました。食後に午後の谷川の邊りなどで、お湯を沸かし、ミルクを飲むことをひとときの楽しみにしていたのです。

わたしは、一度修行の旅に出ると、どこかで一週間断食をしたり、滝に打たれる修行をしたりしました。自ら死に向かって歩いて行く――これがわたしの修行でした。しかし、本当に死ぬためではなくそれはより良く生きるためのものということはわかってやっていました。この修行というのは、決して苦しみではありません。厳しい修行ほど、その中に楽しみがあり、充実したものです。

（畠田秀峰）

観牛の念に耽って　久しく返鵲《へんじやく》の書を絶つ　達夜《よもすがら》数息す　誰か穿被《せんぴ》に労せん　終日《ひねもす》修心す　何ぞ墨池の能《た》えん（性霊集三　勅賜屏風）

【禅定に耽って永らく書道から離れている。夜もすがら数息観に入っているために揮毫の依頼には躊躇する】

◉修禅こそ僧の本分　人は皆、それぞれに尊い存在理由があり、その人なりの特性を持っているといいます。それを十分発揮し、その為すべき義務、はたすべき役割がある。それを本分というのでしょうか。

「僧侶の本分は修禅にある」。お大師様のお言葉です。唐で五筆和尚といわれ、両手、両足、口に五本の筆を持ち、一気に文字を書いたという伝説は、実は、楷、行、草、篆、隷書、全てに通じたその異才ぶりを讃えた、書の国の人の賛辞でした。そのお大師様に、嵯峨天皇から、五色の屏風に古今の詩人の秀句を書くようにとの勅がありました。お大師様は、恐縮しながらも、「日夜数息観に励み、禅定三昧にふけって、筆を持つ暇がない」と、書くことを躊躇し逡巡されます。お大師様にとって天皇の付託に応えるよりも重要なこと、それは修禅し、瞑想することでした。その後、一か月半ほどして書を上納されていますが、先ずは修禅ということを優先されるのです。修禅を通して培ったエネルギーを一気に爆発させ、様々な社会活動を展開する。人々と交わり、教導し、人を育てる。お大師様の広汎な活動の元には常にこの修禅がありました。

瞑想は、洋の東西を問わず、どの宗教にとっても大切なものです。お釈迦様の悟りも、菩提樹下での深い瞑想によってでした。仏教の根本に瞑想があり、禅定も同義語ですが、お大師様は禅定の様々な手だてを示されています。その一つが、最も基本的な瞑想法である数息観です。腰骨を立て、姿勢を調えて座り、自分の呼吸を数える。吐いて吸うを一呼吸として十まで数え、これを繰り返す。湧き出る思いはさらりと流し、息の出入に集中する。吐く息は長く、吸う息は短めに、ゆったりとした呼吸を続けていると、次第に心が落ち着いて、何ともいえない瞑想の境地が得られます。

雑事に追われ、心を見失いそうな毎日の中で、せめて数息観に励んで、心を澄ましてみてはいかがでしょう。

（河野良文）

修禅

蒼嶺白雲観念の人　等閑《なおぎり》に絶ち却《さ》く草行真　心仏会《ぶつえ》に遊んで筆に遊ばず揚波《ようは》を顧ずして爾許《いくばく》の春ぞ（性霊集三　勅賜屏風）

【山中にこもって禅定に耽り、書道から離れて仏心に専念している。このようにして幾年かの春を繰り返している】

◉自分本位の塵や垢を捨てる　五十年前、高野山高校三年生の時に先生に勧められて夏休みに六週間かけて専修学院で全国から集まった人達とともに四度加行《しどけぎよう》の前期を行ないました。四度加行とはこの身このままで仏様になることができる。即身成仏《そくしんじようぶつ》のための四段階の修行のしくみのことです。

お大師様は唐に渡り、長安の青龍寺の恵果和尚《けいかかしよう》に真言宗の教えを授けられました。そして日本に帰り弟子達のためにこの修行のしくみをお作りになられました。

真言宗の修行の基本は三密行、身密＝手で印を結び、口密＝ご真言をお唱えし、意密＝仏様の境地を心静かに瞑想することであり、動と静が巧みに組み合わされた修行で、三密が釣り合いよく整えられ融合しなければ即身成仏できないのです。身密と口密は初めから何となくできるような気がしますが意密は初めからはなかなかうまくできません。

行に専念するためにはあらゆる妨げを取り除かねばなりません。情報は遮断され、ふだんは許される嗜好や娯楽の一切が禁止されます。

最初の段階の行は監督の拍子木に合わせ、合掌してご真言を唱え、右の膝、左の膝、右の肘、左の肘、額と次第に五体を地に付け、肘を付ける時に手を上向けにして、仏様の尊い御足を受けると観じる五体倒地の礼拝でした。五千六百回にも及ぶ礼拝をみっちり二週間行った結果、怪我もなく無事に終えられた達成感もありましたが、ここはまだ正式な修行の準備段階で「満足してはいけない。自分本位に生きてきた積もり積もった塵や垢を捨てるために行にさらに精進しなくてはならない」と思いました。

（伊藤全浄）

目を閉じて端坐して仏徳を思念せん（性霊集三　中寿詩）

【目を閉じて坐りつづけ、ひたすら仏を思うだけである】

◉「坐禅」と「瞑想」の違いって何？

最近の瞑想ブームでは、大企業でも瞑想の時間をとったり、瞑想ルームを設けたり、積極的に瞑想を社員の能力育成に活用しようとされています。これは「マインドフルネス瞑想」と呼ばれているもので、一般の人も自宅などでされている方が増えているようです。

では、「瞑想」と「坐禅」とはどのように違うのでしょうか。混同して使う方が多いようです。その一つの回答が、この名言だといえます。

二つの意味するところの違いを述べる前に、お釈迦様が悟りを得るまでにたどられた軌跡を思い起こしてみましょう。

一国の王子として何不自由ない生活をしていたシッダルタ王子は、人間の本来の苦から逃れるためには、どうすればいいのかと悩み、出家されます。そして向かったのが、瞑想の大家であるアーラーラ仙とウッダカ仙の許でした。そこで瞑想の技術を短期間で納めましたが、納得ができず、身体を痛めつけて悟りを得る苦行に身を投じます。しかし、それでも求めるものを得ることはできませんでした。最終的に菩提樹の下で坐禅をして、襲ってくるさまざまな魔物から身を守る中で、悟りの道を開くことができました。

お釈迦様の悟りまでの軌跡を見ると、瞑想は技術的なことであることが分かります。一方坐禅は、坐って仏を念じることに徹するものです。坐禅をする目的は、坐禅そのものにあるということです。

瞑想は、「集中力を上げる」とか「ストレスが低減する」などの何か具体的な目的とか目標を持って行うことが多いようです。一方、坐禅は、曹洞宗で言われている「只管打坐《しかんたざ》」、「只管」とは「ひたすらに」という意味で、「打坐」とは坐り続けるという意味です。何も考えずただ仏を心に念じて一人静かに坐り続ける、このことこそが仏とつながる唯一の方法である、この名言はそれを伝えています。

（大咲元延）

空海弱冠より知命に及ぶまで　山藪《さんそう》を宅《いえ》とし禅黙を心とす　人事を経ず煩《はん》砕《さい》に耐えず（性霊集四　小僧都を辞する）

【私（空海）は、若いときから今日まで、山林を住居として坐禅に専念してきた。世事の経験がなく、任に就くことは苦痛で耐えられない】

◉静かで平安なこころの贅沢さを

昨年から新型コロナウイルスの影響で、日本中が自粛となって、市民生活、社会経済活動にも大きな影響を与えています。多くの人々は、行動や仕事が制約されて不自由を訴え、早く元の生活に戻れるように国や自治体に懇請しています。しかし、パンデミックとなり、世界に蔓延した新型コロナウイルスの影響は、数年続くと予想され、世界経済にも大きな影響がでることは間違いありません。この難局を人類はどのように乗り越えられるのでしょうか。

拙僧は現在、海抜一千メートルの山寺に住んでおり、法務や公務はすべて山から下りて、現地へ出向かねばなりません、しかし、昨年は仕事先から「コロナで来るな」

と言われて、自坊に約三か月近く引きこもり状態でした。実はこの体験は幼児期をのぞいて、日常を継続するという新鮮な体験でした。それは自坊に籠っていても生活ができるという新たな発見だったからです。世の中の情報はテレビで知ることができますし、オンライン会議で大抵のことは済んでしまいます。食事も庭仕事や執筆活動も、そしてなにより大自然の中で空気は新鮮、気候もほどよく、朝の瞑想に時間に捕われないで専念できたのです。本当にあらたな生活の仕方を見つけることができました。

お大師さまも、当時の官僧としての小僧都を拝命することに躊躇したのは、都などへの往復に要する身体的課題や健康を懸念されたことも想定されますが、本来の自行である祈りや座禅瞑想の時間が苛まれることを避けたものと思われます。

現代はＩＴ産業が盛んになり、バーチャルな環境が当たりまえになりすぎて、本来の人間らしさ、アナログサイズの生き方が難しくなってきているようです。今こそ、花や木、太陽、星々となるべく多く触れ合い、信仰心を持って、感謝の思いで波動を合わせながらその人なりに、より高次元なスピリチュアリティな波動を地上に広げていくことが肝要と思われます。いつかコロナ禍を克服して、本来の人間力が発揮できる生き方を見つけることができる人類であってもらいたいです。

（大下大圓）

方丈の草堂は法界を呑んで蕓芥《たいかい》なり（性霊集六　右将軍願文）

【ここは小さな草庵であるが、宇宙の真理を塵芥のように呑みこんでいる】

◉宇宙を呑みこんでしまう　左大臣藤原冬嗣の三回忌法要にあたって書かれた願文のなかにある言葉です。天長四（八二七）年に営まれた法要には多くの高僧が集まり、さながら仏国土が再現されたかのような神々しさだったといいます。

一丈（約三メートル）四方の小さな草庵が、宇宙の限りない大きさの仏様の世界をまるで塵のようにのみこんでいた、というのです。『維摩経』に見える、維摩居士の一丈四方の部屋に長さ八万四千由旬の大きな仏身を迎えたけれども、すべて包み込んで少しも狭くなかったという故事にちなむ言葉とされています。

方丈は、住職が居住する場所の意味でも使われますが、四畳半から六畳ぐらいの部屋ですべてのことをこなします。仏様をお迎えし、お経を読んで拝み、仏様の世界と一体となれるように修行します。そうした時に、どんな小さな部屋でも、宇宙を呑み込んでしまうのです。

奈良の大仏殿のような大きな建物でなくても、仏様をお祀りすることはできます。仏教の真理を体得するのには建物の広さで差が出てくるのではありません。どんな小さな部屋でも、修行する人自身の観想次第でどうにでもなるものです。無限の可能性があるのです。お釈迦様が説かれた仏教の経典は膨大な量に及びます。それをすべて体得するのは不可能に近いですが、どの一部を取ってみても仏教の真理に触れることは可能です。私のお寺も小さなお堂しかありませんが、そこに来る信者様に仏教に触れてもらうためのいろいろな努力はしています。理解できる信者様だと、そこで仏様の広大な世界を見ることができる可能性はあります。その手助けができるように僧侶として日々努力をしています。

これは、僧侶に限ったことではありません。どんな仕事をしている方にも通用することです。よく仕事場が狭いから、うちでは無理ですという方が居られますが、工夫次第でどうにでもなります。そこからいろんな物を作り出すことはできるのです。仕事していると、ある時ぱっとひらめくことがあります。そのような時に、宇宙と一体となれたと感じる一瞬があります。ぜひ頑張って体験なさってください。（柴谷宗叔）

修禅

覚苑《かくおん》を優遊して禅林に放曠《ほうこう》せん（性霊集六　式部笠丞願文）

【悟りの庭で遊び、山林の禅定で心を磨く】

◉真実は自己の心の中に　自我の本性、自身の覚証は空に満ち、海の滴のように無数に顕われている仏身は世を救うという書き出しで始まる願文です。この中に、明澄な鏡という言葉が出てきます。衆生の心は鏡のようであり、鏡が汚れているとはっきりと法身が現れないけれど、澄んだ鏡であるならば仏の助けに呼応することができ、煩悩も雪のようにたちまち消えてしまうというのです。仲守という方の父親が、故人の遺志をついで十一面観音の像を造ります。父なき後にこの観音を見て仲守は感泣し、新田を献灯の費用として寄進します。悟りの智慧を現す灯火は星のように輝き暗雲を消し去り、知恵の光は月のように明らかで、悟りの威光は太陽のように輝くだろうと続いています。この善行によって、父母、国王、衆生、三宝の恩に報い『覚苑を優遊して禅林に放曠せん』と繋がっていくのです。星と月と太陽という自然界の大きな存在を比喩の対象として、その美しさと壮大さを感じさせる名文だと感じました。

心を磨くということを改めて考えてみます。普段私たちは自分の心の鏡は当然のように曇りがなく、正確に外界を映し出していると思い込んでいるのではないでしょうか。齢を重ねていくと、その間多くの方々に出会い、それらの人々の多様な生き方を目にすることができます。その結果感じるのは、心を磨くのは自分自身が変わることでしか成し得ないという事実です。素晴らしい師に巡り合い、多くの経典を読了したとしても鏡自身が曇っていては、真実の教えに触れ、悟りを開くことはできないでしょう。外的世界を映し出しているのはすべて自身の心であり、喜びも苦しみも、外部にある絶対的存在ではなく、自分の心の鏡に映った幻影でしかない、と気づくことが第一歩なのではないでしょうか。真実は、自己の心の中にあるのです。

二〇二〇年六月二一日、国際ヨガの日に高野山櫻池院にて阿字観瞑想の手ほどきを受け百八回の太陽礼拝を行いました。まさに今回の名言通りの貴重な経験でした。在家の人間が日常の雑念を払い、心を澄んだ状態に保つためには、素晴らしい自然の中で心を磨くのは非常に有効な手段の一つだと改めて実感致しました。

（花畑謙治）

禅経の説に准ずるに　深山の平地尤も修禅に宜し（性霊集九　高野入定処／高野雑筆一五）

【大日経の説によれば、深山幽谷の平地が修禅道場に最も適しているとある】

◉心と向き合う、自分だけのマインドスポット　この一文は、高野山に修行のための寺院を建立したいと、お大師様が嵯峨天皇にお願いをした上奏文にあります。密教の経典によると、深い山に囲まれた平地が修禅に最も適していると説明をされ、無事に嵯峨天皇から高野山を下賜されました。高野山の歴史はこの上奏文から始まったのです。ご存知のように、高野山は峰々に囲まれた平原の霊場です。お大師様は若いころから近辺の山々で修行をなさり、入唐される以前から、平原の幽地高野山の「場の力」を感じていらっしゃったようです。この地で、国家と真言密教徒の修行のために、仏道の実践につとめ、天皇のお恵みに報いるとおっしゃっています。

この上奏文の初めの部分では「高い山では雲がたちこめ雨が降り、あらゆるものを潤すように、釈尊が教えを説いた霊鷲山《りょうじゅせん》の峰々では、釈尊がこの世にお生まれになってから後世まで、不思議な現象が絶えない」と説き、「その地の形勢がそういう結果にさせているのだ」とおっしゃっています。釈尊がお選びになった、宇宙と感応する場所です。米国のアリゾナ州には、ボルテックスと呼ばれ、地球のエネルギーが渦巻いている、いわゆるパワースポットと言われているところがあります。お大師様のおっしゃっている特別な場所は、ボルテックスとは違い、自分自身の生命エネルギーや心が、自然や宇宙のエネルギーと感応し、一体となれるような特別な場所のことだと思います。それは「マインドスポット」とでも言い表すことが出来るのではないでしょうか。

毎日の生活に追われる日々を過ごしているときに、日頃の喧騒をひと時忘れ、自分の心に対面できる場所があったら、新しい発想や発見があるかもしれません。目をつぶり、心を落ち着かせて瞑想し、自分の意識が宇宙や自然の鼓動と一致するような感覚のところです。そこは近くの公園の木々の下や、お寺の境内の片隅や、夜空を見上げるマンションのベランダかもしれません。それぞれの「マインドスポット」を見つけ、心と向き合う時間を持ってみてはいかがでしょうか。

（雪江悟）

修禅

上は国家の奉為《おんため》に　下は諸の修行者のために　荒藪を芟《か》り夷《たいら》げて　聊《いささ》か修禅の一院を建立せん（性霊集九　高野入定処／高野雑筆一五）

【上は国家の平安を祈るために、下は多くの修行者のために、荒地を整備して修禅の道場を建立したい】

◉いつも心を冷静に　古代インドの修行者は阿蘭若《あらんにゃ》と呼ばれる、人の叫び声が届かない人里離れた閑静な場所、山中の洞窟や森の中で独り修行に励みました。お釈迦様は六年間の難行苦行を経験した後、心を静めて深く考察する禅定《ぜんじょう》によって悟りを開いたといわれます。

お大師様も般若心経の注釈書『般若心経秘鍵』の中で、限りない生死の苦は禅定と正しい思考によって断つことができると述べておられ、それで心静かに修行のできる道場を紀伊山中の静寂な高野山に建設されたのでした。

修禅は僧侶の重要な修行のことですが、どんな時でも冷静さを失わないことの大切さを私たちに教えています。「衣食足りて礼節を知る」のことわざがありますが、今の世の中、現代社会は「衣食足りても礼節を知らず」になってきていて、文句を言い、すぐに腹を立てて人を責める人が多いようです。

最近、煽り運転による事故が多発しています。前を行く車が遅いからとか、走行を邪魔したとかで、相手を執拗に追いかけ回して無理に車を止めさせ、相手に殴り掛かったりします。カッとなって冷静さを失ってしまうのです。譲り合う気持ちを持ちたいものです。

毎年恒例の「寺子屋こぼんさん修行」でおとなえするお誓いの言葉は必ず「私たちは仏の子」で始まります。これがお大師様の教えですから、人類皆兄弟になるわけです。ですから、私たちはお互いに認め合い助け合って生きるのが当たり前なのです。

人間関係でイライラしている時は、外へ出て公園に行ったり、散歩に出かけたりするのも一つのストレス解消法です。怒りは心の病。薬師如来のご真言「おん　ころころ　せんだり　まとうぎ　そわか」を七回おとなえすれば心が落ち着きます。ご真言風に「おん　にこにこ　笑って許そう　そわか」でも大丈夫。効果あります。

（藤本善光）

閑林独り坐す草堂の暁　三宝の声一鳥に聞く　一鳥声あり人心あり　声心雲水倶《とも》に了了たり（性霊集十　後夜仏法僧）

【閑寂な山林でひとり坐っていると、明け方にコノハズクの声が庵に聞こえてくる。一羽の鳥には仏法僧と鳴く声があり、人には仏の心がある。鳥の声も、人の心も、空の雲も、山の水も、渾然一体になって溶けあっている】

◉高野山の静寂の中に座せば、宇宙の大生命と共鳴する　修禅の道場として開創された高野山金剛峯寺の庵で、一座の修法をされるお大師さまが詠まれた深秘であり有名な詩です。

私が子供の頃は、まだ高野山で「ブッ　ポウ　ソウ」と鳴く鳥の声を聞く事が出来ました。「ブッ　ポウ　ソウ」は「仏・法・僧」で仏教徒にとって大切な三つの宝、仏さま如来さま、その教えや経典、教えを伝え伝道する僧侶を意味し信仰のうえで一番重要なものです。長い間〝ぶっぽうそう〟という鳥の鳴き声と考えられていましたが、昭和十年六月七日のＮＨＫラジオ放送がきっかけで、コノハズクという鳥の鳴き声であることが判明しました。

お大師さまが早朝の静寂の中、一座の修法修禅をなされ深い三摩耶に入り庵の外から「ブッ　ポウ　ソウ」と鳥の鳴き声が聴こえ、風に揺れる木々の葉っぱや水の流れ、草木の香りなど、研ぎ澄まされた六感を通して　大宇宙と一体だと瑜伽の体感をされたのでした。

私が五十歳を迎える少し前の年に高野山の伝統行事であります勧学会に入壇する御法縁を頂きました。その時に大伽藍の南側にある勧学院の本堂に座しておりますと、膝元に朝日が差し込み、鳥のさえずりが聞こえ伽藍から修行僧の読経の澄んだ声が聞こえ、言葉では表現できない心持ちを得ました、そしてお大師さまの詠まれたこの詩が脳裏をかすめ、今まで経験した事の無い境地を体感させて頂きました。

私の知らない高野山の新発見でもありました。お大師さまは鳥の鳴き声を「仏法僧」と聴き取られ雲の動きや水のせせらぎの音から大宇宙の生命を感じ、大日如来と一体になられたのだと確信を得た瞬間でもありました。

時間に追われ、身を粉にして働くあなた、高野山で追体験をしてみませんか。

（中谷昌善）

修禅

容《すがた》を禅関に凝らし　神《こころ》を定水に洗う　烟霞《えんか》を吸うて年を送り　山水に対して帰らんことを忘る（高野雑筆一八）

【心身ともに禅定に集中し、霞を戴いて年齢を重ね、山中から里へ下ることを忘れておられる。（これは某弟子が空海大師の様子を表現した文章である）】

◉**自然融合**　この文章は弟子が深い禅定に入った空海の姿を伝えた記述です。密教の修法では真言を唱え、身で印法を修し、心で曼荼羅を観想する三密が代表的です。密教の規則に則り三密修法を成就した修行者は人里を離れ大自然の中に身を置き宇宙を曼荼羅世界と重ね一段と進化した瞑想修禅に入ります。人里離れた海岸や山々は近寄りがたく古代から神仏の世界です。弟子の目には晩年高野の大自然に身を置き禅定する空海の姿が忘れられない思い出として印象深く残っていたのでしょう。

空海は行法を完全に熟知しており曼荼羅世界を自由自在に体現することができます。その空海だからこそ大自然は曼荼羅世界と融合し光を放ち眼前に現れます。空海の脳裏には数限りない感動と喜びが沸き起こっていたはずです。

空海の瞑想法禅定を深く知るには、彼の著作や行動を調べあげる研究が必要であります。修禅は心の発達の過程でもあり人生を重ねるごと深まります。空海は幼き時より内外の書物に通じひたすら研鑽を重ねます。その過程で仏教こそが最高の教えであると確信し三教指帰を著します。

奈良に上った空海は寺院の経蔵を訪ね密教に出会います。その後空海は最先端の密教の教えを請うべく唐に渡り恵果から直接密教を伝授されます。空海の行動力は驚異的で空前絶後の出来事です。空海が困難を克服し目的を達成する姿は彼の心の成長であり我々に深い印象を与えてくれます。

彼の超人的な活躍もさることながら、我々は瞑想する空海の落ち着いて静かな姿にも惹かれます。大自然の中で瞑想し仏の世界に入り至福の境地に至る。まさに我々の目標とする理想の世界に入る静寂な境地を空海は禅定で体現してくれています。

（長崎勝教）

修禅

空海山に入りてより来《このかた》すべて人事を絶却し　臨池を屑《いさぎよし》とせず　寸陰これ競いて心仏を摂観す　夢中の俗事　坐忘を貴しとなす　ゆえに非意に忘却して今に書さず（高野雑筆二八）

【私空海は、山に入ってしまうと世俗的な所用から離れ、書をしたためることも煩わしく、ひたすら心を仏に傾けている。夢のような俗事はすべて忘れ去って坐り続けることが貴重と心得ている。それゆえに、心ならずも依頼を忘れていて未だに書いていなく、お許し願いたい】

◉仏と向き合う時間を持ちましょう　高野雑筆集は、お大師さまの遺文の中で、特に書簡類を集めたものです。高野雑筆集、拾遺性霊集、高野往来集などの呼び方があります。基本的に手紙類を集めたものですから、他の著作より読みやすく、お大師さまと周辺の人が浮かび上がってきます。何度も読んでいるとお大師さまの人となりが垣間見えて、身近に思えたりします。

この名言は、以前に依頼を受けていたことを忘れていたというお詫びの手紙です。その理由は、山（高野山）に入ってしまうと世俗から離れ、ひたすら禅定に入っているので、頼まれた書もまだ書いていないというのです。なんとストレートなことばでしょう。

現代社会の一員として生きていくためには、世俗との交わりなしにはいられません。なかなか仙人のように生きてくのは難しいです。世俗は楽しいことばかりではありません。忖度に価値観を見出す人もあれば、正義感や倫理感が強い人は、自分を曲げることに耐えかねて病気になったりします。絶望は負の思考を拡大再生産し、悲劇へつながっていきます。

高野山は、お大師さまが修禅の道場として開かれたところです。久しぶりに高野山に上がると、山上に着いただけで気持ちが澄んできます。都で活躍したお大師さまが時々高野山にこもられ、世俗を忘れて修禅に専念されたことに思いを馳せましょう。

たいしたことはしていなくても毎日はストレスに満ちています。高野山に行けない時は、瞑想する、お仏壇に手を合わせる、それぞれできる方法で、仏と向き合う時間をもちましょう。世俗の価値観に振り回されない自分のために。

（森堯櫻）

林泉我れを酔わしめて一たび入って帰ることを忘る（高野雑筆二八）

【森林と泉は私を魅了し、ひとたび山に入ってしまえば、都に帰ることを忘れさせてしまう】

◉山中に仏を楽しむ　林泉は大日経の「山林多華果　悦意諸清泉」によると思われ、「山林に華と果実が多く意《こころ》を悦ばす　諸清泉は諸仏が称賛する所だから禅定を楽しむ円壇を作るべし」と記されます。空海さまは「高野山は禅定に相応しい」として嵯峨天皇に下賜を請うのがこの書の三年後です。「山に入って帰れない」とは、高野山で禅定して楽しいということでしょう。山に入って人事を忘れ寸暇を惜しんで仏にまみえんとすると書かれています。これを読んでふと去来した言葉は「古の人は道のために道を求む。今の人は名利のために求む」という大師の言葉です。性霊集「山中に何の楽かある」にほぼ次の様に書かれます。

家（凡夫の享楽）を捨て仏に身を捧げ独り貧に安らぐ。谷水の一杯で命を支え山霞を吸って心を養う。葛を寝袋にし杉皮に寝る。鳥が鳴き猿が躍り四季の華が楽しませ、早朝の月や風が煩悩を払う。身口意の三密が遍満して仏の供養になり、香を焚き経を一通り読めば覚りへと向かう。時花を仏に捧げ仏を讃えて国王に感謝する。仏を守る人々が潤い様々な生き物が全て覚りを得ん。仏の智慧で煩悩を断てば忽ちに生死を越える。死魔、五蘊魔、煩悩魔、天魔や百非（現象世界や相対を離れること）は恐れるに足らない。大虚寥廓として円光遍し、寂冥無為こそ楽しい。

自然の生活をして経を読み心の仏を楽しむ。都においては天皇や最澄大師や多くの弟子に灌頂して教えを説き、南都の仏教を指導し東寺を造営し、綜芸種智院を創設して庶民教育を行い、満濃池などの治水にも尽力しつつ、釈経の貸し出しを断ったり慈悲欠論争に汲々とされますが、そのお心は常に山泉の仏の境地に有ったのです。人事と空寂。独り貧にして静寂という法楽あっての人事を肝に銘じたく存じます。

空海さま三十九歳の時に書いた書簡です。三十二歳帰国、三十六歳で東大寺の長官就任。三十八歳で最澄さまら百数十名に灌頂を授けています。この時には最澄さまに理趣釈の貸し出しを断っています。いかに多忙であったかと推察します。（加藤俊生）

林泉未だ飽かず　迹を人間に絶つ　逸遊に限られてしばしば詣でて展謁《てんえつ》することを遂げず　悚息《しょうそく》極めて深し　望むらくは故怠《こたい》に非ざるを恕《ゆる》せよ（高野雑筆四五）

【山林に入って人との交流を絶ち、心ゆくまで禅定に専念しているために、参上して拝謁ができない。怠慢ではないことを理解してほしい】

◉時を忘れる　この句が収められている「高野雑筆集」にはお大師様が送られた書簡等が多くみられます。この句もその一つであります。「林泉《りんせん》」は世を逃《のが》れて隠れ棲む地の意。「逸遊《いつゆう》」は禅定に耽って参上できないの意。「悚息《しょうそく》」は恐縮の意。「故怠」は故意に怠るの意。「恕《ゆる》せよ」はおおめに見るの意。

この文章のように、お大師様が高野山から送られた書簡等には修行中、修法中であることを知らせる物が多く見られます。京の都、東寺や高尾山を中心としての活動は、真言宗教学の流布に勤められ、度々高野山にて自然界に身を置き、宇宙のエネルギーを感じ仏の世界に入る修行をなされていた様子がうかがわれます。お大師様におかれましては高野山は修行の根本道場であったのです。

私は高野山大学三回生の時に僧侶になるべく五月「得度式」、六月「授戒」の儀式を経て、十二月、冬季休暇、二月、春季休暇を利用して三月末「四度加行《しどけぎょう》」という百日間の修行を終了。四月「伝法灌頂」を授け、高野山真言宗僧侶となりました。「四度加行」（百日間の修行）は、高野山でも街を離れた山奥の場所にある、通称「真別処《しんべつしょ》」、正式には「円通律寺」で行いました。そこでの生活は、三十名の集団生活。電気は通っていたが、テレビ、ラジオは一切使用禁止でした。新聞や電話も有りません。まさに「迹を人間《じんかん》に絶つ」でありました。

午前四時、十時、午後三時は決められた行法を行い、午前六時、午後六時には集団勤行。行法の間に床拭き清掃等の作務があり、午後九時消灯という日程に追われ、クリスマス、大晦日、お正月も忘れる程の修行生活に明け暮れていました。冬季の修行を終えて下宿先に戻ると、両親や友人からの手紙、年賀状等の郵便物が箱に入れられていました。急いでハガキを買い求め「修行に入っていた事、学年末テストが終わるとまた直ぐに修行に入る」旨を書いて返事を出しました。

（糸数寛宏）

修禅

貧道去《いん》じ弘仁九の冬月を以て閑寂《かんじやく》に紀州の南岳に就く（高野雑筆五六）

【私は弘仁九年十一月より修禅のために紀州高野山で過ごしている】

◉何かを成し遂げる　お大師様は、終焉の地としてまた修行の聖地として高野山を選びました。人道としてのお姿は終えたとはいえ、威光は衰えることなく今尚人々を救済する慈悲の加持力は広大で、私たちはその有り難き尊光を仰いでいます。一千年を超える信仰の中、救済された人々は数え切れないほど多数で、これより以降もお大師様の威光は消えることがありません。

高野山の清浄なる静寂さは、自然の豊かさのみならずお大師様の威光が作用しています。人々は、高野山を訪れるとほとんどの方々がこういった清浄さを感じることができます。

人は生涯の間に様々な経験と実績を刻み、あらゆる環境によって人間としての人格が潤色されていきます。その集大成として後世に何を残しうるのかは、それぞれの生き様によります。また個人の思いがあります。お大師様は、自らの修行の集大成として高野山の霊窟に身を留め、入定されました。

私たちは、現世にて命の有る限り切磋琢磨を繰り返しますが、なかなか思い通りには人生設計がかないません。喜怒哀楽の無情を観じながら、気がつけば終幕に至ってしまいます。老境に至っては、子孫の安穏をひたすら祈ることのみになってしまい、理想的な記憶を留めることはほとんど不可能です。

昨今は、「墓じまい」や「仏壇破棄」などが流行して先祖との関わりやこれよりの継続を絶とうとする行為が増えておりますが、現世に命がある中では到底、歴史を断ち切ることは不可能です。

お大師様の終幕は完璧な理想像です。常人では為し得ない奇跡のお姿です。私たちは、偉業を目の当たりにして何も為し得ない事では命を生かし切れていないでしょう。あらゆる存在によって生かされている命です。高野山に何度も参拝して、その理想郷を深く心に刻みながら、命のある限り努力をおしまない行為が浄土につながります。

（後藤瀞興）

雲中に独り坐して松とともに老いたり　万事情《こころ》なくしてただ道を念《おも》う（高野雑筆五七）

【雲中に独り坐って松とともに老いていく。すべて世情から離れ、ただ仏道のみを思う】

◉内戦と瞑想　二十数年ほど前に、ひとりスリランカへ旅したことがあります。知人であるスリランカ僧が住職を務める寺院に建設された、戦争孤児のための養護施設を視察するためと、瞑想センターでの短期修行のためでした。

首都コロンボ近郊の国際空港に降り立ち、まず宿泊するホテルへと向かう車中で異様な光景を目の当たりにしました。幹線である大きな道の真ん中にはトーチカが鎮座し、機関砲が据えられ、その砲口がこちらへ向いているのです。当時、スリランカ政府と、タミル・イーラム解放のトラ（ＬＴＴＥ）とが内戦状況であったのです。しばらくして大統領府近くの宿泊するホテルに到着しましたが、いつどこでテロが発生し銃撃戦が行われるか分からない状況の中、機関銃を装備した兵士たちが爆弾テロを恐れて近辺を警護していました。実際、大統領府も爆弾テロに遭い、多くの死傷者を出したそうです。翌日、島中央部にある国内最大の寺院、仏歯寺へ向かいました。ボディーチェックが行われ入山すると、大きな寺院の天井が破壊され黒く焦げているのです。ほんの数か月前に荷台に爆弾を積んだトラックによるテロに遭っていたのでした。

参拝を終えて、その後、知人の僧院へ表敬訪問し施設を視察し最後に向かったのが都市部から離れた寺院に併設された瞑想センターでした。一人用のコテージで瞑想修行に入りました。朝昼は少し離れた僧院へ隊列を組んで進み、入堂し席に座り、在家信者の方々から食事を賄って頂きました。

そのおかげで修行者は、専心して瞑想に没頭出来る環境がありました。広大な境内地の中のコテージは、熱帯の原生林にぽつんと建てられ、木々には色鮮やかな花が咲き誇り、静寂の中でせせらぎの音がやさしく聞こえて来ます。陽が暮れると夜行性の動物たちが声を張り上げ、活動をはじめる。そんな中で、仏を思い遥か彼方の日本を思い集中していると、いま自分が何処にいるか分からなくなり、時間を見失い忘我のひとときを過ごす。昼の喧噪と戦争の恐怖。夜の静寂と野生のいのちの叫び。この上なき貴重な時間を過ごしたのち、忙しくも平和な日本に戻ったのでした。（瀬尾光昌）

貧道黙念せんが為に去月十六日この峯に来たり住す　山高く雪深うして人跡通し難し　限るにこの事を以てして久しく消息を奉ぜず（高野雑筆六六）

【私は黙念のために、弘仁九年十一月十六日より高野山で住んでいる。山は高く、雪は深く、人は絶え、往来は難しく、しばらく修禅に入っているために消息を絶っている。どうか音信不通を許されたい】

◉情報過多の中で自分を磨く　「情報が多すぎる」。そう考える人が八割を超えるそうです。近年インターネットやSNS（ソーシャルネットワーキングサービス）の普及により、新聞・テレビ・本のほかにスマートフォンによるフェイスブックやツイッターなど多くの新しい情報源・媒体が出現し広がりを見せています。

情報をどこでも便利に受け取ることができる一方、情報過多によりストレス感じる人が増えたといいます。また自分の好みの情報を簡単に集められることから興味ある情報だけに囲まれ続ける人も増えたといいます。その結果、世の中や社会に対する関心を低くしてしまうのではないかという懸念もあります。

私はお釈迦さまや弘法大師空海（お大師さま）から学ぶことのひとつに「ひとりの時間を持つ姿」があります。つまり、とめどない情報の中から時には身を引き、ひとりになるのです。

人は社会の中において孤立して生きることはできません。あらゆる人やモノ、出来事との関係の中に生かされているからです。しかしお大師さまの行動に想いをはせるとき、社会や人々の中心にいながら時にはひとり深い瞑想する時間と場所を大切にしていたことがわかります。

「貧道黙念」という言葉から、志す道を歩み続けながら深く瞑想するひとりの僧侶の姿が立ち上がります。人の往来も無い山深き大自然の中で修禅道場としての高野山を開いてゆく。時には消息を絶つほどの時間をお大師さまは大切にされています。

情報や世俗から離れ、自然の中でただひとりになる。そして、ひとりになることを通して一切の衆生を救済する社会活動へと向かうのです。ひとりと社会を行き来するその姿の中に情報過多の中で自分を磨いてゆくヒントがあると思います。（伊藤聖健）

禅念閒《いとま》なし　彼《かしこ》に就いて展諮《てんし》することを得ず　悵望《ちょうぼう》なんぞ言わん（高野雑筆六七）

【修禅に余念がなく、その件について参上して相談ができないことを許されたい】

◉見えない空気、認識できない地球

この文は八一八年に高野山からある方へのご厚意に対するお礼状の一節です。二年前に天皇陛下より高野山を賜り、その開設に余程忙しい日々を過ごされていました。「国家安寧、一切衆生済度の為の修禅を行っている為にそちらに伺えないのでお許しください」というお手紙です。

お大師様は二十四歳の時に著述された出家宣言書と言える『三教指帰』の中で、多くの人は「ただ筋力を使って努めることや、身体を屈して仕えることだけが忠孝だと思い込んでいて、もっと大きな忠孝のあることにきづいていないのです」。また、「常に国家の幸せを第一に考えており、両親及び一切の衆生のために陰ながら功徳を積んでおります。これによって得られる智慧や福徳の一切がすべて忠であり孝であると私は考えているのです」と述べられています。

さて皆さまはいかがでしょうか。どうしても目先の忠孝や体裁、損得に振り回された生活を送っていませんでしょうか。「仕方がないだわ。死んだ人の供養より、生きてる者の方が大事なんだわ」と、最近よく耳にする言葉です。そんな時私は、「生きている人を守ってくれているのがご先祖様なのですよ。いざというときに手を差し伸べてくれています」とお答えしています。

目に見えないからと言ってその存在を否定するのであれば、例えば小さくて見えない〝空気〟の存在を無視し、今度は大きすぎる〝地球〟を認識できないのと同じです。少し考えれば本当に大事なことを知ることが出来るのに、言い訳や責任転嫁、自己保身に逃げてしまいます。

この世に生を受けて自心を研き、他に思いやりをもって為すべきことをさせていただけるチャンスを逃しませんようにご提案申し上げます。

お大師様は修禅の中で仏様と対話され、学び取られた総ての智慧を駆使し一切衆生済度を祈念されることで生きとし生けるものに慈悲心をいきわたらせんとされました。そのエネルギーを分けていただきましょう。

（大塚清心）

修禅

吾れこの山に住して春を記せず　空しく雲日を観て人を見ず　新羅の道者幽尋の意《こころ》あり　錫を持して飛び来ること恰《あたか》も神に似たり（拾遺雑集二／経国集一〇）

【私は高野山に住して都の春から離れて久しく、雲を眺める日々にて人に会うこともない。新羅の僧がこの幽玄の地を尋ねて、仙人のように錫杖を突いて飛ぶようにして登って来た】

◉高野山は世界の中心　都を離れて高野山におられるお大師さまを慕って、新羅の僧が訪ねてきた時の様子を書いておられます。当時はまだ遣唐使の制度がありましたから、諸外国との交流は現在と同じくらいに盛んでした。新羅は朝鮮半島にあった国で、日本と友好関係にあった百済と敵対関係にあったりして政治的には微妙でしたが、文化や経済の交流は盛んにされていたようです。ではなぜ新羅の僧が、わざわざ高野山までお大師さまを訪ねてきたのでしょうか。当然密教の教えを乞うためでしょうが、お大師さまが中国でなし遂げられたことを考えると、その理由がある程度は推察できます。唐の密教の第一人者であった恵果阿闍梨は日本から来たばかりのお大師さまをひとめ見るなり、その才能を見抜いて、ご自分の習得した密教のすべてを伝授してしまわれました。中国人の門弟が三千人もいたと言われているのに、密教の神髄は中国ではなく、日本に移ってしまうことになったのです。おかげでこれ以降、中国の密教はかなり衰え、日本の高野山が文字通り世界の中心となったのです。

高野山はとても有名ですが、かなりの人が和歌山県の代表的な観光地として認識しているのが現状なのではないかと思います。実際には密教の、世界レベルでの総本山が高野山なのです。ひょっとしたら、新羅の僧は、日本に来たのだからぜひ総本山で密教が学びたいと思い、飛ぶようにしてお山を登ってきたのかもしれません。かえって日本人の方が、高野山の偉大さがわかっていないのではないでしょうか。私は合気道をたしなみますが、外国の人にとって日本は世界一の格闘技大国で、柔道、剣道、空手、少林寺拳法、本当に何でもある夢の国なのです。そのため、日本留学の機会にぜひ何か学びたいと胸をときめかせて来る人が相当数いるそうです。かえって日本人のほうが、この国のすごさを知らないで暮らしています。同様に、世界の密教の中心である高野山のすごさを知らない日本人が多いのも、同じ理屈なのかと思います。（佐々木琳慧）

命や涯《かぎ》りあり強いて留むべからず　ただ尽きん期を待つのみ　もし時の至るを知らば先に在って山に入らん（空海僧都伝）

【命には限りがあるからあえて身を留めることはしない。寿命の尽きるのを待ち、その時がきたならば事前に高野の山へ入る】

◉人としての最期と神としての復活　私たち真言宗徒にとって高野山奥之院の御廟には、今も生きながら生きとし生けるもの（一切衆生）を導いて下さるお大師さまがいらっしゃると信じています。これを「入定留身信仰」と申します。承和二年三月二十一日寅の刻にお大師さまは入定されました。

古来よりお大師さまの最期をめぐって「入定」と「入滅」の二説が取り沙汰されました。

お大師さまの最期をみとったお弟子の実慧上人が認めた書簡を、承和年間遣唐使として唐土に渡った真済上人と真然上人は、お大師さまの亡き師匠恵果阿闍梨の墓前に捧げました。そこには「薪尽き、火滅す。行年六十二、ああ哀しい哉。南山　白に変じ、雲樹　悲しみを含む」とあり、白（魄）つまり遺骸は高野山に。雲（天：魂）は兜率天に既に居ますことを悲しむ有り様が見て取れます。「生者必滅」は仏祖の訓戒、誰も逆らうことのできないこの世の定めであります。表題のご文章にも、お大師さまのお身体を気遣うお弟子さんの言葉に、「私（大師）も人としていつまでも生きられない。肉身はいつか朽ちるから、あえてこの世に留めようとは思わないが、その時が近づいたら高野山に入定するまでである」とあります。

ここで「入定」という言葉はこの時代「山林修行」を意味していた、という事実です。元来「定」とは仏教用語で座禅などの「精神集中」の実践を意味する言葉でした。

大乗仏教経典の中では、仏さまが入定することで、さまざまな奇跡を起こして衆生を救う場面が多く見られます。お大師さまもご自身の生涯のなかで多くの奇跡や衆生済度に勤められました。高野山奥之院での万燈万華法会の願文に「衆生尽き　虚空尽き　涅槃尽きなば　我が願いも尽きん」という永遠の誓いが大師をして「入定留身」信仰を産む因となったに違いないと想像いたします。

（山田弘徳）

止《や》ね　止《や》ね　人間《じんかん》の味を用いざれ（空海僧都伝）

【いらない、いらない、人間の食事はもういらない】

◉入定とは　弘法大師様は、六十二歳で入定されました。入滅ではございません。定に入るとは、精神統一の状態で、即身成仏の三昧に入っておられると私は考えております。

唯、肉体はどうなっているのかを考えますと、ある説によりますと、肉体と魂を結んでいる霊子線（シルバーコード）が切れた時が人間の死で、大師は六十二歳で肉体に限界が来たともいえます。

又、「我れ入定の後には兜率天に往生して弥勒慈尊の御前にはべるべし。五十六億七千万年の後には、必ずや慈尊と共に下生して我が先跡を問うべし」とも書き残しておられます。

さらに大師は、身を百億に分かちて、我を念ずる者と共に歩むとも言われております。

悟りを開くと、過去、未来、現在がないと言われます。大師は、世界の救世主です。大師と弥勒は一体であるという説もあります。ですから奥の院では、弥勒菩薩の真言を唱えます。今でも大師は生き続け、縁ある人々を救済されています。

大師と波長を合わせれば、歓喜世界に入れます。弘法大師様は、如来の霊格の持ち主です。「弥勒菩薩」という金剛流の御詠歌の第三番には、「慈尊と共に下ります 大師の誓いなつかしく すがりてまたんとこしえに 五十六億いくとせを」とあります。又、昭和十一年五月二十一日作の掛軸に、高野山座主大僧正降心作で「肉身を三昧に証じて慈氏の下生を待つ」とあります。

今や宇宙時代、人類が宇宙へ飛び立つ時代。五十六億七千万年という天文学的な数字。まさしく「今」がその弥勒の時代ではないでしょうか。お釈迦様がお悟りになられた「宇宙即我」を、自分の心の内に目を向けて、そこに素晴らしい仏国土を築いていこうではありませんか。

（堀部明圓）

生期今幾ばくならず　汝等よく住して仏法を慎み守れ　吾永く山に帰らん

（空海僧都伝／遺告真然大徳等）

【承和元年（八三四）五月の晦日、空海大師は弟子等を召請し、「汝たちよ、正しく仏法を学ばれよ。私は永遠に高野の山へ帰っていく」と語られる。この宣言の後、九月の初めに自ら葬処を定め、二年正月より水漿を却絶された】

◉空海さまの終活

「終活」は現代用語です。老齢人口が増え続け、老々介護など痛ましい現実が続いています。少しでも満足できる余生を送り、安心して人生の最期を迎えるための準備が終活です。自分史を書きましょうという参考書も沢山出版されています。自分の終焉をどう見つめたらいいのでしょう。自己満足のものであっては全く意義がありません。そこで、空海さまに学びましょう。

空海さまは、早くから高野山を終焉の地と決めておられました。その目的は、空海さま個人の心情によるものではありません。衆生済度、密教興隆、立体的な（観念でなく）極楽浄土を造ることなど、何時も大乗的な立場で考えておられました。ですから、生涯の最期が観えてくるにつれ、大変忙しく動き回って（活動されて）おられます。高野山でご入定なさる一年前、承和元年の正月からの動静を拝見しても、とても人技とは考えられないご活躍をされています。正月に京都宮中で後七日御修法を修し残されてから、二月には奈良へ出向いて東大寺の法要の導師を勤められ、滞在されて般若心経秘鍵の講義をされ、三月に京都西塔院（比叡山）の落慶供養、五月の初めに高野山に帰られています。五月二十八日に遺誡された一文が表記のことばです。九月にはまた京都東寺で弟子に大切な印契を授け、高野山の図面と四方結界（領土の範囲）を嵯峨上皇に申し上げ許しをえられました。また高野山に帰られて、十一月十五日、お弟子を集めて「明年三月十五日寅の刻入定する」と告げられました。そしてまた京都に下られ嵯峨上皇にお会いになって、翌年二月に高野山にお帰りになり、最後の訓示をされました。このご遺告は、長文で大切なことを漏らさず、凛とした文章で、生い立ちから全てを述べておられます。如何にご立派であったかが窺えます。

空海さまは、天長九年十一月十二日から穀類を絶たれて二年あまり、正月からは「水漿を絶つ」と申されているから、日常の座禅と体の浄化によって、申された通り三月二十一日寅の刻にご意思によって入定なされたのであります。

（野條泰圓）

吾れ入滅に擬するは明年三月二十一日寅の剋《こく》なり　諸の弟子悲泣を為すことなかれ　両部の三宝に帰住せよ　自然に吾に代って眷顧《けんこ》せられん（太政官符案並遺言／遺告真然大徳等）

【私が入定するときは、承和二年（八三五）三月二十一日四時である。弟子たちよ、悲しむことなかれ。マンダラに帰依し、私が生きていたときと同じように回顧せられよ】

◉ことばを残す　こころを遺す　哀別離苦は必ず訪れるこの世の苦しみの一つですが、今生の別れの苦しみを和らげるには後に残る者が途方に暮れないようにしてあげることが大切でしょう。臨終前に枕辺で交わした言葉はいちばん心に響きます。ましてや頼まれごとの場合などは故人のために何としてもそれを実現しようと思うものです。

　昨年、私の実父でもある師僧を見送りました。お寺の自室で息を引き取ったのですが、枕元に私を呼び、聞き取りにくい弱々しい声で、自身がいなくなった後のお寺のことやお葬式の段取り、そして遺される母の事を最後の力を振り絞って語り、全てを伝えた後で静かに息を引き取りました。その後のお葬式をはじめ一連の行事やお寺の運営の判断も、その時の師僧の言葉を思い出しながら行うようになりました。田舎の小さなお寺でも師僧が遷化すれば、後に残る弟子は大きな不安を感じるのですから、お大師さまとのお別れはお弟子さま方には大変なことであったでしょう。

お大師さまはお弟子達に向けて二十五箇条の御遺告《ごゆいごう》を記されました。お大師さまには京都の東寺や高野山をはじめ、各所に所縁の大切なお寺がたくさんありました。そこを拠点とし、密教を基本に据えて国家安泰と万民豊楽《ばんみんぶらく》（人々のしあわせ）を祈られ実践されていました。その寺々の活動が停滞しないよう跡取りを決められ、戒めをしるし、進むべき方法をお示しになられました。御遺告をいただいた各人はお大師さまのお言葉を反芻し、仏さまへのお給仕や修行、社会奉仕や寺院の運営に一生懸命あたられたと思います。お大師さまの御言葉に込められたこころは教えとなり、千二百年後の我々にも届いています。その教えの有り難さゆえ、お大師さまは遷化されたのではなく、奥の院に御入定《ごにゅうじょう》されて今に生きていらっしゃるのだと信仰されているのです。

お大師さまの教えを戴いた私達は自身の仏道修行だけでなく、お大師さまのお手代わりとなり、社会奉仕を積極的に行ってまいりましょう。

（亀山伯仁）

吾れ初めは思いき　一百歳に及ぶまで世に住して教法を守り奉らんと　然れども諸の弟子等を恃《たの》んで忩《いそぎ》て永く即世に擬す（太政官符案並遺言／遺告真然大徳等）

【私は百歳まで生きて密教を守ろうと思っていた。しかし命には限りがあるゆえに、永く世に留まる入定の姿を採用し、後世のことは弟子たちに任せたい】

◉近い所と遠い所　お大師さまが、入定をされるにあたり記されたお言葉です。ご覚悟が感じられ、背筋を伸ばした記憶があります。お元気でありながら、あえて肉体を衰弱させられたのではなく、命の限界を悟られ、「このままでは死んでしまう。ならば」と、急いでこの世に永く留まる方法を選択され実行されたのです。肉体に負担をかけないよう食事を止め、水さえも口にされず、呼吸の回数を少なくされ、心臓の鼓動までも弱められ、静寂の空間へと入られました。

お大師さまは、明らかに現世に留まっておられます。釈尊は、死の形を示され「入滅」されました。お大師さまは、生の形のまま禅定に入られた、つまり「入定」されたのです。これにより、いまだ生きておられるという入定信仰があるのです。

平成十二年春、唐突に親戚を集めるよう、友人が祖母に頼まれたそうです。駆けつけた一族を前に「先程お風呂を頂戴しました。少しのお茶漬けを用意して下さい」その間に、浴衣をキチッと整えて、白足袋を履いて、ベッドに腰掛けたお婆さんの前に運ばれたお茶漬けをサラサラと味わって、「美味しゅうございました。この世での最後の食事です。遠い所へ行きます。集まってくれてありがとう」と、ベッドに横たわり亡くなりました。友人は、信じ難いことが起こったために、お寺に飛び込んで来て「遠い所てどこや！」と摑みかかられました。百歳のお婆さんの大往生。葬儀場では、その話で持ちきり。その後の法事でも、話題が絶えることはありません。信仰心のなかった友人も、今では熱心なお寺の協力者です。

お婆さんの行き先は、「あの世」でしょう。お大師さまは、「この世」。この違いはありますが、いつか命は尽きます。お大師さまのように、現世に留まり続けることは至難の技です。行き着くところは「あの世」でも、安心して旅立てるよう、生き抜きたいと思います。

（吉田宥禪）

入定

入定の後は兜率他天《とそつだてん》に往生して弥勒慈尊の御前に侍《はべ》るべし　五十六億余の後　必ず慈尊と御共に下生して吾が先跡を問うべし　また且つ下らざるの間は微雲管《びうんかん》より見て信否を察すべし（太政官符案並遺言）

【入定の後は弥勒菩薩の兜率天に往生し、五十六億七千万年の後には必ず弥勒菩薩と共に生まれ変わり、私がいた居住地を訪れる。なお、この世に現れるまでは弥勒浄土の穴から衆生を眺めて信心の程度を観察している】

◉人は二度死ぬ　須弥山のてっぺん兜率天。七宝で飾られた宮殿が立ち、礼拝や供養の姿が見えます。庭の舞台や宝池に浮かべた小舟から、天女や童子の奏でる心地よい音楽が聴こえ、満開の宝樹は香り、ゆっくりと流れる時間の中、御大師様は弥勒菩薩の元で次なる時を待ちながら時折、「ちゃんとやってるかい？」と下界を観察されていらっしゃる……想像すると何かワクワクしてきます。これら御遺告については様々な議論があるようですが、今日まで多くの人々の寄り所となっている事に大切な意味がある様に思います。

「人は二度死ぬ」という言葉を聞いた事があります。「一度目は肉体の死、二度目は誰かの思い出の中で生きている私を思ってくれる人が一人もいなくなった時」と続くのですが、なるほどと感じ入り、心に留まる言葉になりました。

葬儀ではいろんな場面に出会います。先日は、亡くなる三日前に録音された「ありがとうございます」と言う故人の声が笑顔の映像と共に流されて、会葬者の涙を誘いました。深い悲しみのご家族でしたが、故人を誇らしく思い、凜と前を向こうとされる姿が印象的でした。又、お父様を亡くされた一人娘様は「とても寂しいのですが、昨夜から、父が尽きる事なく思い出され、何故か暖かい気持ちに包まれて不思議な思いでいます」と本当に穏やかな表情で挨拶されました。こんな時、ゆかりの皆さんのより近くに大切な方は生きていらっしゃるな、とこの言葉を思い出します。そして旅立つ方が、残した人の命に価値を与えてくれているような、そんな気持ちになってまいります。

御大師様は、ある時は御廟に座され、ある時は天界の穴から覗き、ある時は同行二人、遥か時空を越えて、今を私達と共に生き、導き、成長させてくださっています。改めてありがたい思いがいたします。

（橘髙妙佳）

入定

吾れ永く山に帰らん　吾れ入滅せんと擬するは今年三月二十一日寅の剋《こく》なり　諸の弟子等悲泣を為すこと莫れ　吾れ即《も》し滅っせば両部の三宝に帰信せよ　自然に吾れに代って眷顧《けんこ》を被らしめん　吾が生年六十二臘《りょう》四十一なり　吾れ初めは思いき一百歳に及ぶまで世に住して教法を護り奉らんと然れども諸の弟子等を侍んで忩《いそ》て永く即世せんと擬す（御遺告）

【私は永遠に高野山に帰り、入滅のような最期を今年（八三五）三月二十一日午前四時に示す。弟子たちよ、悲しむことはない。滅後は両部マンダラに帰依し、おのずと私に代って見守られるであろう。寿命六十二歳、法臘四十一年。私は百歳まで生きて仏教を護ろうと思ったけれども、しかし後は弟子たちに任せ、永く世に留まる定に入る】

◉弟子達への遺言とご入定（お大師様）と入滅（お釈迦様）　私達は日頃時間に追われ「忙しい」とよく口にします。その段階でもう心は亡くなっているのです。明日やればいいと思うも、覚者の視点は一分一秒たりとも無駄にしない生き方であると感じます。なぜならば生きとし生ける者は一分一秒と「死」に近づいているからです。

お大師様はご入定される半年も前の、万灯万華会の後より「断食」を行い、身を清めご入定に臨まれました。その理由は定かではありませんが、自身の寿命を悟られ、入定に向かい心身を解脱するという最高の覚りの状態にするためです。そしてこの「御遺告」と言う遺言は三月十五日に告げられました。

お釈迦様は八十歳という高齢で食中毒が原因で亡くなられました。神通力で寿命を変える事が出来たにもかかわらず、二月十五日に「入滅」という「涅槃」(輪廻転生しない安住の世界)に入られました。そして入滅される前の説法で「自燈明・法燈明」と自らを仏法と照らし合わせ仏法を信じて生きて行きなさいと説かれました。その頃の仏教ではお釈迦様は涅槃に入られたなら、二度と現世に現れることはないと仏像造りが禁止されるなど信仰対象とならないことが常識でした。

それに対しお大師様は弟子達に両部(金剛界・胎蔵界)の仏を信じ修行を続けなさい、仏様のご加護がありますと安心を与え、禅定に入り、永くこの世に留まると宣言されました。これを「ご入定」と言います。滅せずに生きていること(即身成仏)は、この世に永く留まることで私達を導くと諭されて、私たちの生きる希望となりました。

(吉森公昭)

居を高野の樹下に卜し　神《たましい》を兜率《とそつ》の雲上に遊ばわしむ　日日《にちにち》の影向《ようごう》を闕《か》かさず　処処の遺跡《ゆいせき》を撿知す（日日影向文）

【居住を高野の山林に定め、魂は雲上の弥勒菩薩に居て、日々にゆかりの地へ欠かさずに現れて人々を守護する】

◉志　リマインドする　大門の句　お大師様曰く「如来の働きは全宇宙に遍満し、完成された智慧が地獄から仏界まで及んでいる」（『空海名言辞典』二九頁）。「遍満」といえば、時空を超え、お大師様のあらゆる法身説法はあり得ると思います。物質現象として云々物議にハマることを迂回し「志」を語る人智を鑑みて、大師の戯論切りの名言を味わいたいと思います。

数千年前の四書五経の一つ『易経』に「志」を説く「豫」卦がありました。もとは雷電霹靂で大地の万物が蘇り活気あふれ、命を謳歌する歓喜ぶりというイメージでした。「鳴豫」「志窮凶也」の爻辞は、為政者に鳴らす警鐘でした。平和の世では、志やモラルが薄れて、贅沢三昧の享楽を煽る宣伝文言など溢れるようになります。物質文明、快楽を追い求めていくうちに、不祥事や災禍を招いてしまうぞという警告です。さらに「豫」の方法論では、「介於石、不終日」「以中正也」とあります。介の甲骨文最古字形では、真ん中は人で、両側の四点は甲羅を連ねる堅い鎧の甲片の形でした。上古戦場で身を護るために被る甲冑の意味から、堅硬、揺るぎない、実直の意味に変化し、後、美徳、志の堅さを指します。甲冑や盤石のように、初心初志を貫けば、中正の道を保ち禍を避けられるというのです。

しかし、私が傾倒した『易経』の説く立派な「志」でさえ、人の世で勝負する智慧に過ぎず、「志」の中味も、度々人間の野心野望に履き替えられてしまうのです。不完全な人智に執着しては仏の真実を知る妨げになります。

お大師様は、究竟でない人智と如来の智慧の違いを説きました。「伏羲は八卦、神農は医薬、老子は道教、孔子は儒教をそれぞれに説いた。しかし、眼前のことを語るだけで、因果の法による過去、現在、未来の道理は知らない」(『名言辞典』三九〇頁)。凡夫の眼に見えない過去と未来、因果を悟ったからこそ、真実か戯論かを見分ける境界線が分かるのですね。

(松本堯有)

我れ昔薩埵に遇って　親《まのあ》たり悉く印明を伝う　無比の誓願を発《おこ》して　辺地の異域に陪《ばい》す　昼夜に万民を愍《あわれ》んで　普賢の悲願に住す　肉身に三昧を證して　慈氏の下生《げしょう》を待つ（我昔遇薩埵偈）

【私は昔、金剛薩埵に会って親しく印契と真言が授けられた。堅い誓いを立て日本に住み、日々に万民の苦悩を哀れんで普賢菩薩の慈悲の願いを抱き、この身を仏の働きとして、弥勒菩薩が世に現れるまで救済活動を続ける】

◉所変われば品変わる　この一節は延喜十二（九一二）年に弘法大師が醍醐天皇より法衣を下賜された際の言葉として伝えられています。弥勒菩薩は五十六億七千万年後に兜率天《とそってん》から下生し、龍華樹《りゅうげじゅ》の下で開悟して三度の説法によって人々を済度する一生補処《いっしょうふしょ》の未来仏です。すなわち弘法大師は弥勒下生までの無仏の期間、人間界に留まって人々を救済し続けると宣言されているのです。

弥勒信仰は古くから各国に浸透していますが、その設定は決して一様ではありません。例えば、日本における一般的な弥勒菩薩のイメージは、太秦広隆寺の宝冠弥勒《ほうかんみろく》に代表されるような、右足を左足大腿部に乗せて半跏趺坐《はんかふざ》し、右指先を軽く右頬に当てて思惟《しゆい》するスマートな菩薩像でしょう。これは新羅や百済の影響を受けたものですが、中国では太鼓腹で微笑み、大きな頭陀袋《ずだぶくろ》を背負った布袋様《ほてい》こそが、弥勒菩薩の垂迹《すいじゃく》であるとされています。

布袋様は唐末期に明州（浙江省寧波市）に実在した契此《かいし》和尚がモデルです。トレードマークの頭陀袋を担いで各地を放浪し、様々な奇瑞を起こした後、「弥勒は真の弥勒にして分身千百億なり。時々に時人を示すも時人は自らを識らず」（弥勒は分身して千百億の姿となり、これまでにも様々な時代に姿を現して来たのだが、今回も誰にも気付かれなかったようだ）の偈を残して姿を消したとされています。中国寺院に祀られる弥勒菩薩は、この契此和尚を模したものであり、その表情から大笑いする仏「哄笑仏《こうしょうぶつ》」とも呼ばれています。心理学では好意を持つ相手の表情や動作を無意識に真似てしまうことをミラー効果といいますが、各寺院の弥勒菩薩像の周囲が常に参拝者の笑顔あふれる幸せな空間となっているのも、このミラー効果の顕著な例とすべきでしょう。憂いを帯びた表情で思惟する日本の弥勒菩薩も素敵ですが、全ての人々を自然と笑顔にさせる中国の弥勒菩薩も素敵ですね。

（愛宕邦康）

心海湛然として波浪無し　識風鼓動して去来を為す（宝鑰第六）

【悟りの心には波が立つことがなく、静寂である。しかし、迷いの心には風を起こし、往来して騒がしい】

◉八風に心迷う　静寂な心に波を立たせ人間を駄目にするものは恐怖と誘惑です。お釈迦さまも悟りをひらかれる時、それを邪魔しに悪魔の大王パーピーヤスと多くの息子達の軍勢が恐怖を、あるいは美しい三人の娘が誘惑で迫りましたがそれに打ち勝ち降魔成道されました。

私たちも心の中に根深く巣くうパーピーヤスの軍勢や美女の誘惑に打ち勝てば静寂な心を保つことが出来るのです。しかし、無限の過去より死んだり生まれたりするなかで常に自分を中心として様々な欲望を起こし、他と至る所で衝突してきた業が次から次と熟し迷いの風となり静寂が保てず苦しむことになるのです。

悟りの世界を得ればこの苦しみから度すことが出来るのですが、この世界へ行くことを妨げる環境と精神の調和を乱す魔性である利・衰《すい》・毀《き》・誉・称《しょう》・譏《き》・苦・楽の八つの風は手強い敵となって眼前に立ちはだかります。

利は目先の得になること、衰《すい》は衰え得にならないこと、毀《き》はくさされて不名誉を受けること、誉は褒められ名誉を受けること、称《しょう》は称賛され持ち上げられること、譏《き》は中傷され貶められること、苦は様々な苦しみのこと、楽は様々な楽しみのことで私たちは朝起きてから眠るまでこの風に心は波立ち、静寂な境地を得ることが出来ないのです。

この魔性の風を鎮め静寂な境地を得て悟りの世界に入るには、一切の現象を否定せずその根源を見極めて、むしろそれを生かす事を建前とするお大師さまの密教に親しんで密教の悟りを開くことが肝心です。

顕教の教えは現実否定的ですが密教の教えは極めて肯定的です。つまり、密教の悟りは吉凶・禍福・清濁を併せ呑む大度量を持って世間を調えていくのですからそこには迷いの風など起こりません。

（篠崎道玄）

一如の本覚は三身を孕んで離離たり（大日経開題　法界）

【悟りの根源は、諸仏を包み込んで世間苦から完全に離れている】

◉御廟の橋の前で　皆さんは、高野山に参拝した折やテレビ等によって、高野山で修行中の僧侶の一団が伽藍や奥之院に揃って参拝する様子を見たことがありますでしょうか。ある時、私は御廟橋の傍の水かけ地蔵さまの所で参拝者から声をかけられました。「お坊さんたちがあそこで橋を渡る前に上下してからお唱えしているのはどういう意味があるのですか」と。それは、五体投地の心持ちで行う提灯礼と俗称される形の礼拝を終えた修行僧たちが、声を揃えて「帰命本覚心法身《きみょうほんがくしんぼっしん》　常住妙法心蓮台《じょうじゅうびょうほうしんれんだい》　本来具足三身徳《ほんらいぐそくさんじんどく》　三十七尊住心城《さんじゅうしちそんじゅうしんじょう》」とお唱えしているすがたでした。あれは『蓮華三昧経』の本覚讃の一節で、といった答えをその方が求めていないことは容易に察せられましたので、私は次のようなお返事をしました。

あの御廟橋のところまでお大師さまが参拝者を出迎えに来てくださり、帰りは橋のところまで見送ってくださいます。また、昔はあの橋自体が無くて、誰もが玉川を歩いて渡って、浄まった心身でお大師さまの御前に詣でたそうです。修行する僧侶たちは、過去からの罪業を懺悔し、もともと自らに具わる仏の智慧を開くための修行を日々行っていますので、毎回あの橋を渡る前にあの偈を唱えて、自らが浄らかな覚りの智慧を本から具えていると言葉にして心に刻み付けてお大師さまの御前に参っているのでしょう。そうお返事をすると、その方は、「修行のことはよくわからないけれど、あそこまでお大師さまが来ておられるのですね。ありがとう」と笑顔でおっしゃって、会釈して橋の方へと向かわれました。もちろん御廟橋の手前で立ち止まり、手を合わせてていねいに一礼なさってから渡られたことは言うまでもありません。お大師さまが迎えに来られている事実こそが、その方の心身を動かしたのです。

仏さまの覚《さと》りは、仏と等しいとされる段階（等覚）や十地の菩薩でもわからないほど奥深いといいます。私たちは自らの日頃の言動の過ちを反省しつつ、覚りとはどのようなものだろうかと想像し、自分とかけはなれたものとして憧れます。仏さまは、そんな私たちに、外に憧れるだけでなく、それぞれの心には本より覚りの智慧を具えていることに気づきなさいと、様々な方便を駆使して導かれているのです。（中原慈良）

その悪心を離るるに由るが故に　心中に清涼寂静なることを得（三昧耶戒序／平城灌頂文）

【今いだいている悪意を捨てることによって、心の中が清々しく落ち着いてくる】

◉ゆびきりげんまん　密教には悪い心を遠ざける「三昧耶戒」なる戒《いましめ》がございます。高野山で厳しい修行を積み阿闍梨となる時に荘厳な儀式が執り行われます。ある誓いを忘れぬように「オンサンマヤサトバン」（三昧耶戒真言）をお唱えします。

以前、運転免許証の更新のために電車で出かけました。梅雨の時期らしく朝から曇り空、慌てて出かけたので傘をすっかり忘れておりました。無事に手続きを終えて試験場を後にしようとしたその時です。急に大粒の雨が降りはじめました。

しばらくロビーの玄関先で雨宿り。ふと目を横にやると来場者用の傘立てが。無造作にさし込まれた数本の傘に目がとまりました。

一瞬、「少し借りるだけなら大丈夫、悪いことではない」」、ささやくような声が聞こえてきました。

雨はさらに激しさを増し……、次の瞬間、「よしっ！」自分のカバンを傘代わりにして土砂降りの雨の中へ飛び出しました。やっとの思いで駅に到着し改札を抜けてホームに立つ頃には太陽が見えてきました。すると、どこからともなく「オンサンマヤサトバン」が心の中に響きました。

人はなぜ苦しむのでしょうか。もしかしたら邪《よこしま》な心が自ら苦しみや迷いの世界を作り出してしまう。私たちの心は本来清浄である。悪い心から遠く身を離すように仏さまとの約束を守っていると自然と心が清々しくなり、いつも仏さまが一緒にいてくださる、そのことに気づくのかもしれません。仏さまとのゆびきりげんまん。

暗雲に覆われていたとしても太陽がどこか遠くへいってしまった訳ではなく、いつもずっとそこに輝いている。

梅雨のつかの間の晴々とした青空。心のお天道さまもにっこりと顔を出してくれました。

（雨宮光啓）

静寂

不滅不生にして三劫《さんごう》を越えたり　四魔《しま》百非《ひやつぴ》憂えるに足らず　大虚寥廓《たいきよりようかく》として円光遍《あまね》し　寂寞無為《じやくまくむい》にして楽みなりやいなや（性霊集一　山中に何の楽）

【生死を離れ、迷いや魔物の心配もなく、広い虚空に光が燦然として輝いている静寂の中にいることは何と楽しいことか】

◉心の疲れをとりましょう　奥の院の行法師は、夜明け前からお大師さまのお世話を始めます。閼伽井から閼伽水を汲み上げ、お顔を洗っていただくよう洗面器をお出しし、お灯明とお香を供え、御抹茶を点てます。精進供をお供えし、灯明の手入れをし……、朝五時半に灯籠堂の扉を開きます。

夏ともなればすでに明るくなっていますが、冬場はともすれば雪が積もっています。朝のお膳をお迎えするために雪かきをすることもあります。夜中に起き出してお大師さまのお世話をする時、そこにはただただ自然の音と自身の吐息のみ……。フクロウやムササビの鳴き声が、いつしか小鳥やキツツキの鳴き声に変わります。夏場だったらヒグラシの鳴き声、冬なら枝から雪が落ちる音……。

お大師さまが、高野山を愛し、そこにご入定されたのは、こうした静けさを楽しんでいたのだと、お世話をしながら実感した覚えがあります。

また、朝勤行を終えて御廟をお参りする時、朝日の差す風景。その美しさに思わず涙したこともありました。

昔は麓の橋本まで大塔の鐘（高野四郎）の音が聞こえたといいます。今の世の中は音であふれています。それが悪いとは言いません。でもずっと音のある暮らしをしていると、知らず知らず体が疲れているかもしれません。

時には、スマホの電源も切って自然豊かな場所に行くのもいいのではと思います。現代人は、色々なストレスを抱えています。都会に住む人ならなおさら。

新型コロナウイルスは、私たちの生活を一変させました。今までできていたストレス発散ができなくて、さらにストレスを抱えている方もいることでしょう。大変なことです。でも、そんな中でも何か楽しみを見つけられたら。

どうか、心と体が元気でありますように。

（中村光観）

ただ恨むらくは高山深嶺に四禅《しぜん》の客乏しく　幽藪窮巌に入定の賓稀《まれ》なり（性霊集九　高野入定処）

【我が国で残念なことは、高山深嶺の場所で禅観を行なう人が少なく、幽玄な森林の岩窟で禅定に入る修行者も少ないことである】

◉お大師さまは今でもずっと瞑想中　お大師さまは高野山を修禅の道場として使用するために嵯峨天皇へ申し出をしました。お大師さまは「なぜ高野山が良いのか」を嵯峨天皇にプレゼンテーションしたのです。その一節が冒頭の名言です。

お大師さまは、自然の中に入り高山深嶺の地や幽玄な岩窟で瞑想することを好みました。教義を論ずる高僧は櫛の歯のようにたくさんいても、静かで深い自然の中で瞑想をする人は少なかったのです。高野山は標高九〇〇メートルの盆地にあり、京の都のように喧噪はなく瞑想にふけるにはうってつけの場所であるとお大師さまは考え瞑想の道場として整備したいと思ったのです。

現代は遠く離れた徳島と東京間でも日帰り出張が可能になるなど便利にどこにでも行くことができますが、私たちの心は忙しくなり落ち着かなくなります。私も本堂でひとり座り、呼吸を整えて瞑想を試みるときがあります。呼吸を整え、呼吸に意識を集中し、ゆっくりと呼吸をします。ところが長く息を吐こうとすると、のどに力が入って途切れ途切れの息になります。そして、視界に入るあらゆるものが気になってしまいます。半眼にして一点を見つめフーッと力を抜いて息を吐くだけなのにうまくいきません。あきらめずに何度も繰り返していると、五秒しか息を吐けなかったのに一〇秒、一五秒と伸ばしていくことができます。こうすることで知らず知らずのうちに身体が緊張して固くなっていることに気づき、緊張が解けて心が落ち着いてきます。お大師さまが喧騒を離れ、高野山で瞑想にふけりたいと願った気持ちに共感できる瞬間です。学問として教義を論じることは大事だけれど、心の安定を取り戻すために瞑想する時間を持つことを忘れてはいけない、そのためには環境を整えることが大切だよと私たちに教えてくださっているように思います。

お大師さまは今も私たちの心の健康を願い、高野山奥之院で永遠の瞑想をしておられるのです。

（中村一善）

閑寂を渇慕《かつぼ》して囂塵《ごうじん》を厭悪《えんお》す（性霊集十　勤操大徳）

【静寂な境地に深く親しみ、俗塵の世の中を嫌う】

◉真実は偽りより強い　僧侶は拝むのが第一のしごと、そう思って日々のおつとめをしています。拝むとはお経を唱えるだけでなく、修法のお次第がたくさんあります。わかりやすく言えば、たとえばご本尊によって拝み方が変わってくるのです。その他、願いごとなど目的によっても変わってきます。

さて、よい拝みができるためには、環境も重要な要素になります。立派なお堂に荘厳があるにこしたことはありませんが、ひとつ必要なのは静寂さでしょうか。どんな拝み方でも強い集中なしに仏（本源にある存在）にアクセスすることはできません。理想的には人里離れた自然に恵まれた静かな場所がよいということになります。大師が修禅の道場をと誓った昔の高野山のように。

弘法大師は密教者になる前とそれを誓願してからの数年間、足跡がとだえ、おそらく山林修行に励まれたと思われます。山林修行のごく初期に出会ったとされる僧友、三論宗の僧である勤操大徳（七五四～八二七）は、俗世を捨てて、自然と一体化した境地に慣れ親しんで久しい僧でありました。大師はこの凄味ある勤操から少なくない影響を受け、交流は長く続きました。

山林修行はいつ命を落とすかわからない危険と隣り合わせの修行です。自然は人間にとって優美な友人であると同時に脅威です。生と死をかいまみる場面で、修行者は必要でないものを捨て、境地（悉地）を上げます。

いま、不確定な時代において、これまでの暮らし方に違和感をもつ人は、以前と同じ暮らしを取り戻そうとするのではなく、たとえば何か大事なもの、たとえば享受してきた便利さを一つか二つ捨ててみることをおすすめします。便利さに慣れ続けることは、自分の力への過信を知らず生んでいます。だから本源の自分を見えにくくしてしまうのです。

本源とともにあることが私たちの安心です。偽りの自己から、真実の自己への回帰の時代はすぐそこです。

（佐藤妙泉）

第二章

ふかみ

種々の威儀　種々の印契　大悲より出でて一覩に成仏す（請来目録）

【様々な威儀や印契は、仏の大悲より出たものであるから、一目見ただけで仏になれる】

◉大悲より出でて　このお大師様の聖語は、真言宗が如何なる御教えであるかを如実に示されています。

霊峰高野山には大師教会という研修道場があります。そこでは阿闍梨様より戒（仏さまの示された戒めの教え）を授かり法話を頂く儀式「授戒」が毎日行われています。

私は二十代半ばの頃、この大師教会の布教研修生でありました。日々「授戒」の進行、御親諭（管長様のお諭しの御文）の奉読等の補佐役である承仕も研修の一環でした。まだ右も左もわからない頃、私は福岡から出仕された自分より五歳ほど年上の阿闍梨様の授戒の承仕として授戒堂に入りました。気がつけば、その方の堂々とした威儀《たたずまい》、響き渡るお声、丁寧な授戒作法にただただ圧倒されるばかり。目頭が熱くなり、心を揺さぶられる法話がおわりました。あまりの衝撃に自らの立場も忘れて、授戒を受けておられる方々と共に感極まっていたその時、阿闍梨様が眼前の重い五鈷杵を静かに右手に持たれ、「これは仏さまの智慧であり、左に持つ念珠は仏さまの慈悲であります」とおっしゃいまして、奥に荘厳されたお大師様の御影と同じお姿となられたのです。暗いお堂の中に突然、「嗚呼、お大師様だ」との声が上がり、しだいにその感嘆の言葉が「南無大師遍照金剛」となり、自然と一同そろっての御宝号の念誦となりました。

数年後その時の感激を当の阿闍梨様にお話ししたところ、当時のことを覚えておられました。その際「五鈷杵を持つことで堂内の外儀（外側に現れる威儀）が乱れる」との思いがあったが、授戒堂ならではの法話の在り方もあると小野君に伝えたかったとお話しくださったのです。授戒を受ける一般の方々だけでなく、研修の身の私にもお心配りをいただき、御教導下さったことに改めて胸打たれる思いがしました。

その後、無念にも阿闍梨様は若くして遷化されましたが、まさに「大悲より出でて」他にも多くを教えていただきました。未だ私は「一覩に成仏」とは至りませんが、瞼に浮かぶあの時の阿闍梨様のお姿はまさにお大師様でありました。以来授戒堂の五鈷杵を持つたび、若き日の光景が思い起こされて、威儀を正す次第です。（小野聖護）

威儀

金剛と言うは五部の諸尊の所持の法界標幟なり　独　三　五鈷　輪　剣　摩尼　蓮華等の種々の三昧耶身を通じて金剛と名づく　金剛は常恒　不動　不壊　能壊の義を表す（十住心第十）

【金剛とは、仏たちが所持する真理の象徴である。独鈷、三鈷、五鈷、宝輪、宝剣、宝珠、蓮華など、様々な形すべてを金剛と名づける。金剛には常恒、不動、不壊、破壊の意味がある】

◉形から入ることもまた然り　金剛とは、物質的にはダイアモンドのことを意味します。そして、我々が良くする「金剛合掌」とは、仏に教えを一心に仰ぎながら人に尽くそうとする意志の固さを表しているとも聞いております。

「身口意の三密を整え、即身成仏を図り、悟りを得る」。これこそが真言密教の神髄であるわけですから、当然この三密全てがバランスよくできなければいけません。とはいえ、進めるにあたっては当然順番がでてくるわけです。たとえば外面的な部分である身の部分だけを見れば、それはよく巷で言われる「形から入る」とも言えなくもありません。

日本には様々な○○道というものがあります。茶道や華道、柔道に剣道、少し変わったところでは野球道。これらは日本文化の精神性や信仰観を象徴するものと私自身は考えております。すべての○○道においては必ず「形《カタ》」と呼ばれるモノがあります。そして、その形の指導方法はほぼ無意識でできるまで身体に染み込ませなさいというのが主となります。

実は、最近私自身も茶道を再開しましたが、やはり頂ける指導は同様です。ただ、現状ほぼ無意識に近い状態でできるのは、当然ですが茶道ではなく、仏道のお勤めです。そして、できあがったものは、その時の作り手の心の状態をよく表しているとも聞きます。心の動きの部分を時には自分自身で、時には相手と互いに見つめ合い、心を通わせる。それこそが日本の○○道の神髄と感じております。ですから、その形は極限まで研ぎ澄まされた繊細なものでなければ、自分自身や相手または自然等の本質を感得することはできません。金剛という言葉のつく仏具はその研ぎ澄まされた感覚を象徴するもの。入口はどこからでも結構。まずは形に魅せられるところからでも十分良いのではないでしょうか。

（山本海史）

阿字

もし阿字門に入らば悉く一切の相を離る　離相の相として具せずということ無し　是れすなわち法身の普現色身《ふげんしきしん》にして　各々四種曼荼羅を具す（十住心第三）

【阿字に入ればすべては形を離れる。真理には形がないからである。大日如来は、形のない真理を含め、活動や言語、姿形など、衆生救済のために様々な姿になって現れている】

◉お互いが支え合う社会　自分の価値とは何でしょうか。周りから認められることでしょうか。確かに褒められたりすると嬉しいものです。しかし、自分の存在がこの世から無くなったらその価値はどうなるのでしょうか。生命はこの世に生きていてもいずれは無くなるものです。人間でも動物でも植物でも知らず知らずのうちに命をつないで生きています。今ここに自分が存在し、社会の一人として自分が存在しています。人間社会や歴史を見ると自分というものは実にちっぽけな存在です。しかしこの世に生きるあらゆる存在は無駄なものはなく、どんな形であれ互いを支えて生きているのです。

人間は社会の中で存在しますが、個としての価値というのは大きなものではありません。個々のつながりが大きな社会を作っているのです。地球上に生きるあらゆる生物がそれぞれの社会を形成し、地球上の生命が存在しているのです。その中に自分という存在があるのです。

自分の世界は自分が他の存在を認識することで成り立っています。個々の認識というのはその人の経験によるものです。しかし、世界というのは私たちが知らないことばかりです。例えばインターネットで発信してもそれを受け止めることができないならば意味がありません。インターネットで情報を得ようとしても、それは自分の知識による検索でしかないからです。しかし、世界のあらゆる存在は普遍的で常にこの世に存在しています。大日如来の説法は常に発信されているのですが、受け止める我々は何も考えずに生活しています。普遍的に存在する真理を認識できるかどうかは、それを受け止める私たちの器にかかわってきます。

我というのは自分だけの世界です。ひと呼吸おいて少し見方を変えると何か別の考えに気づくことがあるかもしれません。

（赤塚祐道）

阿字に諸法性の義と因の義と果の義と不二の義と法身の義とあり　即ち是れ大日如来の種子真言なり（十住心第十）

【阿字には、本質、原因、結果、平等、仏の意味がある。これは大日如来を象徴する文字であり、真言である】

◉「阿」という文字

「あうんの呼吸」の「あ」はこの「阿」だと知っていましたか。「うん」は「吽」と書きます。「あうん＝阿吽」は日本語ではなくて、サンスクリット語（梵語）の音写で、仏さまの言葉なのです。私たち日本人は、サンスクリット語を実は普通に使っています。読書三昧のサンマイもそうです。最近話題のヨガ（瑜伽）もそうです。若者のアクセサリーなどに、よくこのサンスクリット語がデザインされているのを知った時は驚きました。阿弥陀さんもこのアですね。お寺の山門でにらみを利かしている仁王像のことを、左右それぞれ「阿形・吽形」というのをご存知の方もおられるでしょう。

空海上人が中国から命がけで持ち帰り、朝廷が頼りとした密教は、この「阿」字を根本とし、この阿字は大日如来さまを象徴しています。仏さまの教えを説いた経典は八万四千（無数に）あると言われていますが、この膨大な経典は全て、この阿字の一文字のために、手を替え品を替えて説明しているのです。サンスクリット語は日本語に訳しません。そのままひたすらに観念念誦していきます。音声、響きがそのまま大日如来さまのお誓いなのです。音はもちろん、形・色・香・味……全てに、分別のない時空を超えた大日如来さまの慈悲と智慧が溢れているのです。身を委ねるのみです。

大日如来さまのお誓いと、わたくしたち衆生の願いは同じで一つなのです。これを知る人は自然に手を合わせ、懺悔を喜びます。苦しみの中に、幸せを同時に体現していくのです。お金がない人も、病気の人も、悩みのある人も、亡くなった方も、特別な方法や修行ではない形で、そのまま救われていくのです。自然に最大限の力が引き出され、周りにも良い影響を与えていきます。

終わりの終わりは始まりです。永遠に続く生老病死のサイクルの中で、この「阿」字は消えることのない灯として、生まれたり滅したりすることなく、わたくしたちの心の扉をノックし続けています。

（阿形國明）

阿字とは是れ菩提心の義（宝鑰第十／吽字義）

【阿字には、悟りを開くという意味がある】

◉阿字観のすすめ　日本仏教の修行では「禅」がもっとも有名ですが、真言宗にも「密教禅」といわれる瞑想法があります。それを「阿字観」といいます。梵字の「阿」はお大師さまのお言葉のとおり菩提心、つまり悟りの姿を表したものでありますから、「阿」字の前に座り、「阿」字を見つめ「阿」字を心の中で念じ「阿」字の世界に浸る……これが阿字観という瞑想法です。

高野山の総本山金剛峯寺では「ちょっと一息阿字観体験」という一般向きの体験講座が開かれています。阿字観を実践するための道場で外界の喧騒から離れて、大自然と一体となることを感じることができます。その場で感じた感覚というものは、一度体験すればその感覚をいずれ思い出し再現することができます。それは何年前の思い出であっても思い出すことが出来るように。

先日、私は家の整理をしておりましたら学生時代の写真が出てまいりました。その写真を懐かしく眺めておりますと、その時の状況がどんどん引き出しから飛び出すように思い出されました。また、二十年ぶりに友人と出会いました時、二十年のブランクが一瞬にしてなくなり、懐かしさと共に一緒に過ごした日々が思い出され、友人が一つエピソードを言えば、そこから数珠つなぎのように思い出があふれ出てきました。録音・録画する機械が周りに溢れていますが、実は私たちの中にも、忘れていたかと思っていたできごとを頭の中には自然に記憶していたのです。素晴らしい能力を大宇宙から頂いていると再確認させて頂きました。

私たちは素晴らしい能力を持っていても、それに気付いていません。またないものと思い込んでしまっています。そういった素晴らしい能力を大宇宙から脈々と頂いていることに気付くのが「阿字観」であり、「阿」字は大宇宙そのものをシンボルとして表されたものなのです。

無意味なシンボルはありません。「阿」字こそ私たちの悟りを表すシンボルと信じて心で観じてみるのです。その体験が心に刻まれ、いつかあなたの心の中の仏が開顕するとお大師さまは簡潔に示して下さっているのです。

（富田向真）

八葉の白蓮一肘《いっちゅう》の間にあり　阿字素光の色を炳現《へいげん》す　禅智ともに金剛縛に入れて　如来の寂静智を召入す（宝鑰巻下）

【一尺八寸ほどの八葉の白蓮華から、大日如来の光が輝いている。親指を拳の中に入れて胸に引き寄せれば、如来の静寂なる智慧を引き入れて一心同体となる】

◉**一見阿字**　私の自坊は中国山地の南、吉備高原の西端に位置し、福山港に流れ出る芦田川の支流「阿字川《あじがわ》」の水源地となっています。古《いにしえ》のどなたが名づけたか、備後平野を潤して瀬戸内海に注ぐ一級河川の出発地に阿字の名がついています。アは出発の第一声。発心修行の契機、仏道前進の端緒となる種字です。アによって始まり、アと共に歩み、アの大海に至る。そんな思いが込められているのでしょうか。ア字は世間いたるところに現れます。釈尊成道以来あるいはそれ以前から、ながい歴史の中で現れ隠れながらも響き続けています。阿字本不生《ほんぷしょう》、ひょっと生まれ消えていくような仮のものではなく、私たちの日常と並行して常に在るものです。私たちの眼を覆う雲が晴れ、真如がその姿を現した時、そこに阿字を見るのです。蓮華が開花する姿を見てその正しさをありありと感じ、また夜空に輝く満月を見上げ万徳の円満を覚知する。そのような「気づき」に出会うことがあるでしょう。その瞬間のことを「一見阿字」と言います（大体そういう時、人は「あ！」と言います）。

生まれた時のことも知らない。いつ死ぬのかも分からない。苦楽の間《はざま》、世間の巷《ちまた》、見よう見まねで生きている私たちにとって、真如の表象である阿字に会うことは、三界の迷いの城を立ち出でて菩提への道を歩むために、仏様がこのように生きよと示された重大な機会なのだと思います。

阿字川の水源には空山《そらやま》という山が聳えています。空から海へ、阿字の道を水が流れるという、偶然にしてはなかなか象徴的な地名が、わが故郷には残されています。偶然ではないのかもしれません。この川のほとりに生まれ来る人々に、菩提心が発するようにとの願いを込めて阿字川と呼んだ先人がおられたのでしょう。なんとなく地図を眺めていてそれに気づいたのはつい最近のことでした。まさしく一見阿字。仏道前進と心を奮い立たせております。

（佐伯隆快）

阿字

阿の声は何の名をか呼ぶ　法身の名字を表す　即ち是れ声字なり　法身は何の義かある　いわゆる法身とは諸法本不生の義　即ち是れ実相なり（声字義）

【阿の音声は、真理である仏身の名前を表している。これが音声や文字の実体である。阿字に象徴される仏身は、すべてのものは本来は生じることがなく、そのままが真実の姿であることを表している】

◉鐘の音

「おはようございます」「おじゅっさん、朝は気持ちええな」。午前六時に山門を兼ねた自坊の鐘楼へ行き、近所の方と話をしながら鐘を撞くのが名誉住職である父の日課です。住職の私は午後六時の当番。ゆっくり鐘を鳴らすと、その響きが自然の中に溶け込んでいくような感覚を味わいます。

このようなお寺の大きな鐘を梵鐘といいます。梵鐘には修行する僧侶に時を知らせるという目的のほかに、もう一つ大切な役割があるのをご存知でしょうか。除夜の鐘、といえばピンとくる方がおられるかもしれません。一般的に、人間に百八つあるという煩悩を消してくれるのが除夜の鐘だといわれています。仏教ではこのことを「滅罪」といいます。お寺の鐘には、この滅罪の功徳があるといわれています。

大みそかには私も滅罪のために除夜の鐘を撞いています。自坊の鐘はお参りに訪れた誰もが撞ける位置にあるため、皆さん思い思いに撞いていかれます。そのため百八回どころではなく二百回以上は撞かれているようです。この二百回の鐘、本当に二百通りの音色が鳴っているように感じます。やさしくそっと突かれる方。四、五回連打される方。中には日ごろのうっぷんをここで晴らそうと、グワァンと凄い音で突かれる方もいらっしゃいます。

しかし、そういう力任せな突き方では、本当の鐘の音色は出ません。心を落ち着けて撞木をまっすぐに引き、あとは自然の力にまかせてすっと突くと、本当に心に沁みるような、豊かな響きが生まれるのです。

心の鐘を美しく鳴らすことによって、その響きは仏さまの音声である「阿字」の響きとなり、こちらの岸だけでなく、仏さまのおられる向こう岸へと響くことでしょう。そして、まさに苦しみや迷いから逃れることができ、私たちの心の中にも、仏さまの心の種が宿ることでしょう。

（曽我部大和）

もし阿字を見ればすなわち諸法の空無を知る　是れ阿字の字相となす（吽字義）

【阿字を見ることによって、すべてが空、無であることを知る。これが阿字の意味である】

◉**文字は仏さま**　真言宗では梵字をよく用います。梵とは、梵天（ブラフマン）という宇宙の創造神のことでありますから、梵字は宇宙の創造神がお造りになった神聖な言語であるとされます。梵字は悉曇《しったん》（直訳すると「成就」「完成」「吉祥」の意をもつサンスクリット語）とも呼ばれます。その一文字一文字には意味があり、これを「字相」といいます。真言宗では、梵字はただ言語を伝える文字としてのみでなく、一文字一文字が仏さまであるとして大切に扱っているのです。梵字を曼荼羅の図面上に書いて仏さまとしてお祀りすることもありますし、阿字観のように文字を本尊として瞑想することもあります。梵字を練習した用紙や書き損じなどは、ごみ箱に捨てるのではなく、古いお札や塔婆などと同様に丁寧にお焚き上げするようにと、私は梵字の師匠から伝えられております。それほど真言宗では大切に扱われるものなのです。

お大師さまが著された『吽字義《うんじぎ》』は、その梵字のうち「吽」という字について分析され解説されたものであります。「吽」という文字は、梵字の「ア」「カ」「ウー」「マ」という四文字が合成してできた文字であり、ここに挙げた一文はそのうち「ウー」字について解説された部分の一節です。「ウー」字には「損滅」という意味があります。損と滅とか申しますと、とてもマイナスなイメージがあります。しかし仏教の用語の中には一見マイナスな言葉でも、知識ある人からよく解説を聞いてみると、そうではないものが多々ありまして、これもそのうちの一つです。

何を損滅するのか、それは私たちの精神にマイナスになる迷いや苦しみであります。この世の全てが無常であり空であり無我であることを悟った境地のことを「損滅」といい、これを象徴するのが梵字の「ウー」字だとお大師さまは解説されているのです。この文字を思い浮かべて仏さまの加持力を被り、深い瞑想に入ることによって人の力や知恵をもって解決できない迷いの霧を晴らすのです。辛い時、たまには肩の力を抜きリラックスして、仏さまをイメージして二、三度スーッと深呼吸してみましょう。きっと、どうでもよい迷いはたちどころに滅することでしょう。

（大瀧清延）

阿字

もし汙《ウー》字を見ればすなわち一切の法の無常　苦　空　無我等を知る　是れすなわち損減　即ち是れ字相なり（吽字義）

【ウー字を見ることによって、すべては無常、苦、空、無我であることを知る。ウー字は損減という意味の文字である】

◉アルファベットには真理が込められている　梵字と呼ばれるインドの文字は、日本語の平仮名や片仮名と同じ表音文字です。「あ・い・う・え・お」と同じように、一つ一つの文字に意味はなく、音を表すのみです。しかしインドの人々は、「ドはドーナツのド、レはレモンのレ」というふうに、それぞれの文字ではじまる単語とともに、各々の文字に意味を添えてアルファベット（日本語における五十音表）を記憶しました。そのためインドでは、アルファベットのことダーラニーと呼びます。ダーラニーという言葉は「記憶」を意味し、やがて仏教に取り入れられて呪文の一種になり、中国では漢字で「陀羅尼」とつづられました。

そして密教では、梵字の一文字一文字に、仏教のさまざまな真理を表す言葉をあてはめ、それを順に唱え、心に想うことで、悟りの世界を経験しようとする瞑想法が考案されました。弘法大師が著された『吽字義』は、そのような、梵字にこめられた悟りの世界を解説した書物です。

右のページのはじめに挙げた文章は、『吽字義』の中でウー（汙）の文字を解説する部分です。この文字はウーナという言葉の頭文字で、「損減（減ったり、不足したりすること）」を表し、この文字を見るだけで、この世界が無常・苦であると同時に、空・無我であることを悟ることができると、お大師さまはおっしゃっておられます。

無常と苦は、迷いの世界を表す言葉です。すべてのものは移ろい、われわれ人間も次第に歳を取り、醜くなり、最後には死んでしまいます（＝無常）。そのように、人生は思うようにならないことばかりで、この世はストレスに満ちています（＝苦）。

しかし、発想を転換して、自分だけ得しよう、自分だけいつも良い思いをしていたいというエゴを棄ててしまえば（＝無我）、すべてのしがらみから解放された、自由で平等な世界（＝空）が開けます。そして、そのような悟りの世界では、何かが減ったり不足したりすることもありません。

（川﨑一洸）

阿字

अ字はすなわち大日の種子真言なり　この経はこの一字を以て体となす是くの経の終始ただこの字義を説く　この字に無量無辺の義を具す（大日経開題　法界）

【ア字は大日如来の種子であり、真言である。大日経はこの一字で本質を表し、終始一貫してア字の意味を説く。ア字には無量無数の意味が含まれているのである】

◉本源に還るための一生　高野山・奥の院の一の橋に近い場所に、英国人女性宗教研究家のお墓があります。そのお墓は、一般的な五輪塔とは形状がすこし違うのですが、石塔上の石球の真ん中に阿字が刻まれています。ここに眠るのは、エリザベス・アンナ・ゴルドン。デモクラシーの雰囲気が日本を巻く大正デモクラシーの直前（明治末期）に研究のために来日した女性です。

エリザベスは、仏教とキリスト教はもとは一つなのではないかという信念に似た仮説を持ち研究に心血を注ぎました。阿字の功徳が書かれた大日経も研究しました。もともとの彼女の宗教であるネストリウス派キリスト教から転向して真言宗の灌頂を受けたほど、後年には弘法大師への思慕が強くなっていました。

彼女の息子が戦死したとき、イギリスへ一時帰国したものの、晩年に再び来日し、亡くなるまで京都ホテルに拠点をおき、研究や執筆を行いました。葬儀は京都の東寺で行われたとされ、墓は前述どおり高野山にあります。

故郷から遠く離れたところで展開した、エリザベスの人生を辿り思うとき、なぜ彼女はそこまで、原始キリスト教と密教が同じ場所から生まれてきたことを証明したかったのか、という問いに行き当たります。別々とみなされているものを一緒にしたい、つながりを回復したいという欲求の強さは、彼女のたぐいまれな個性に行き当たります。結論から言うと、彼女は世界の平和を一心に祈っていたのです。宗教の差異は、人間の分断につながりやすい側面があります。エリザベスは、キリスト教も仏教も本源は一つであることを証明することで、その争いの愚かさを多くの人に気づいてほしかったに違いありません。そして、自分もその本源に還りたかったのでしょう。いえ、きっと還っているはずです。

（佐藤妙泉）

阿等の六字は法界の体性なり　四種法身と十界の依正とは皆これ所造の相なり（大日経開題　法界／同　関以）

【ア・バ・ラ・カ・キャ・ウンは、宇宙の根源を表した本体である。四つに分類された真理の姿や、地獄から仏までのすべて様相は、この六字から派生したものである】

◉この手の中に世界はある　インドを旅した時の話です。早朝、悠久なるガンジス川へ向かいました。世界中から巡礼者やそこに住む人々が集まり、洗濯や沐浴、火葬の後始末など、雑踏と静寂が入り混じっていました。太陽が昇り始め私は沐浴する人々と同じように手で水をすくい、頭にかけました。

「ガンジス川はどこから流れているのか？」一緒に旅したインド人のガイドに聞くとネパールのヒマラヤ山脈からだと言います。今度は彼が私に聞きます。「ヒマラヤの雪を解かしているのは何か？」。一瞬何だろうと思っていると彼が言いました。「太陽がヒマラヤの雪を解かす。この水には太陽が関係しているんだよ」と。私は雷に撃たれたような感動をおぼえました。そうか宇宙の星ひとつ、太陽が雪を解かし、川の流れになり、大地に行き渡り、いつかまた雪や雨となる。自然の妙なる仕組みに今自分は触れている。宇宙と自分とあらゆるものとがつながり一体となっていると。

「阿等の六字」というのは単なる文字ではなく、あらゆる神仏や存在が描かれる曼荼羅で中尊大日如来の構成要素でもある地（堅さ）・水（湿い）・火（物をこなす力）・風（うごき）・空（自由さ）・識（人格的精神）の六大をさします。大師はあらゆるものにこの六大、つまり本質・本性を見ます。これらが宇宙や世界の根源と見抜き、仏の姿（仏身、四種法身）となり、あらゆる世界のいのち（十界）にもその本質・本性が備わっていることを見出します。それらが切り離されることなく響き合うすがた（依正）としてこの世界を見ます。

ガンジス川で感じたのは、小さないのちが連なる大いなるいのちがある、という体験でした。この手の中にある一滴の水も宇宙の星々と関係し、大きないのちの中にあるという実感が語りかけてきたのです。これは私にとって大日如来のはたらきの一つであったと思うのです。世界の本質と生み出されたものとが響き合った体験だったのです。

（伊藤聖健）

阿字は廓然《かくねん》として不生不滅なり（理趣経開題　将釈此経今略）

【阿字は、広大にして永遠のいのちである】

◉岩倉具視の五百円　先日、夕刻の鐘を撞《つ》き終えて、本堂のお賽銭を集めていました。するとお賽銭箱の奥に紙幣らしきものが見えます。お札が入っていることは珍しいので、少々、下世話な話になりますが、千円札?五千円札?まさか一万円札、と気分が高揚します。箱から掻《か》き出し、手に取ると……。お札には岩倉具視《いわくらともみ》の肖像が描かれていました。想像とは違いましたが、今は貴重な旧札の五百円でした。

後日、その事を、ある御法事の席でお話ししたのですが、たまたま若い方が多かったせいか「岩倉具視？　五百円札？」となってしまいました。私は四十代。まだまだ若いと思っていますが「昭和は遠くなりにけり」という言葉が浮かぶ出来事でした。

と同時に岩倉具視のお札を見ながら、子供の頃、境内で行われた縁日のお小遣いが五百円だったことを思い出しました。昭和の末でしたが、出店で綿あめ、アイスクリーム、玩具など結構なものが買えましたが、先日、子供を連れて、観光地の出店に立ち寄ると綿あめがひとつ五百円。時代による物価上昇を実感させられました。しかし、先日子供たちが買った綿あめと、数十年前、私が買った綿あめが違う味かと聞かれれば、私には同じに思え、特段、高級綿あめとは感じませんでした。

阿字本不生《あじほんぷしょう》という言葉があります。阿字《あじ》は一字で、この世界全ての生命の営みを現し、いつの時代も変わることのない普遍の真理です。

時代によって物事の姿かたちは大きく変わっていきます。綿あめの値段もこの数十年で大きく変わりました。しかし、綿あめそのものの味は、これまでも、これからもずっと同じはずで、物事の本質というのはいつの時代も変わらないものです。

長い歴史の中で、多くの方がお賽銭を投げてくださいました。額も回数も様々だったでしょう。しかし昔の方々のお賽銭も、先日の岩倉具視の五百円も、日々の生命の営みの中から「少しばかり仏様へ御礼を」と、信仰の心を込めたものだと思います。

これも綿あめの味と同じで、いつの時代も変わらぬものです。

（亀月隆彦）

阿字は是れ本不生の理の種子なり　種子を地輪に落せば　すなわち水土の縁を待って始めて芽《きざ》す（秘蔵記）

【ア字は宇宙の根本にして諸現象をあらわす種子である。この種を地に落せば水や土の縁によって芽が生じる】

◉縁に応じた神対応　新年にその年の抱負を述べ、「おめでとうございます、今年こそは芽を出します」という決意を示しますが、実際に芽を出すことはなかなか大変です。「種子」とは仏を梵字一字、または一音節で示したもので、「阿」字はその音を漢字に置き換えて示したものです。日本語に同じく梵字でも「阿」が一番初めの文字で全ての言葉の基となることから、全てを生み出す文字とされています。この名言は、その種子の「種」という言葉にかけて植物の生長を例にあげて宇宙の根本「阿」について説明しています。種が土に落ち、雨と日の光で種が芽吹き、風の中の二酸化炭素により光合成する中で生長して花を咲かせ、そして新たな種を育みます。同じように宇宙の根本である種子「阿」が縁により新たな種子に生まれ変わります。しかしそれは生まれ変わった「ように見える」だけで実は「阿」が形を変えただけです。例えば「か」を長く発音すると「あ」になるように、また大日如来が願い事によっては薬師如来にも阿弥陀如来にもなるように、増えたわけでも減ったわけでもなく、「阿」が縁に対応した姿です。それは私たちも同じで、大宇宙の中で縁によって形作られて形を変えながら存在し続けるのです。そのことを「本不生」といいます。そして全てが「阿」であるならば「さとりの種」は既に心の地輪の上にあるはずです。

供養塔である五輪塔は一番下から四角い大地のような地輪、丸い水輪、三角の火輪、半円の風輪、そして一番上に宝珠の形の空輪で形作られています。適度な縁を与えてくれる土地、それが地輪です。地輪の「阿」が、水輪、火輪、風輪の「縁」によってさとりの境地「空」に入るのです。それは同時に不生不滅の「阿」であることも示しています。

芽を出すことは大変です。奥ノ院の御廟に向かう道すがら、多くの五輪塔を見かけます。それは先人が高野の地に仏の光をうけて阿字の花を咲かせ、解脱の風に次なる阿字の種を乗せ広げた「さとりの風景」そのものなのかもしれません。

（中村光教）

毗盧遮那経には阿字を毗盧遮那の種子《しゅじ》と為し　吽字を金剛薩埵の種子と為す　金剛頂経には吽字を毗盧遮那の種子と為し　阿字を金剛薩埵の種子と為す　金剛界の儀軌かくの如し　会毎にこの二字相代れり　当《まさ》に知るべし是れ互いに主伴となる義なり（秘蔵記）

【大日経の普通真言品には、ア字を大日如来の種子とし、ウン字を金剛薩埵の種子とする。金剛頂経には、ウン字を大日如来に、ア字を金剛薩埵の種子とする。金剛界の儀軌には、道場ごとにこの二字が入れ代わっている。これは相互に主となったり伴となったりしているからである】

◉**互為主伴**　平成二十八（二〇一六）年に史上最年少でプロ棋士デビューを飾った藤井聡太二冠はデビュー以来二十九連勝という大記録を達成され、その後は六段・七段昇段、タイトル戦挑戦・獲得、二冠獲得に八段昇段という多くの新記録を達成している今話題の十八歳の棋士です。　そしてその活躍の中で同じく注目を集めることになったのが師匠である杉本昌隆八段であります。

令和二（二〇二〇）年六月二十日竜王戦三組ランキング戦決勝は二度目の師弟対決

であり特に注目されました。師弟対決は藤井七段（当時）が制して決勝トーナメント進出を決めましたが、その対決で杉本八段が和服姿で登場したことでも話題になりました。

「最高の舞台で藤井七段といい将棋を指したかった。私にとっては実質、タイトル戦に近い対局でした」

と語り、続いて、

「竜王戦という目標は消えたが、弟子の戦いぶりを見る楽しみが生まれた」、と。

この言葉に私は、大変感銘を覚えました。

師弟対決といえども、自身のタイトル戦挑戦という目標がかかった大一番であります。「私にとってはタイトル戦に近い感覚で指していました」と和服を着てのこの対局にかける姿は、単に師弟というものではなく互いに実力を認め合い尊敬し合っていることがうかがい知れました。

杉本八段と藤井二冠の姿を通して、一方的な関係ではなく、互いに主となり伴となり尊敬し合い支え合っていくという「互為主伴」の素晴らしさを教えられました。

（成松昇紀）

अ音は阿上声に呼ぶ　訓は無なり不なり非なり　阿字は是れ一切法教の本なり　およそ最初に口を開く音みな阿の声あり　もし阿の声を離ぬればすなわち一切の言説なし　故に衆声の母と為す（梵字悉曇義）

【ア音は中国語では上声に発音する。意味は無、不、非である。阿字はすべての教えの根本である。最初に口を開くときの音はすべて阿の声が含まれている。もし阿の声がなければ言葉にならない。それゆえに、アはすべての音声の母である】

◉対人関係の阿字　阿字というと密教を信仰する人やファンにとっては、「阿字観」を思い浮かべるかもしれません。簡単に言うとそれは大日如来、すなわち「宇宙を実際に感じ、繋がってみる」という奥深い修行の一種です。また「無、不、非」とは否定を意味します。

まず、想像してみてください。もしあなたが言ったこと、行動したことがすべて否定されたら？　これは古今東西いつもどこかで課題となっている出来事で、全ての始まりとなっています。例えばお子さんの言葉だけではなく、毎日休みなく、家事・育児・仕事をする女性に、仕事場で試行錯誤し、積み重ねているあなたに、それを否定することばかりを言う人はいませんか？

この否定の前に人間の脳で実は一旦は認識するために、その行為や言動を見つめて（聞いて）います。そして人は「それを掌握し、受け入れているという行為」を脳内で行います。この時点では肯定されていて、それから何かの理由に基づき否定しているのです。このメカニズムは、より大きな存在の如来も、宇宙として一旦は大きく受け入れ実行されていると思います。

もし仏さまがそれらを否定する際、必ずさまざまな熟考をされた上で、「邪（または悪）」と判断してから否定されるのです。そして、この邪や悪も阿字が持つ意味の一つです。

この「否定」を認識する前にしてしまうと、何も始まりません。深く考えず性急に、または明確で正当な理由がなく、否定してしまってもすべては始まりません。

ですから、「すべての始まりであり、根本である」と阿字を通し、私たちに教えようとしている何かの一つかもしれず、対人関係が難しい時にこの阿字の意味を思い浮かべることが関係をより良くするヒントになるかもしれません

（伊藤貴臣）

光明法界に満てり　一字津梁《しんりょう》を務《つと》む（性霊集一　山に遊ぶ）

【この世界は仏の光明に満ち満ちている。仏光に包まれるために、阿字観がその橋渡しをしている】

◉加持感応の光明　仏様の光明は心の眼で観ることは可能でしょう。まず、お伝えしなければならないことは、仏様はいつでも平等に慈悲の光を放ってくださっている、ということです。

以前、ご祈願をさせていただいた時のことです。ある女性が、余命幾ばくも無い闘病中の信心深い兄のためにお大師様のご加護で少しでも元気にさせてあげたい思いから病気平癒の祈願を申し込まれました。修法の後、白いハオリに包まれた弘法大師祈願札を授与しました。早速、女性はお札を大切に携えて、お兄さんの病院に赴き、「お兄さん、今日はね、お大師様のお札をもってきましたよ、受け取ってくださいね。きっとお大師様のお守りがありますよ」と耳元で伝えると、病室のベッドで息絶え絶えのお兄さんはゆっくりと起き上がり手を伸ばし、妹さんからお札を受け取りました。

お兄さんは大事そうに諸手でいただだいた後、しばらくの間、じーっと眺めみつめていました。

するとどうでしょう。不思議なことに、妹さんや看護師さんが見ている目の前で、お兄さんの身体全体からはまばゆいばかりの光が放たれているように見えたのです。それは、まるで仏様の慈しみの光明に包まれているかのようでした。そして、いつのまにかお兄さんの表情に変化があらわれ、生き生きと生命力にあふれ、元気を取りもどしたそうです。

さて、真言密教の修法のプロセスでは、必ず大日如来の一字「阿」の瞑想法が行われます。このことは、行者となって加行を受けた上で阿闍梨より正しい伝授を受けなければならないことをお断りしておきますが、要はこの瞑想法によって仏様の功徳の光明がどこまでも広がり、自他平等の世界を観じるのです。光明は宇宙法界に広がり、生きとし生けるいのち森羅万象を包み込むのです。しかしながら決して自分独りの力でものごとを叶えようなどと高慢な考えがあってはなりません。仏様と私自身と他の一切の命とが一つの光明に包まれるがごとく、平等に観じられるのがお大師様のみ教えなのです。そこに加持感応の光明があると思います。

（阿部真秀）

鑁乳の味に飽いて斉《ひと》しく阿字の閣に遊ばん（性霊集六　天長皇帝橘寺）

【仏法の滋味を嘗めて大日如来の宮殿に遊びたいものである】

◉いざ仏様の世界へ　真言宗の僧侶を名乗るために必要な条件の一つとして、「四度《しど》加行《けぎょう》」と呼ばれる百日間の行を修めることが挙げられます。具体的な行の内容については秘事であるため伏せますが、加行百日の間に密教僧としての心構えや知識等を少しずつ身に付けていきます。

この四度加行の最中に仏様との距離が一段と近しくなるためか、一度不思議な体験をしました。就寝直前に自室で目を閉じて休んでいたところ、部屋の中が急に明るくなったような気がして、驚いて目を開きました。見た目には何の異変もなく暗いままの部屋でしたが、暖かな気配が部屋の中に満ちていて、直観的に「あぁ、大日如来さまと空海さまがここにいらっしゃる」と感じました。何かが見えたわけでもなく、具体的な証拠があるわけでもなく、今にして思えば不思議ではありますが、私はその時にそう確信していました。そして、その仏様の気配に包まれたまま、いつしか眠りに落ちていました。一晩限りの体験ではありましたが、あの日の感覚は今でもはっきりと覚えています。

さて、冒頭の名言についてですが、空海さまの思想の根幹をなす即身成仏という言葉と照らしあわせれば、きっと自分自身が生きたままに仏となって仏様の住まう世界を思う存分に堪能したいということだと私なりに解釈しています。前述の体験のように仏様の気配を感じられただけでも、強烈かつ安らかな体験でした。仏様の世界に行って、その宮殿で遊ぶことがどれだけの至福であるかは想像を絶しますし、それを望まれた空海さまの気持ちもよくわかります。

「それ仏法遥かにあらず　心中にして即ち近し」とは空海さまの言葉です。仏の教えは他に求めるまでもなく、自分自身の中にあるとおっしゃっています。言葉としては理解できても、私自身まだまだ至らぬ身で、自分の中にある仏法を見つけだせてはいません。ましてや、自分自身がまさに仏であるなどという境地にはなかなか至ることはできません。ですが修養を重ね、いつの日か、こちらの方から仏様の世界に赴き、その世界を思う存分楽しみたいとそう願ってやみません。

（髙田堯友）

阿字

弌阿《いちあ》の本初性真の愛を吸うて始め無く　金蓮の性我本覚の日を孕《はら》んで終り無し（性霊集七　笠大夫先妣）

【阿字にはすべての根源である仏の慈愛が含まれている。金色の蓮華にいます仏は智慧の光明を果てしなく放っている】

◉「全ての根源」って何？　「阿」とは一体何なのでしょうか？　日本語の五十音で一番始まりの文字は「あ」です。それでは他の国の言語ではどうでしょうか？　英語ではアルファベットの「A《エー》」が最初にあります。ドイツ語のアルファベットも読み方は少し違いますが、表記は英語と同じで「A《アー》」から始まります。英語もドイツ語もどちらも日本語読みにすると「ア」になります。このように「あ」から始まる言語は数多く存在しています。

　インドの梵字「𑖀《あ》」はあらゆる文字の始まりを表す言語であり、梵字を書くときは必ず命点《みょうてん》「、」を打ってから文字を綴ります。この命点を打つことによって梵字に生命を宿らせるわけです。「𑖀」は全ての始まりであり、すべての根源を表す文字です。この「𑖀」が「大日如来」を表しています。

真言宗には「阿《あ》字《じ》観《かん》」という瞑想法があります。金色の蓮華を台座にして、その上に満月が載せられ、この満月の中央に「𑖀」を書き、この大日如来の「𑖀」の世界へ包まれていくという真言密教の瞑想です。

考えてみますと、「ア」という音声は神聖なる神や仏の頭文字に多く表白されているようです。たとえば、「あみだにょらい」、「あまてらすおおみかみ」、「アーメン」、「アラー」などがあります。宇宙の根源である大日如来のご真言は「アビラウンケン」と唱えます。これらの「ア」の音声は偶然ではなく、全世界に共通した神聖なる「ア」の意識の表れだと思います。

実は、以上の内容は全て私の師僧からの受け売りです。ある一つの物を理解するにはその根源を知ることで本質が見えてくることを私は学びました。知らないことを辞典やお大師さまの著述で調べていると、次から次へと新しい知恵を知ることができて、一つのことを深く探ることはとても面白いことだと私は思います。

（千葉堯温）

大我よく阿字を覚《さと》る（性霊集七　葛木参軍）

【仏は全宇宙を呑み込む】

◉根源を思い浮かべる　弘法大師の残されたお言葉の中でも、この「大我《だいが》」という言葉は、とても根源的で大師の教えである密教の中心のひとつであると感じます。冒頭に挙げられた言葉は、ある方の供養のための文章を弘法大師が代筆された中に登場します。代表的な著作である『吽字義《うんじぎ》』の中では、「唯《ただ》し大日如来のみいまして、無我の中において大我を得たまえり」（現代語訳　ただ大日如来だけが、あらゆる我を否定した無我の中で「大我」を得ている）といった形で、残されておられます。

そしてその大我における「大」という言葉に注意しなければならない、というのが私がみなさんにお伝えしたいことです。どうしても私達は、「大と小」というイメージで「大」を感じてしまいますが、弘法大師が「大我」を使われる時の「大」は、むしろ大きいとか小さいということを超えた絶対的で超越的な「大」なのです。ですから私達はまず「大と小」という比較を、この言葉を前にした時には超えなければなりません。

また次にこの言葉に出てくる「阿」という字も、言い尽くせないほど大師の教えにおいて大切な言葉なのです。すべての源であり、すべての存在に含まれているこの「阿字」を密教では瞑想でも用い、みなさんが日々、目にされる真言宗の位牌にも戒名の上にこの「阿字」がインドの古い言葉であるサンスクリット語で書かれています。

ですからこの「大我よく阿字を覚《さと》る」とは、密教の神髄をついたお言葉なのです。もちろん深遠ゆえにすぐにわかる言葉ではありません。しかし「この自分を超えたところに根源の覚りがある。そしてその根源は、私を含めた生き物、無生物すべてに含まれているんだ」という感触を感じさせてくださるものです。忙しい日々の中で、私達が忘れがちになってしまうのは、そういった人間にとって欠くことの出来ない根源的なことを思い浮かべることではないでしょうか。またこの文章が、「我我の幻炎を覚って、頓に如如の実相に入らしめん」という言葉で締めくくられるのも象徴的です。仏教がいつも向き合ってきたのは、「俺が俺が」とついつい走り始めるおのれという幻です。そんなことも一度、思い浮かべてみましょう。

（白川密成）

心の本不生を覚んぬれば　即ち是れ漸《ようや》く阿字門に入るなり（十住心第七）

【本来の心の姿を悟れば、仏の本源である阿字に入る】

◉「こころ」ってどこにあるの

皆さんの「心」ってどこにありますか？　多くの人が胸を指すと思いますが、胸に「心」があるのですか？　物事を感じ取ったり、考えたりするので「頭」にあるのでしょうか？　「心」ってどのようなものなのでしょうか？

仏さまの教えのひとつに「本来悉有仏性」というものがあります。本来、私たちには「仏さまになれる素質」が備わっているという意味の言葉です。そして、お大師さまのお言葉には「仏法遥かにあらず、心中にしてすなわち近し」という言葉がありま す。お大師さまは「仏さまの教えや悟りは遠くにあるのではなくて、自分自身の心の中に在るので、すごく身近なものなのだよ」と教えてくれています。

私たちは、心がどこにあるのかもわからず、どんなものなのかもわかり難いですが、その心の中には、仏さまの教えや悟りがあり、皆仏さまの素質を持ち合わせた尊い存在なのです。だからこそ、心の中にある仏さまの部分に気が付くことができれば、より良く生きる道標となるのではないでしょうか。そして、仏さまの心を基に歩むことが幸せの世界への近道となるのです。決して幸せは自分の心を離れて存在するものではありません。

しかし、私たちは未熟ですから、時に悪い心に支配されそうになります。仏さまの心と言われても曇ってしまう時もあります。そんな時には自分の心に問いかけてみてください。仏さまの心が備わっていることを思い出し、仏さまの心に近づけるようにしてみましょう。答えはきっと心の中にあります。

仏さまの心で歩んでいくことで、心の中に大きな幸せの花がたくさん咲いていきます。心に幸せの「花」を咲かせることで「心」は「芯」に変わっていくのです。皆さんの「心」はきっと皆さんの「芯」となる部分にあるはずです。その「芯」が歩むべき道の支えとなっていくのです。そして、その道の先には幸せの世界があることでしょう。本当の心の姿を悟った時、そこには仏さまの世界「幸せの世界」が待っています。

(岩崎宥全)

本不生とは兼ねて不生不滅　不断不常　不一不異　不去不来等を明かす(宝鑰第七)

【本来の姿とは、生滅もなく、断絶も相続もなく、統一でも異質でもなく、去来のない状態である】

◉**統計学の窓から**　私は信州の自坊に戻ってから、社会科学系の大学院に学びました。授業の一つに統計学の時間がありました。統計資料や調査から得られたデータの特徴を抜き出すという学問ですが、その中で使われる概念の一つに「偏差」というものがあります。偏差と聞くと、大学受験や高校受験で使われる偏差値を思い出す方が多いのではないでしょうか。偏差値における平均値は50ですから、偏差値80は「よくできた」、偏差値20は「よくできなかった」。しかし本来、偏差とは平均値からの距離を表す数値ですので、方向は違いますが、ともに平均値からの差、偏差30ということになります。したがって二つの数値ともに、平均から30離れたとても特徴的な数値となります。

実際の統計分析の中では、指標となるデータを変えると全く異なる側面が見えてくるということがあります。例えば、ある自治体では農業生産高は非常に少ないのですが、大きな観光資源を有しており、第三次産業に従事する方が非常に多いというような場合です。

様々な数値に接する中で、良い悪いや、この数値はきっとこうだろうという思い込みがあり、しかしその分析の中で、それぞれの数値にはそれぞれの特徴があるのだと気付かされました。

真言宗のみ教えの中で、私たちの心は本来清らかなものであり、本より目覚めている智を持っていると説かれています。それぞれにできることやできないこと、得意なことや不得手なことがあるわけですが、その全てがかけがえのない私たちの特徴です。その特徴を踏まえて、それぞれにしかできないことを見つけていくことが、私たち自身のいのちを生かしていくということに繫がるのではないでしょうか。

学生時代苦手だった数学を使った分析に苦労しながら、不思議とお大師さまのみ教えを思い出した統計学の学びでありました。

（白馬秀孝）

本不生

本不生際を見る者は是れ実の如く自心を知る　実の如く自心を知るは即ち是れ一切智智なり　故に毗盧遮那は唯しこの一字を以て真言と為したまう也（吽字義）

【真実を見ればありのままの自心が知られる。これが悟りの智慧である。ゆえに、大日如来は阿の一字を真言とされた】

◉私たちの心と大日如来　お大師さまは、「果てしない因縁の理を観察するに、その因縁の事相に即して本初不生なる際限を知る。それがありとあらゆるものの根本である」と『吽字義』に著しています。宇宙の生命とエネルギーの源に初まりを見られないと私は理解しています。宇宙の生命は本来生じないということが真実です。初めから存在しているもので生滅がありません。これを般若心経は不生不滅と説き、また身心は五蘊によって構成されたもので五蘊皆空と説きます。私たちは仮に人間であるだけで、因縁によって生じているに過ぎません。

お大師さまは続けて、「一切の法が因縁より生ずるを見るとき、その中に本初不生の際限としての実義の存するを見る。実の如くに自心を知ることができれば、それがすなわち一切智々で、それを体現せるものが大日如来である」と著しています。私たちの命と心は等しく、自心は宇宙の生命の源そのものと理解します。大日如来は遍法界身と言い、宇宙を身とする仏で、私は生命の源の人格神と考えています。あらゆるものの根本は皆一つの生命であり、生命の源と自心が一体になる体得をすれば、自心と他の分別ができない絶対平等の真理を悟ります。如実知自心とは大日如来と一体の自心であり、一切智智は大日如来の智慧です。自心の本性は生命の源であり、お大師さまが般若心経秘鍵に著している通り、悟りとは本来自心の中にあると考えます。

「大日如来は阿の一字を真言とされた」のは、一切の語言の中に阿の声が存在するからであり、大日如来と阿字は諸法の根源です。阿字の字義は本不生不可得です。阿字観は阿字を直視し、自心の中に観想する修行法です。如実知自心を悟り、一切智智を獲得するために、私たちは本初不生の根源を直視し、自心を等しくして、大日如来の阿字と一体になる体得を目指します。

（細川敬真）

本不生

本来不生なればまた滅壊を離れたり　因を離れ縁を離れて生も無く滅も無し　無生無滅なれば終始あること無し（金剛般若経開題）

【もとより生じないのだから、滅っしたり、壊れたりしない。原因もなければ、条件もない。生滅も、始めも、終わりもない】

◉椎名林檎『ありあまる富』　作詞・作曲とも椎名林檎。二〇〇九年発表。

日本のメジャーアーティストの中で最も仏教を意識した楽曲を世に提供している椎名林檎。アルバム『三毒史』ではなんと般若心経の読経から曲がスタートします。

そんな椎名林檎の「仏教ソング」の原点に位置するのが表題曲『ありあまる富』。地味な印象の曲ですが、静かなアレンジがかえって歌詞を引き立てます。

「僕らが手にしている富は見えないよ／彼らは奪えないし壊すこともない」

「彼らが手にしている富は買えるんだ／僕らは数えないし失くすこともない」

この歌のテーマは、ずばり「虚空蔵」です。「僕ら」は虚空つまり宇宙空間そのものを蔵として「ありあまる富」を持っている。それは同時に、何も所有していないという境地（無所得）でもあるわけです。誰のものでもなく、誰のものでもある。仏教の教えの主軸が「いかに煩悩から離れるか」にあるとすれば、虚空蔵こそが煩悩すなわち我執（「我が物」という執着）から解放された状態であるといえるでしょう。

私たち人間は何かを「所有する」という意識を持って生きています。国境紛争から相続問題に至るまで、もめごとの大半は所有権を巡る争いです。ですが自然界のあらゆるものは「本来不生」であり「生も無く滅も無し」。例えば昆虫が花の蜜を吸うとき、花は「その蜜は私の所有物だ」とは言いません。花の蜜は誰のものでもなく、誰のものでもある。「ありあまる富」の発想は自然の摂理にもかなっています。

ただし一方で所有権は人権思想の基盤になる考え方であり、安易な所有権の放棄は全体主義（ファシズム）と結びつく危険性もはらんでいます。仏教イコール全体主義では決してないのですが、椎名林檎が時としてその片鱗を見せるのは、あながち無関係ではないといえるかもしれません。

（坂田光永）

本不生

性蓮の大我大虚に遍じて終りなく　覚樹の法皇微塵に入て以て始め無し（性霊集七　荒城大夫）

【蓮のような大きな心は宇宙に広がってその果てがない。菩提樹の下で釈尊は悟りの境地に入り、永遠の時空間に静止している】

◉苦悩の汚泥に咲き誇る蓮のような人　令和二年、新型コロナウイルスの世界的大流行が起こり、私は生活困窮世帯の支援の為、地元のフードバンクに食材提供に伺いました。感染拡大の影響で失業等に留まらず、困窮による影響は連鎖するものです。生活に行き詰まった人は、社会、家事育児に繋がる生き甲斐、気力を奪われ、非常事態下の社会では分別ある判断を狂わされ、困窮者を装いフードバンクに来られる人も実際にあり、私はその現実の中、支援側に立ち続ける事は難しいと感じていました。

しかし、その時私に応対して下さった、Bさんの心がけは私とは違いました。

「確かに、コロナウイルスの事が苦しくて、余計に皆さん余裕がなく、全国で起こっている誹謗中傷となってあらわれるように感じます。ここにいらっしゃる人は、生活が困窮して物質的に貧しい人が多いですが、たとえ食材目当てで困窮者を装ってこられる人も、『心』が貧しくなっていたら、それは苦しい状態ということ。私は、自分が嫌な思いをしても、相手の『心』が満たされるよう食料を提供してあげたいです」

そのBさんも、ご家族が体調を崩され、一時期は生活が困窮されたそうですが、「困窮者の心情が理解できるから、私は支援したい……」とその心根《こころね》は優しく、また今でも心に残るという亡き御母堂様の最期《さいご》の言葉が、ご支援の原動力のようです。

「何事にも感謝しなさい、あんたはみんなに、感謝を忘れてはいけないよ」

多くの苦悩の中でも、様々なお蔭様に気付き感謝を重ね、あえて人の為に立ち上がり、施しを行われる生き様は蓮の花のようであり、果てのない現代の闇を、行く先々で明るくする優しい微笑み、横顔は少し憂いを表しながらも、差別の捉われなく世を見つめる……。それはまるで観音菩薩の柔和な表情のようでした。私も僧侶として、世の実情を知り苦悩の汚泥に染まらず、状況に応じたいのちを活かす必要な支援、教えは泥臭く求め続け、ひいてはBさんや仏さまの表情を曇らせないよう、善行が損にならずに報われる社会となるような、今後もお手伝いがしたいです。

（村上慧照）

不生を一阿に証し　五智を鑁水《ばんすい》に得ん（性霊集八　亡弟子智泉）

【阿の一字によって悟りを開き、鑁の一字によって仏の智慧を授かる】

◉通読のススメ　高野山の壇上伽藍の外れに智泉の廟があるのをご存じでしょうか。ひっそりとした小さな御廟ですが、いつ訪れてもその場所はきれいに保たれ、お花や飲み物がお供えされています。

お大師様の甥であり一番弟子である智泉が三十七歳の若さでこの世を去ったのは八二五年の事でした。当時五十二歳だったお大師様は智泉のために法要を執り行います。冒頭の名言は、法要にあたってお大師さまが智泉の供養のために書かれた「亡弟子智泉が為の達嚫文」の中の一節です。たくさんの美しい比喩と、真言密教の真髄となる教えと、亡き智泉への思いが凝縮された何とも壮麗な文章です。全文を通読されたことのない方は、ぜひ通読をおすすめします。

この達嚫文の前半ではお大師様は私たち人間の流転する儚さと、苦しむ有情を救わんとする仏の慈悲についてを語っています。中ほどでは智泉がどのような優秀な人物であったかを、自身との関係性をも交えて語ります。智泉が二十四年もの長きにわたってお大師様に仕えたこと、自分にとって智泉の存在は、孔子にとっての愛弟子顔回(顔回も孔子より前に早逝した)であり、釈尊にとっての阿難であると表現し、真言密教を後世の人々に教え伝える存在として期待していた智泉を若くして失ったことを「大海原を半ば渡った所で片方のかじが折れてしまったようだ、大空を渡り切らないのに途中で片方の翼が砕かれてしまったようだ」と例えています。

また、智泉が金剛界・胎蔵界の両部の法をすべて相承していたことを記し、それ故に、「阿」という胎蔵界の大日如来の種子一字によって本不生の悟りを開き、金剛界の大日如来の種子である「鑁」の一字によって仏の五つの智慧を授かることができるのだ、と改めて諭しています。そして、最後には智泉の魂が成仏して悟りの世界に住し、無明煩悩に覆われた衆生を救済するようにとの願いを書き綴り達嚫文を書き終えます。何度読み返しても、読むたびに時代を超えてお大師様の智泉を想う気持ちが文章から、そして行間からも伝わってきます。いつの時代も、人が人を想う気持ちは変わらないものです。

(小西凉瑜)

三妄執　阿字門に入れば悉く本不生なり　常にこの理に住すれば心妄執を離る（雑問答一九）

【煩悩があっても阿字の大日如来の教えに従えば、真実の世界に入ることができる。いつもこの教えを心がけていれば煩悩は離れる】

◉消えない思いの変換　私が、高野山専修学院というお坊さんになるための学校に入ってすぐのことでした。修行のための場所ですので、二人一組の相部屋が割り当てられます。事件はその生活に慣れかけた時のことでした。学院内放送で私と相方が呼び出されました。何かやらかしたのか、何かの用事の申しつけの伝達なのかと、ハラハラしながら教官室に行きました。教官からは、部屋の電気の消し忘れについて叱正を受けました。電気の無駄遣いということもありますが、部屋の管理不行き届きにつき、七日間毎日夕方に学院寮舎廊下の雑巾がけという罰がついてきました。

電気を消し忘れたのはお互いが注意していなかったこと。そしてお互いに確認しあっていなかったことを詫びあいました。しかし、くよくよしても始まりませんので、七日間毎日夕方に二人で手分けして三階建ての学院寮廊下の雑巾がけを行いました。寮舎に同期が七十名以上いましたので、来る日も来る日も廊下には夥しい量の綿埃が出ておりました。日々拭いても拭いても出る綿埃にふと人の飽くなき欲望が重なりました。「一つの欲望をかなえても次から次へと欲望が出てくる。そして、その根源は何だろうな。埃が無くなるのと同じように欲望が無くなるといいのだろうか」などと考えながら拭き掃除をしておりました。

僧侶にとって拝むことの前に大切にされることが「下座行《げざぎょう》」と呼ぶお掃除です。掃除する前の状態が、自身の精神状況を映す鏡であり、日々出てくるゴミは自分自身の心の澱です。そして自身の欲望の象徴だと考えられます。実は、どうやっても出てくる埃と同様に、悟りを得ようと思うことも欲望です。しかし、欲望があるからこそ悟りに向かえると考えるのが真言密教です。欲望の源は、自分自身の生きようというエネルギーの現れです。自身の澱や欲望のかけらをやがて輝くように変えていきませんか。

（渡邉智修）

月輪

鼻端に於て浄月輪を想うて　月輪の中に於て唵字《おんじ》の観をなすべし（十住心第九）

【瞑想をするときには、鼻の先端に清らかな月の輪を思い描き、満月の中央に梵字のオンを想念するとよい】

◉供養とは　皆さんは、もう二度と会うことの出来ない人に「もう一度この思いを伝えたかった」ということはありますでしょうか。私たち生きておりますと必ず出会いがあり、出会いがあれば必ず別れがあります。オギャーと赤ちゃんとして生まれて来た時に家族という最初の出会いから、学校や社会で生活するうちに私たちは、友人、恋人などたくさんの出会いの中で人生を歩んでいます。

人と人との出会いは私たちが操作して生まれるものでもなく、別れというものも私たちの力ではどうすることも出来ません。しかし、出会うべくして出会う人。別れるべく時に別れる人。このような不思議な現象を私たちはお釈迦さまの覚りから「ご縁」という言葉で理解しようとしています。

しかし、悲しい別れであればあるほど、この「ご縁」という言葉だけでは心は救われません。涙がどんどんあふれ出し、やるせない悲しみ、心にぽっかりと空いた空虚感。そんな苦しみと向き合わなければいけないのです。

そんな苦しみから心を救う為に私たちは、亡くなった人や本尊さまに花や香を供えてお経をお唱えします。これを私たちは「供養」と呼びます。実はこの「供養」によって私たちは、もう二度と会う事の出来ない人へ自らの思いを伝えることが出来るのです。

お釈迦さまが菩提樹の下で瞑想されていた時に大日如来から説かれた教えのように、浄月輪を感じてその中に唵字《おんじ》を観ずれば、私たちは生死や言葉を超えた「いのちの世界」へと入定し自らの菩提心を以って思いを伝えることが出来るのです。

供養とは、故人や本尊さまにただ香や花を御供えするだけではなく、自らの心を救い養い、そして「いのちの世界」へと自らも入定することです。供養は生きている私たちに必要なことだということを改めて感じていただければと思います。（加古啓真）

三世諸仏　月輪に於て唵字《おんじ》の観を作《なさ》ずして成仏することを得といわば　この処《ことわり》あること無し（十住心第九）

【すべての仏は、月輪のオン字を観想して成仏されている】

◉成仏は安心を得る

先日お葬式があり、故人と悲しむ遺族の前で、私は引導作法という儀式を初めて行いました。私は、引導作法とは亡者の魂を成仏へ導き、安心を得る為の儀式であるという思いで、作法をしました。まず、故人の魂に死者の帰るべき場所を教えます。その場所は、大日如来の世界であります。

「人間は大日如来から命を与えられてこの世に生まれ、肉体の滅びる後は再び大日如来の内に帰還すると教えられております。同時に、宗祖弘法大師は、今も高野山に座禅入定し衆生を見守っておられると信じておりますので、死者が帰る大日如来の内とは、大師によって見守られる世界でもあります。死者の帰るべき大日如来の世界を密厳国土と称しますが、凡聖不二の世界であり、この世こそが浄土であります」（鵜飼秀

徳著『霊魂を探して』二〇一八　KADOKAWA）

葬儀では、自身に臨終を自覚させる為に秘印を授け、死後の時間を、どう生きたらよいのかを示します。まず仏門に入る為に、剃髪し仏様の戒律を授け、仏道に生きる証として戒名を授けます。そして真言秘密の法をお授けし、「これからは大日如来の世界を目指して成仏するよう修行して下さい」とお伝えし作法をしました。

これからの仏道修行は、お大師様に導かれて亡き人一人ではなく、遺された家族や縁故者も共に修行をします。あの世で成仏を目指している家族の為に、祭壇を設けお供物を供え、読経をして供養し修行を支えます。その功徳は亡き人に回向されるのです。供養が重ねられることで、亡き人は仏徳を積み、遺された人々は亡き人へのいかなる思いも取り払われ、ただ感謝の一念の姿が成仏の姿であり、遺された人々を大いなる力で見守ってくれることでしょう。

日々の生活空間の中に仏壇があり、仏様と共生しています。位牌の戒名は、故人が仏様として生きている姿です。亡き人もこの世に生きる人も、共に仏の世界に生きることが、安心を得るということなのです。

（天谷含光）

一切衆生は本有《ほんぬ》の薩埵《さつた》なれども貪瞋癡《とんじんち》の煩悩の為に縛せらるるが故に　諸仏の大悲　善巧智を以てこの甚深秘密瑜伽を説いて　修行者をして内心の中に於て日月輪を観ぜしむ（宝鑰第十）

【すべての人々はもともと金剛薩埵《さつた》である。しかし、煩悩に振りまわされているから、諸仏は大慈大悲の智慧によって深い密教を説き、心に日輪や月輪を観想する修行を勧める】

◉責任　金剛薩埵は大日如来から教えを受けた修行中の仏です。密教では全ての人は修行中の身であり、この身このままで仏になる「即身成仏」を目指している金剛薩埵と称されます。あなたも金剛薩埵であり、私も金剛薩埵です。

人は生まれて大人になっていく。これだけでも充分辛いはずなのに、なぜプラスα修行が必要なのか。それは、人は煩悩に振り回されてしまうからです。その煩悩から少しでも苦しみを軽くする方法が修行であります。修行することにより、心の闇を打ち払う太陽の光のような明るさと、全てを包み込む月の光のような優しさを持つことができます。密教や仏の教えを知れば自然に身に付くものだと思います。

今は匿名性の高いＳＮＳに誰でも自由に書き込みが出来る時代になっていますが、不謹慎自由度が高いから暴走しがちです。他人の不倫がそんなにうらやましいのか、不謹慎だとしたらあなたに関係あるのか、見て不愉快なら見なければいい。他人が気になるのは自分に一生懸命になれていない証拠。自分に一生懸命じゃないから心に余裕が作れない、他人が気になる、そして羨ましく見える。だから攻撃したくなる。その何気ない口撃で人は死にますよ。

このような時代から生み出されたのが心の病です。怪我をして倒れた時の立ち上がり方を知らない。教えられていないからうまく立ち上がれない。誰も肩を貸してくれない。まるで暗闇の中に一人置いていかれるようですが、その立ち上がり方、周りを明るく照らす方法を知るのが修行であり、密教であると私は思います。

全ての人が忠実に十善戒を守っている世の中だとしたらどうなっていくのでしょうね。色々書きましたが皆さんは悪くない。密教や仏の教えが伝わりきっていないのです。これは僧侶の力不足。この一言に尽きると思います。

（松本堯円）

我れ自心を見るに形月輪《かたちがちりん》の如し（宝鑰第十）

【私の心を形にたとえてみれば、それは満月のようなものである】

◉心は丸く、満月のように　お釈迦さまが菩提樹の下で瞑想をされ、悟りを開かれたように、遥か昔から多くの先人が瞑想を修され、仏さまの境地に至るために様々な瞑想法が編み出されました。殊、真言宗においては古来より月輪観《がちりんかん》と呼ばれる瞑想法が行われてきました。月輪観とは、心の本来のあり方を観察することで、仏さまの心の境地に至るための瞑想法です。冒頭のお大師さまのお言葉は、心の本来のあり方を満月に例えて言い表しております。

私たちが地上から見上げる月は、満ち欠けによって、その時々で様々な形に変わったかのように見えます。また、綺麗な円形に見えたとしても雲の間に隠れてしまい、月そのものが見えない時もあります。しかし、月の本来の形が変わってしまった訳でも、消えてしまった訳でもありません。月の形が満ち欠けや雲によって違った形に見えるように、私たちの心も一分一秒、変化しているように思われがちです。

怒りや悲しみによって、心の形が損なわれたような時もあれば、喜びや安らぎによって満たされたように感じる時もあります。ですが、それは私たちが抱きがちな一時の錯覚に過ぎません。永遠に怒り続けたり、笑い続けたり出来る人が居ないように、感情とは、月にかかる雲のように刻々と流れていくものだからです。

私たちは一時の感情に目を奪われ過ちを犯す生き物かもしれません。ちょうど、月が雲に隠れて真っ暗になるように、私たちの心は煩悩という雲に遮られ、本来の輝きを失ってしまいがちです。また、日々のストレスや不都合な出来事によって心が欠けてしまったような気分に陥ることもあるでしょう。

お大師さまを始め、私たちの先人は心の本来の形に気づくために、瞑想を続けられて来ました。現代においても、一時の感情にとらわれないため、心の平穏を取り戻すため、瞑想は世界的に注目されております。皆さんも是非この機会に瞑想を始めてみてはいかがでしょうか。

（伊南慈晃）

凡人の心は合蓮華の如く　仏心は満月の如し（宝鑰第十）

【凡人の心は固い蓮華の蕾のようであり、仏の心は光り輝いている満月のようである】

◉心を丸く、清らかに　凡人の心は、迷いや欲でクリアではありません。心静かに集中し、精神を統一しようとしても何か雑念が心をよぎってしまいます。しかし、それらを受け止めた上で真っ白な心が仏心です。

密教の瞑想法に、阿字観というものがあります。心に綺麗な満月を観想し、その中に阿字を観想する瞑想法です。阿字観は、心を安定させた境地に到達させます。綺麗な月輪の中には汚れや塵などはありません。この阿字観瞑想をする事によって、心は月輪のように綺麗になります。

私が阿字観に出会ったのは高野山大学の学生だった頃で、当時は「眠たい」だの、「帰りたい」だのという欲が前面にでてきて、なかなか瞑想になりませんでした。しかし、何度か繰り返しているうちに、否定せず、受け入れて綺麗な月輪を描けるようになりました。

　現代社会では、無分別や他者の排斥が露わになっています。「あいつはだめなやつだ」「あの人はおかしいから仲間に入れない」など、相手を遮断するような言葉をよく耳にします。そういった排他的な心はまさに凡人の心であり、全ての物を受け入れ、大きく綺麗な満月が仏心であると私は考えております。固く閉じた蓮華の蕾も、花開く事ができます。ちょっと一息置いて、心に綺麗な満月を描いてみてください。きっと普段の生活が変わると思います。頑なにならず、大きな心、綺麗な丸い心で日々の生活と向き合っていくと良いなと思っております。

　この原稿を書いている今は九月。観月会が近づいてまいりました。忙しない日々から少し離れて今年のお月見は、まっさらな心を思い描きながら満月を拝みたいと思います。「ハーッ」と、自分の中の迷いや欲を吐き出し、「スーッ」と、まっさらな秋の空気を取り入れる。これも仏道修行の一つです。みなさんも実践してみてください。固い蕾をほどいて開き、心に綺麗な月輪を……。

（堀江唯心）

心は月輪のなお軽霧の中に在るが如し（秘蔵記）

【瞑想をしていて、心が仏に接近できないのは、心が霧の状態になっていて月が隠れているのである】

◉仏ごころに気づく　私たちの生命はどこから来たのでしょうか。私たちには、両親がいてその上に祖父母、曾祖父母と続いてゆきます。時代をさらに先のほうまで遡ってゆくと地球が誕生し、その地球に海が作られ初めての生命体が誕生するというところまで到達するのです。

地球が誕生してから今日に至るまでに果てしない年月が費やされてきました。その年数は実に四十億年以上とも言われています。ではその地球に最初の生命を宿されたのはどなたかと申しますと、その方こそが大日如来様であられるのです。

私たち人間だけでなく、動物や植物、鳥や魚に至るまで地球上に存在する全ての生き物には大日如来様の生命が宿されています。そして私たち人間は大日如来様と同じ心、「仏性」を一人一人が持っているのです。しかしこの心を持っているということに、日々の生活を送る中ではなかなか気が付くことができません。

ではどうすれば私たちの本来持っている仏性を見つけることができるのでしょうか。

その方法の一つが「瞑想」です。主題のお言葉は、お大師様が瞑想について表されたものです。お大師様は私たちの中にある仏様の心を満月にたとえられているのです。

どのような意味かと申しますと、空に美しい満月が出ていたとしても霧がかかっていては満月を見ることはできません。それと同じように私たちが本来持っている美しい仏様の心も霧がかかっていて見えなくなっているのです。この霧とは日常生活を送る中での悩みや不安な気持ちです。

しかし、月が見えないからといって無くなってしまった訳ではありません。霧の向こうには美しい月が輝いているのです。それと同じように私たちも瞑想を行い、心を落ち着かせてゆけば心の霧が晴れ、いつか仏様の心を感じることができるはずです。

皆様方も日常生活を送る中で、お時間に余裕のある方は一度日頃の悩みや不安をすべて忘れ、心ゆくまで瞑想をしてみて下さい。自分自身の中にある清浄な仏様の心に気が付くことができる日が来るかもしれません。


（杉本政明）

入我我入

吾が身を以て諸仏の身に入るとは吾れ諸仏に帰命するなり　諸仏の身を以て吾が身に入るとは諸仏我れを摂護《しょうご》したもう（秘蔵記）

【私が諸仏の身体に入れば仏に命を帰すことになる。仏が我が身体に入れば仏の守護をいただくことになる】

◉私の中の仏さま、仏さまの中の私。　はるか二千四百年前、ギリシャのデモクリトスは、物質を構成する最小単位「アトム」を提唱しました。アトムとは「これ以上分割できないもの」という意味です。つまりこの世で一番小さな物質がアトムということになります。アトムは原子と訳されました。

ところが二十世紀になると、原子の構造が分かりました。原子核の周りを電子が回っているのです。また原子核は陽子と中性子によってできています。さらに陽子と中性子を構成する素粒子の存在が明らかになりました。こうなると、素粒子より小さい物質だって、もしかしたらあるかもしれません。

デモクリトスの考えは間違っていたのでしょうか？　いえ、アトムより小さいものが見つかったのではなく、我々が原子（アトム）と名付けたものはデモクリトスの言うアトム（これ以上分割できないもの）ではなかったのです。このように、私たちは二千四百年前にデモクリトスが唱えたアトムにまだたどり着けていません。世界の果てを極めたと思ったものの、お釈迦さまの手のひらから出ることができなかった孫悟空のようです。

世界の果てといえば、物理学は最小と同時に最大のもの、つまり宇宙もこの学問のテーマです。地球を含む太陽系、銀河系、銀河群、銀河団、超銀河団……。いったい宇宙はどうなっているのでしょう。宇宙の果ては？　宇宙はどうやってできたのか？　これからどうなるのか？

私たちはあるときは最小の物質を探究し、またあるときは壮大な宇宙に思いを馳せます。仏教では極微《ごくみ》というのが物質の最小の単位で、これ以上分割できないものです。それと同時に那由多《なゆた》とか阿僧祇劫《あそうぎごう》という天文学的な数字による宇宙観が説かれます。私たちの細胞を構成する極微の一つ一つに尊い仏さまが宿っています。それと同時に宇宙そのものである壮大な仏さまの中に、ちっぽけな私が存在しています。（鈴木隆蓮）

入我我入

摂持とは入我我入なり　自心の塵数の仏よく他心の仏に入り　他心の塵数の仏よく自心の仏に入り　彼此互いに能摂所摂　能持所持となる　能くこの理を観ずれば自他の善悪の心を摂持す（平城灌頂文）

【摂持とは、仏と私が互いに出入りすることである。心にある無数の仏が私の心に入り、私の心にある無数の仏が自分の心に入って、互いに持ちつ持たれつの関係になる。この道理をよく観察すれば自他の善悪が統御できる】

◉仏と一体になれたらなあ　空海さまが中国からお持ち帰りになった沢山の経文仏画などを目録として報告奏上されたのが即位されたばかりの平城天皇です。お生まれが宝亀五年、二か月の差はありますが空海さまと同年、しかし、病弱なご身体で在位わずか四年、御年三十七歳で嵯峨天皇に譲位されました。この時平城天皇にお授けになった灌頂の意義を申し述べられたのが、この一文です。空海さまは先のご請来目録と同じように細かく懇切に説明され、真言密教の大切なことは沢山あるけれども、仏も自分も一体であるという認識とその観念が日常の生活に大事だと説かれています。

いきなり仏さまと一体にと言っても難しいことです。仏さまの慈悲とか智慧については、すでに初刊からたくさん話してこられています。その仏の慈悲に共通することを父母祖先に心を向けて考えてみましょう。母親は温かい慈愛で育ててくれました。父親は立派な成人にと願って智慧を授けてくれました。不思議に良かったことばかりが思い出されるものです。その両親も去って今、反省させられるのはもう少し母の心に応えてあげていたらよかった、もう少し学んでおけばよかった、晩年もう少し優しく接してあげていたらよかったということでしょう。そのような気持ちになれることが大切なのです。その穏やかな気持ちになれた時、そこで独り静かに仏前に座り瞑目して、父母に先祖に語りかけ、問い直してみてください。きっと父母先祖とお話しできて心が通うでしょう。父母と一体、仏心を通わすことができます。雪が降る中、私を背負って水車小屋に米搗きに行った母、山に迷った私を探しに来てくれた父、もっと飛び込んで心を通わせておけばよかったと、反省しています。

空海さまは、平城天皇へのお礼と病身快癒をお祈りになり、藤原氏の争いに苦悩されるご心中を察して、仏の願いとか働きをご説明になり、受戒で得られた安心を大切にと願っておられます。

（野條泰圓）

諸仏も法界なれば我が身中に在り　我が身も法界なれば諸仏中に在り　我が身業を以て諸仏の身に入れば　我れ諸仏に帰す　諸仏の身を以て我が身業に入れば　諸仏護念したもう（理観啓白文）

【諸仏も私の身体も法界に満ちているから、私が仏身に入れば仏に溶け込み、仏が私の身体に入れば仏から守護を受けることになる】

◉花にもこころが通う　首題の名言は、絶え間なく念ずる真言の理法を観想するときの大切な啓白文であります。この理観啓白文の最後には、「三界は客舎の如し、一心はこれ本居なり」という弘法様のあの有名な言葉も述べられています。

数年前の四国遍路の思い出が蘇ります。第二十番札所鶴林寺の登り口に、ある老夫婦が営んでいる食堂があったのです。とても信心深いご夫婦で四国遍路を五回も結願したといいます。この食堂の奥様から、すばらしいお話をお聞きいたしました。それはこういうことであります。

裏においてある植木鉢に、毎日水をやりながら花に話しかけました。そうすると、奥様がこころで願っていたような花に成長してくれたということです。私はそんなことってあるのかなと想っておりましたが、ある書物とのご縁がありました。それには、椿の木が二本あったのですが、一本の木の椿の花が大きく咲かない、そこでおばあさんが「もう一本の椿の花のように、あんたも大きい花を咲かせなさい」といって、いつもいつも椿の花にささやいていました。そして、おばあさんが亡くなった次の年には、ひときわ大きな花が咲いたと書かれていました。

伊予の第四十四番札所大寶寺、第四十五番札所岩屋寺を終えて久万高原を降りる途中に坂村真民さんの記念館があります。ここには「念ずれば花ひらく」という短い詩の直筆がございます。「苦しいとき　母がいつも口にしていた　このことばを　わたしもいつのころからか　となえるようになった　そうしてそのたび　わたしの花がふしぎと　ひとつひとつ　ひらいていった」。この詩は全国各地に石碑として建立されています。

私たちが本当に願うことは、花にも通じましょう。弘法様の説かれた「一心」という真実な願いは、必ず相手に通じるものであります。

（岩佐隆昇）

第三章　ふしぎ

顕密

古の法匠は派に泳ぎ葉に攀《よ》づ　今の所伝は柢《ご》を抜き源を竭《つく》す（請来目録）

【昔の仏教学者は枝葉に拘泥していたが、今ここに請来した密教は仏教の根幹を述べているものである】

◉密教の根源を究む　お大師さまは今の一文にて「私が中国から伝えた密教は、金剛界と胎蔵法の両部の根源を究めたものです」と示されています。お大師さまは二十年の留学の予定を二年間で修学し、帰国されました。二年という短期間で密教をマスターできたのは、入唐する以前、既に求聞持法によって、大悉地の成就（解脱）を得ており、その高度な心境においては、いつでも金胎両部の大法を受けられる状態にありました。あとは中国語の習得と密教を理解するための悉曇《しったん》（梵語）等の知識が必要でした。従いましてお大師さまは、入唐後、恵果和尚に会う以前に、般若三蔵等から悉曇を習っています。

ところで虚《こ》空《くう》蔵《ぞう》菩《ぼ》薩《さつ》求《ぐ》聞《もん》持《じ》法《ほう》の大悉地成就は、誰人にもできることではありません。成し得た行人はまさに生き仏そのものでした。六神通をもって、現実的に、あるいは精神世界において、命あるものの抜済《ばっさい》を致します。しかし、とかくそれを他に口走るものでもないところから、そのことについて、お大師さまの具体的な記録はありません。

唐の青龍寺において恵果和尚から法を伝授される折も、常人の僧の理解を超えた格段の相違があったと推測されます。

従ってお大師さまの密教の習得は、わずか二年間であっても可能でした。師の恵果和尚は、お大師さまに伝法灌頂《でんぼうかんじょう》を授けてから、次のように申されました。「早く日本に帰って、国家のためにつくし、人々を救済しなさい」。

特筆すべき一事としてお大師さまが請来した経典類は、二百六十部四百六十一巻にもおよび、実に多くの聖教によって、真言末徒のみならず、日本文化に与えた影響は甚大であります。

ところで我々は、般若心経、観音経、理趣経など、梵語から翻訳された漢字を読誦、書写しています。原典のお経に徳力がありますので、訳されて漢字となっても、その徳力は漢字に移って参ります。それは、漢音、呉音、宋音の読みに各々相違はあっても、経のもつ徳力に何の変化もありません。

（浅井證善）

顕教はすなわち三大の遠劫を談じ　密蔵はすなわち十六の大生を期す　遅速勝劣はなお神通と跛驢《はろ》との如し（請来目録）

【顕教の成仏は無限の時間を要することを説くが、密教は十六大菩薩の成仏を可能にする。成仏の速さは神足力とロバの違いである】

◉この身このまま菩薩行……　例え話から……。深山に迷い彷徨う幼子は杳《よう》として行方知れず、家族の沈痛な心情は計り知れません。深山は猛獣、野獣の危険な領域です。どうにもならない不安の極まりに周辺から様々な思考が巡ります。侃侃諤諤《かんかんがくがく》の、捜索救出方法で意見が分かれます。猛獣や野獣の危険を考えれば敢えて深山に分け入らず、外から時間をかけてじっと事態を見詰めるとするグループ。他方、事態を判断しかねるならいっそ深山に分け入って確かめるというグループに分かれます。

空海（弘法大師）さまの聖句「顕薬は塵を払い真言は庫を開く（秘蔵宝鑰）」から顕教は深山の外で状況判断にこだわるのに対し、密教はあれこれ躊躇せず直ちに深山に分け入り事態を把握すると言えます。真理に迫るおしえが密教の神髄とも言えます。時間への捉え方でも分かれます。顕教は発心から修行を積み重ね、仏と一体となるためにはとてつもなく気の遠くなる時間がかかるとしています。また永遠に成仏できないという思考も起こります。

自らを菩薩として身、口、意の三密行を極め、何物にも囚われることなく慈悲の心、救済の心を積み重ねることで法身「大日如来」と同じ金剛界四仏に近い「十六大菩薩」の真理を覚り、智慧を得て成仏できるとする「即身成仏思想」。生きとし生ける私たちがこの身このままで成仏できるとする密教本来の智慧です。

空海（弘法大師）さまは入定される前の「祈り」で自然に感謝を捧げられました。「六大《ろくだい》の遍《へん》するところ　五智《ごち》の含《がん》するところ　虚《そら》を排《はら》い　地に沈み　水に流れ　林に遊ぶもの　すべてこれわが四恩（父母、国王、衆生、三宝）なり」と……。

幼子が迷う深山と同様に「こころの闇」に果敢に挑み、目指す光に希望を見つけようとする働きは「三劫成仏」という無限の時間に惑うことなく、いのちの真理、智慧によって信心から直ちに行動に移す菩薩行です。

（湯浅宗生）

定を修するに多途にして遅あり速あり　一心の利刀を翫《もてあそ》ぶは顕教なり　三密の金剛を揮《ふる》うは密蔵なり　心を顕教に遊ばしむれば三僧祇眇《はるか》なり　身を密蔵に持すれば十六生甚だ促《すみや》かなり（請来目録）

【修禅の方法は多くあり、仏に達するにも遅速がある。この心をあれこれと論議するのは顕教であり、仏の行ないを実践するのは密教である。心を顕教に頼っていれば無限の時間を要するが、密教によって修行をすれば十六大菩薩の成仏は速い】

◉食べてみればわかる　マンゴーはインド原産であり、仏教の聖樹であり、果物の王者です。熟した柿のような甘さと、つるりとした柔らかさと、ほんのりとした脂《やに》の味が楽しめます。食べたことがない人にこの味を説明しても理解は得られません。しかし、一口食べるだけで絶妙な美味しさが堪能できます。

経典は仏の境地を得るために用意された読み物です。しかし、経文を読むだけでは仏の醍醐味を嘗めることはできません。経文を喜んで戴き、その教えを信じ、そして実践するという「歓喜」「信受」「奉行」が大切です。

主題の名言は、お大師さまが唐から帰国されときに朝廷へ提出された『御請来目録』の最後の部分です。日本に輸入されたこの三百六十一巻はすべて新しい経典ばかりが紹介されています。つまり、お大師さまはご青年期に、日本にあるあらゆる経典を予め精査して入唐されていたわけです。

この目録には、顕教と密教の優劣が明記されています。堂々たる密教謳歌の帰国報告書です。密教は、陀羅尼、真言、呪が特徴ですが、これらはただの文字ではありません。真言陀羅尼を一心に唱え続けることによって仏の境地に入っていきます。経文は成仏への説明であり、真言は仏の響きであるのです。印を結び、真言を唱え、仏の観念を凝らす三密行によって畢竟に入ります。

伝教大師最澄はこの目録を閲覧して、成仏の方法が示されている密教経典に驚嘆し、先ず目録を書写します（真筆は東寺に保存）。爾来、最澄は密教経典の借覧を求める交際を始めました。しかし、密教解読に専念するばかりで阿闍梨に就いて真言や印契《いんげい》、口伝《くでん》を授かるということはありませんでした。両雄はやがて決別し、天台と真言のそれぞれの道を歩んでいかれます。

（近藤堯寛）

四蔵の薬は但し軽病を治して　重罪を消すこと能わず（十住心序）

【経、律、論、般若の教えは軽い病気を治すことができるが、重病を治し、重罪を消すことはできない】

◉言葉の力は難病をも救う　お経には「五蔵」（五種類）があり、釈迦の教えを説いた「経」、出家者の規則を定めた「律」、これらを解釈した「論」、そして、空の思想などをまとめた「般若」が、最後の「陀羅尼」への橋渡しをします。冒頭の文には、この五番目の「陀羅尼蔵」のみが重病や重罪を消すことができると述べられています。「十住心」最高位の「秘密荘厳心」も「陀羅尼」の形で仏事が営まれます。この「陀羅尼」に関わる段階の教えを「密教」、それ以外は「顕教」であるとお大師様は述べておられます。「陀羅尼」とは、古代インド語であるサンスクリットを漢訳せずにそのまま音写した、いわゆる呪文ですが、密教では最も根源的なコトバであり、たとえば、𑖀の一字の中に存在のすべてが含まれていると考えます。

一例ですが、『般若心経』は、「深般若波羅蜜多」を「行」じると、「一切の苦厄を度す（苦厄を超えて楽に至る）」と述べています。「般若波羅蜜多」とは最高の呪「ギャーテイギャーテイハラギャーテイハラソウギャーテイボウジーソワカ」で、これを繰り返し「行」ぜよというのです。この部分は漢訳されずサンスクリットの音訳のままで、いわゆる「陀羅尼」です。お大師様は、「言葉は真実在の象徴であり存在そのものをトータルに表現する」と述べられていることからすると、この「ギャーテイ……」を心をこめて「行じる」（読誦する）と、難病を治し重罪を消す効能があるということになります。すなわち、真実在を表す言葉が大切なのですから、自分を信じ、他者にも寄り添った真心の言葉を発しない限り、願いはかなえられないのです。私たちが何かを願うなら、愛情に満ちた清らかで真実の言葉を強く発することが大切です。病気平癒を願うなら、快癒を信じ繰り返し繰り返し祈る。それが陀羅尼の心であり真実の力です。「あの人の（私の）病気が治りますように」と。菩薩は私どもの現世利益を引き受けてくださり、私たちも欲の中にあって欲を離れ、やがて苦しむ人を救済する側に回る。これが煩悩即菩提の大乗仏教の核心、密教の神髄であります。「陀羅尼蔵」は単なる願いの記述ではなく、実践体系であるとの善無畏の言葉は大切な指摘です。ここは、お大師様の教えの中でも最も肝要な部分であります。

（友松祐也）

もしただ浅略の義をのみ解すれば生死に沈淪して解脱を得ず　もし真言の実義を解すれば　もしは天　もしは人　もしは鬼畜等の法門は皆これ秘密仏乗なり（十住心第三）

【浅い教えだけにかかわっていたならば、迷いに沈んで救われない。真言からすれば、天、人、餓鬼、畜生たちも仏であると説く。これが密教である】

◉ハゲワシと少女

『秘密曼荼羅《まんだら》十住心論』は、勅命を受け纏められたお大師さま四、五十代の頃のご著作です。当時行われていた様々な思想、宗教を真言密教の基準をもって序列化し、第十秘密荘厳心《しょうごんしん》をすべての帰着点とし、「群眠の自心に迷える」を驚かせて心の底の大日如来の存在（本有《ほんぬ》の自宝）に気付かせることを目的としています。十に分けられた心の世界の第一から第三の住心は本能に支配された段階から徐々に倫理道徳に目覚め、第三住心では宗教心の萌芽が見られるようになります。

さて、ここに一人の報道写真家がいます。彼の名はケビン・カーター、当時十年越しの内戦を引きずっていたスーダンで撮った一枚の写真が世界中の賛否を呼び、一九九四年、その年のピューリッツァー(Pulitzer)賞を受賞しましたが、間もなく彼は自殺しています。「ハゲワシと少女」と題されたその写真は、打ち続く戦乱と飢饉で荒れ果てた大地に舞い降りた一羽のハゲワシを捉えています。そしてこのハゲワシが見詰める先には、痩せこけて立ち上がる力も失せたかの子供がうずくまっているのです。

この写真には、圧倒的な非難が寄せられました。撮影前にまずはこの少女を助けるべきではないか、というものです。その後、この「報道か、人命か」の論争は受賞わずか二か月後のカーターの自殺で頂点に達します。カーター自身の述懐によれば、あの瞬間本能的にカメラを構えシャッターを切りながら、脳裏の片隅ではハゲワシが二、三メートルにも及ぶその大きな翼を拡げないかと期待していたと言います。

この後カーターは木陰に坐り込み、長い間泣き続けました。カメラの中でハゲワシの本能に呼応していた自分を恥ずる心が起きたのでしょうか。人を人たらしめるのは自らに対する自省の念です。強い内省意識に導かれ、より純粋に神仏を求め祈る時です。祈りが真剣になるにつれ、それに応えて下さる神仏の尊格が高くなります。祈りが本物ならば、神さまも本物になる、ということです。

(田中智岳)

多名句を以て一義理を説くはこれ即ち浅略なり　一一の言名に無量の義を具するは即ちこれ真言深秘なり（十住心第六）

【多くの語句を駆使して一つの意味を説くのは浅い教えである。真言の教えは一つ一つの言葉に無量の意味を含む】

◉仏の教えは広大　この文章は、弘法大師の『秘密曼荼羅十住心論』巻第六「他縁大乗住心」の冒頭部分にある文章です。『十住心論』は、弘法大師の密教思想の幅広い内容をもつ主要著書であり、衆生の心が仏の境地へと至る過程を十の段階によって表しています。その六番目が他縁大乗住心です。慈悲をもって他者を救う菩薩の心で、法相宗の教えが相当します。慈悲をもって他者を救う菩薩の心を真言の梵語ではmantraと訳します。如来が真実そのものを表現する言語で、一字一句に無量の教えがあると説いています。

平成二十一年四月二十一日、京都市内にNPO法人SAMAYAプロジェクト21が設立されました。この法人は、「仏教の精神に基づき、様々な機会の提供を通じて、互いの生命を尊重し、誇りを持って生き、心豊かに老い、尊厳ある死を迎えることができる社会の実現」を目指して設立されました。理事長は、弘法大師の著作研究の第一人者で大正大学名誉教授の福田亮成先生です。会の主な活動は、京都にある種智院大学への寄付講座です。一、「弘法大師空海の文章に親しむ」（年二回開催）では、福田先生が弘法大師の著作の中から一文を取り上げ、本文を読み進めながら解説されます。定員二百名、受講無料。「チベット仏教入門『入菩薩行論』を読む」では、十五回、大阪の清風中学・高等学校校長、種智院大学客員教授の平岡宏一先生が、テキストに従って解説されます。このほか二か所で平岡先生の公開講座も開かれています。詳細は会のＨＰをご覧ください。

この会は、多くの人に仏教の正しい教え、弘法大師の教えを体得してもらうために活動を続けています。

真言密教の教えは大変奥深いものです。諸経論をひもといたり、読経、写経、写仏、霊場巡拝などを続けたりして、日々、ご自身の心を成長させるべくご精進ください。

（菅智潤）

顕密

二乗凡夫は但し句義を解して字義を解すること能わず　但し字相を解して字の密号を知ることを得ず（十住心第十）

【一般の仏教者は説明文の語句を理解するだけであって、その文字に秘められている深い意味を知ることができない】

◉心にかなう適度をもって愛欲の第一とせよ　普通、仏教の教えでは「欲望に愛着してはいけない、それは苦しみの原因である」と説きます。なるほどそれは仏教の教えの根本でありこれは正しい、しかしこの教えをそのまま受け入れるだけでは、正しい教えがわかったとはいえません。その奥にはもっと大事な教えが潜んでいます。これをこの御文は「密号」と記しています。

お釈迦さまは、欲望に対して二つの極端を挙げています。一つの極端は、「欲望に愛着する」ことです。これは、下劣で無益である——「快楽主義」とも呼びます。もう一つは、「苦行を事とする」。これは、ただ苦しいだけで無益である——「禁欲主義」とも呼びます。お釈迦さまの「欲望に愛着してはいけない」との教えの真意は、この二つの極端のいずれをも捨て去ること、お釈迦さまが選び取ったものは、他ならぬ「中道」でありました。

一つのお経（雑阿含経、四二、五、「諸王」）に、王たちの酒宴の場面が描かれています。招待された王たちは、美食美酒をくみ、美女をはべらせて歓をつくしていましたが、誰が言いだしたのか、「この世で一番楽しいものは何か」という話になりました。ある王は「色は愛欲の第一なり」と言い、ある王は声が、ある王は香が、ある王は味が、ある王は触が愛欲の第一であると言ったといいます。

そこで、お釈迦さまにお尋ねしなければ気が済まないパセーナディ王が、「ひとつこの裁断をお釈迦さまにお願いしてみようではないか」と提案しました。そしてお釈迦さまを訪ねて、それぞれの主張を申し上げた時、お釈迦さまはずばりと裁断を下して言いました。「王たちよ、わたしは心にかなう適度をもって愛欲の第一とする」と。

食欲一つをとってみても、暴飲暴食はその時は楽しいかもしれませんが、次の日にはこっぴどいしっぺ返しをくらうことになります。王たちはその体験によってそのことをよく承知していました。

（畠田秀峰）

衆生の機根　量に随って顕教密教を開示す（十住心第十）

【衆生の宗教的な素養程度によって、顕教と密教が説かれている】

◉仏の世界に飛び込む　仏教の法門は俗に八万四千あるといわれます。たくさんの経典が存在し、私たちはとてもすべてを読み切れるものではありません。お釈迦様は、相手によって、時には正反対のこともいわれたといいます。人は十人十色、悩みも、考えも、能力も違いがあります。同じ内容でも大人と子供とでは、当然言い方が異なるように、その人に一番適した教え方を示されたのです。その後の人達もお釈迦様の教えを様々に解釈し、受け止めて理想の世界を目指します。山に登るのにいろんな道があるように、真理に到達するにもいろんな道筋がある。これが膨大なお経が説かれた理由の一つです。

また、仏教には顕教と密教という分類があります。顕教は様々な経典を通じて、理想の世界に一歩ずつ近づこうとしますが、密教は、宇宙の真理そのものを直接つかもうとします。私たちはこの宇宙の、地球という大自然の中の生命体のひとつです。宇宙の原理と人の内面は繫がっている。その繫がりを象徴的な形で捉えて、理想の境地に一気に達しようというのが密教だといえます。

密教は、いかにも秘密めいた、隠された教えだと思いがちですが、これには、悟りの世界は深淵で表現できないという意味と、隠れているわけではないのに、こちらの目が曇っていてわからないという二つの意味があります。素晴らしい景色を見て、思わず「おおっ！」と感動する。しかし、その感動そのものをどう表現するか。表現できないからこそ「おおっ！」なのです。自分の中の感動は、自分だけしか分からない、ましてや仏の世界をや、です。

野山の草花は美しく咲き乱れますが、興味のない人にとっては、ただの雑草でしかありません。この大自然の生きとし生けるもの、すべてに仏のいのちが宿っている。そのことに気づくも気づかないも私たち自身です。少し感性を高めて、風のそよぎ、鳥の鳴き声、川のせせらぎ、すべてが宇宙の真理を象徴する仏さまの説法なのだと捉えるのが、宗教的素養というものでしょう。

（河野良文）

九種の心薬は外塵《げじん》を払って迷を遮し　金剛の一宮は内庫を排《ひら》いて宝を授く

（宝鑰序）

【仏教各派の教えは汚れや迷いを払うために説かれているが、密教の教えは仏の扉を開いて直々に宝を授ける】

◉御染筆に寄せて　高野山真言宗の最高職を管長と言い総本山金剛峯寺の住職を座主《ざす》と言います。管長が金剛峯寺座主を兼ねています。敬称は猊下《げいか》、管長猊下、座主猊下と付けます。猊下の書を御染筆《ごせんぴつ》と言います。大体、お大師様の数々の御著作のなかから書かれておりますが「顕薬拂塵　真言開庫」と書かれた掛け軸をどこかのお寺で見たことがあります。「顕薬は塵《ちり》を拂《はら》い真言《しんごん》は庫《くら》を開く」と読みます。失礼とは思いますが真言宗をあらわすなんと素晴らしいキャッチコピーでしょうか。

顕教は表面の塵を払って美しくすることだけで満足して真理を見つけることはできませんが、密教は自らがチャレンジして真理を見つけることができるのです。

中学生時代の夏休みの思い出です。やっと潮の流れに負けることなく突堤の先まで泳げるようになりました。先に着いていた友人達は飛び込みを繰り返していて「こないして飛ぶんや」とコツを教えてくれましたが、突堤のあまりの高さに尻込みしている時、突然ポンと背中を突かれ水の中に落とされて怒ることもできずに立ち泳ぎをしていますと「水の中を覗いてみいや。魚がいっぱいおるで」と言われて潜って覗いてみると水面とは違った光景が広がっていて、もっと深く潜ってみたいと思ったら「次はヤスで魚を突くやり方を教えたる」の声が掛かってコツを教えてもらいました。しかしこれがやっと潜ることができた私には難しくて、長い時間をかけてヤスを持って潜ることができるようにはなりましたが、魚を突くことはできませんでした。返す返すも残念な結果に終わりました。

同様に密教の真理というのは万巻の書物を読んだり、講義を聞いたりしてもわかるものではありません。知識を得ただけで満足してはいけないのです。自分自身で真理の中に飛び込んでいって真理をつかみとろうとしなければならないのです。そのために然るべきお師匠様に従って行をするのです。真言行者となるのです。（伊藤全浄）

顕薬は塵を払い　真言は庫を開く（宝鑰序）

【一般の仏教は煩悩を払うことに一生懸命であるが、真言密教は心の宝庫を開くことに専念する】

◉仏と直接つながる真言密教

仏教と一口にいってもいくつもの分け方があります。現在東南アジアを中心に広がっている上座部仏教（小乗仏教）と中国を経て日本に渡ってきた大乗仏教という分け方です。上座部仏教は、お釈迦様の言われたことをストレートに守って修行を行う、出家者のための仏教です。タイなどに旅行に行くと街中で黄色い僧服を着ている人をよく見かけます。あの方たちが信奉している仏教です。

大乗仏教は、お釈迦様が入滅されてから数百年後に、お釈迦様の本願は衆生全員を救うことだとして作られた仏教で、数多くの経典が編纂されました。日本に入ってきて、日本国内でさまざまな宗派が作られました。

もう一つの分け方は、大半の仏教が含まれる「顕教」と真言宗や天台宗の一部が含まれる「密教」です。

顕教と密教では、仏様（如来）の考え方が違います。密教では大日如来を法身《ほっしん》（永遠不滅の真理で釈迦の本身）として、自らの悟りの世界をそのまま説いた教えで、表面上では決して知りえない秘密の教えであるとされています。

顕教は報身（単に永遠の真理でも、無常の人格でもなく、真理を悟った力を持つ人格的仏）や応身（衆生救済のため、真理により現世に姿を現した仏）により説かれたもので、迷いや煩悩を取り除くことで悟りを開く教えです。そのために様々な修行を行います。

真言密教の修行では、加持祈禱を行います。その際、三密を重要視します。手に印契を結び（身密）、口に真言を唱え（口密）、心に仏を観じて（意密）、仏と直接感応できるとしています。これを即身成仏と言います。

真言密教では、即身成仏を目指して修行を行います。これがこの名言にいうところの「心の宝庫を開く」ということです。

（大咲元延）

九種の住心は自性なし　転深転妙にして皆これ因なり（宝鑰第十）

【十住心論が説いている前九段階の心の在り方は、仏へ向かう説明であり、究極ではない】

◉並行軸と垂直軸　仏教の目的は悟りにあります。まさに仏陀になる教えなのです。そのためには、日ごろから自身のこころの修行を大切にしなくてはなりません。仏教は大きく顕教と密教に分かれます。顕教は初期仏教から大乗仏教までを表し、密教はおもにチベット仏教であり、日本では天台宗の密教と真言宗の密教があります。お大師さまは、仏教の悟りに至る心理的階層を十に分けて説明されました。それが『秘密曼荼羅十住心論』です。その九番目までは顕教の教えを中心にまとめてあります。

その世界を構造的に表すと、顕教は横軸修行で密教は縦軸修行になります。十住心のうち九種類の修行は、四諦八正道、十二因縁、六波羅蜜など日常生活の思念と行動を調和し、仏陀の教えをもとに心を正し、生老病死を超克する道なのです。自性を深く理解するには顕教の一つ一つの修行が密教を知る大事な修行になります。特に第六住心から第九住心までは、順を追って法相宗、三論宗、天台宗、華厳宗の住心が説かれます。この九番目の住心が、華厳経に説かれる「極無《ごくむ》自性住心《じしょうじゅうしん》」なのです。これに浅い解釈と深い解釈があります。浅い解釈とは、人は自分の心をわかっているようで、よくわからないもので、その心でも繊細で大いなる空を知ることができます。また水面も万象を映し出す鏡のようであるが、その中には深くて神秘的な世界があるとしています。これが「重々無尽《じゅうじゅうむじん》」であり、「一即多・多即一」の境地なのです。

お大師さんが仏教の最高値に密教を置くためには、それなりの理論展開が必要であり、だれもが納得する論理が欠かせないのです。そのためにいろいろな教えがあり、すべてに重要な意味があることを伝えるのです。さらにすべての個人も宇宙も同じ調和をもったシステムにあって、そのコスモロジーをお大師さんは、華厳の華蔵世界に求めたものです。けっして、どちらが劣っているとか優れているという差別をすることではなく、その世界の中で人は段階的にスピリチュアリティを深めることに意味があることを主張します。密教の門である縦軸こそ即身成仏を果たす次元上昇の門であり道なのです。密教の門は、身口意を通じた三密行の実践です。即身成仏の道は、現代人にも確かな悟りへの階層を示しています。

（大下大圓）

応化の開説を名づけて顕教という　言《ことば》顕略にして機に逗《かな》えり　法仏の談話これを密蔵という　言《ことば》密奥にして実説なり（二教論上）

【応身仏や化身仏の説を顕教という。その説法は概略であり、素養に応じて説いている。法身仏の談話を密教という。この説法は仏の奥深い真実を述べている】

◉顕教と密教の違い　弘法大師空海さまの代表的著作の一つである『辯顕密二教論』の冒頭にある言葉です。仏には三身があります。形を超えた真理そのものである法身、修行の結果得られる応身（報身）、衆生を導くために相手に応じて現れる化身（変化身）の三種です。そして教えには顕教と密教の二種類があります。お大師さまは顕教と密教の違いを明らかにするために『辯顕密二教論』を著されたのです。

お大師さまは、応身、化身が説いた教えを顕教とし、聞く人に応じて方便を説いたものであるから仮の教えだとします。一方、仏教の真理そのものである法身仏が自らに語っている言葉を密教といいます。つまり悟りそのものが言葉になっているのです。

ですから、顕教を学んでもうわべだけのものになりかねず、真理そのものが語られている密教こそが悟りに至る道だと言うのです。

教義を判断する「教相判釈」は、それまでの論を否定し、新たに密教こそが優れているということを発表した論文です、南都六宗ならびに天台宗を顕教と位置づけ、真言密教の優位性を説いた論文です。ほかの経典は仮の教えを説いた顕教として批判の対象としたのですね。のちに円珍、円仁によって天台宗にも密教が導入されて台密が成立しますが、それまでは日本で密教と言えばお大師さまが伝えた真言密教しかなかったのです。密教の優位性を説くこの論文は、当時の天皇をはじめ多くの方々に広く受け入れられました。密教こそが仏教の真髄であるということですね。

仏教には膨大な数の経典があります。受け止める人に応じて説法の仕方を変えたからです。中にはわかりやすいお経もあります。けれどもそれは仮の教えであって、真実とは遠い仏法の一面しか表していない場合があるのです。では、どうしたら真実の教えである密教を学ぶことができるのでしょうか。お大師さまは多くの著作を残されています。難しい書物もありますが、その中からあなたの好きな言葉から入って、興味があれば原典に当たってみられたらいいかと思います。

（柴谷宗叔）

顕密

他受用身は地上の菩薩の為に顕の一乗等を説きたまう　並びに是れ顕教なり　自性受用仏は自受法楽の故に自眷属とともに各々三密門を説きたまう　これを密教という　この三密門とはいわゆる如来内證智の境界なり（二教論上）

【他に悟りを得せしめるための説法は、この世の菩薩たちへ説かれた教えであるから顕教である。自らの悟りを眷属とともに真理を味わいながら仏の働きを説く教えを密教という。つまり、密教は如来の心中に秘められた智慧の現れである】

◉智慧を磨き真理を味わう　辯顕密二教論の序文にある言葉です。仏には三種の身があり、それは、法身（真理そのもの）、報身（行を積み、その報いとしての功徳を備えた仏身）、応身（教化のために衆生の姿で仮に際限を持って現れた仏身）の三種類であると説かれます。さらに教えについては、顕教と密教の二種類があるという文章から始まります。三密門とは、身、口、意の三つの領域が仏と同じく清浄になり仏と一体になったと解する真言密教の教えを指しています。

鎌倉時代の宇治拾遺物語に、こんな話が収載されています。「ある猟師が尊敬する聖が、毎晩普賢菩薩が現れるから一緒に拝まないかと誘い、一緒に夜を過ごします。激しい嵐の中、夜半に光り輝く普賢菩薩が厳かに象に乗って現れます。猟師は修行を積んだ聖には見えても凡夫の自分にも見えるのはおかしいと矢を放ちます。光はたちまち消え失せ、辺りは元の闇に包まれました。翌朝深い谷底に胸を射抜かれた狸が見つかります。たとえ聖であっても思慮分別がなかったため狸に騙されたのであろう」、と結ばれています。

この話を読んだ当時はまだ小学生だったので、仏教にも様々な教えがあるということは知らず、ただかすかな違和感があったことだけを覚えています。

猟師は不審に思い、もし本当の応身仏であるならば弓で射たとしても、跳ね返してしまうだろうから罪にはならないと考えます。この一点で猟師の智慧が勝っていたということなのでしょう。今回の名言で、かつての疑問は一気に氷解致しました。

（花畑謙治）

顕密

他受用応化身の随機の説　これを顕といい　自受用法性仏内證智の境を説きたもう　是れを秘と名づく（二教論上）

【他に悟りを得させるために相手に応じて説いている教えを顕教という。自らの悟りの世界をそのまま説いている教えを密教という】

◉大自然や動物たちが私たちに語りかけています

顕教《けんぎょう》とは、仏教の真理をお釈迦様が人間の言葉で分かるように顕《あきら》かに説法した教えです。密教の本尊大日如来は、大宇宙の真理そのもの・法身《ほっしん》なので、人間の言葉は使いません。大自然の姿や形、音でもって私たちに教えを伝えます。言葉で説法しないので、人には理解できません。ですから密《ひそ》かな教え、密教と言うのです。それを法身説法といいます。

密教では、その真理とは命の根源・命を生み出す力・法則などとでしか言葉では説明できません。夜空を飾る星々や大自然の姿、海の波音、谷川の音、風の音、鳥や動物たちの鳴き声、それらが法身大日如来の説法だとされるので法身説法と言われるのです。

この大日如来の説法を感じ取って詩人は詩を、歌人は歌を詠み、哲学者は真理を追及し、仏教者はそれぞれの悟りの境地を開いてきました。例えば能の「杜若《かきつばた》」に登場する、歌舞の菩薩が仮に人間として現れたとされる在原業平《ありわらのなりひら》が詠む和歌の言葉はすべて法身説法の妙文であるとされ、以後仏の言葉である真言や陀羅尼以外に、和歌も仏の説法であると見なさるようになったのです。

大自然の中の動物の生態を紹介した番組を見ると、過酷な弱肉強食の環境の中で生きるため、子孫を残そうと一生懸命です。みな必死に生きています。映画で動物の言葉が分かる医者のドクター・ドリトルのように、もしも動物の言葉が分かれば、動物たちはきっと「智慧のある君たち人間なら、自然を大切にして、そして互いに助け合って暮らせるはずだよ、しっかりしろ」と私たちに語りかけているように思われます。それは私たちに対する大日如来の願いなのでもあります。

（藤本善光）

顕密

顕を伝うる法将は深義を会《え》して浅に従い　秘旨を遺《のこ》して未だ思わず（二教論上）

【顕教を伝えてきた法師は、深い意味を会得しているものの、浅い説明に留まって、秘密の部分を残したままにしている】

◉上っ面でなく、核心を説くべし求むるべし　お大師様が日本に伝えた真言密教、真言宗の教えは深秘で修行も大変でしょう、とよく質問を受けます。その真言密教とそれ以外の仏教、顕教を対比させながら、お大師様が教えを書き示されたご本、辯顕密二教論の一節です。

仏教の究極の目標は仏陀になる事。仏に成る事、悟る事、目覚める事、真理を得る事、解脱する事、まだまだ、違う表現があるかと思いますが、顕教では仏に成るには長い長い修行の時間が必要とされます。お大師様、空海　弘法大師は真剣に「仏に成る」、その核心に迫った僧侶の筆頭に位置する阿闍梨さまです。

人に教えを説いたり、考えや意見を正しく伝えたりするのは大変難しい事です。マスコミの発達で新聞、ラジオ、テレビと、技術革新に即して伝達速度が速くなってきました。近年はインターネットや携帯電話の普及で誰でもが発信者になり、瞬時に発信できる時代となりました。それでもテレビの影響は大きく、映像で訴える力は強大です。また、テレビで発信するには「絵になる」事が求められ、絵にならないものは放送される事はありません。見た目の良さ、耳に優しい言葉、感情に訴えるなどの手法で真実が見えづらい事が多々あります。その真実、その奥に秘められた意味を見極める事を人任せにしてはいけません。自分自身で求め見極めなくてはなりません。

昭和の頃までは、職を得るのに師匠、親方に弟子入りをして衣食住を共にして日々の生活をしながら専門知識を習得したものでした。現在は大学や専門学校などで資格を取るのが一般的です。学校ではハウツー技術や方法、実践を修得し資格試験に合格する事が目標となります。師匠、親方は人の作業、技術を見て学べ、「技を盗め」とも表現される指導です。

何事にも表に出ないけれど中に秘められたものが有ります。その神髄、核心を私達は常に求め学び自らを高め成長していかなくてはなりません。

（中谷昌善）

顕密

我を益《やく》するの鉾《ほこ》を争い募《つの》って　未だ己を損するの劔を訪《どぶら》うに遑《いとま》あらず（二教論上）

【自分の立場にとらわれて満足している顕教の見識が嘆かわしい。仏の真髄を説いている密教を追究し、深く仏の世界に踏みこんでほしい】

◉**確信**　密教をその他の宗派の教えと区別した、いわゆる密教は顕教に対して優越するという主張はたびたび空海の言動に現れます。著作十住心論で密教を最高とし、その他の仏教を下位とする空海の主張は極端で目を疑います。空海が密教の優位性を強調するのはそこが彼の教義の核心であるからです。

顕教密教の違いでも空海はこう述べています。顕教の教えは人々の迷いや汚れをはらうために説かれていると評価はしますが悟りを得るためには浅い教えだとします。それに対して密教は悟りと共に真実の教えが心の扉が開かれるがごとく即身に現れ悟りが開けると主張します。即身成仏にも長い修練期間は必要だが、一旦心の扉が開け曼荼羅世界に入ることができた修行者はこの身このまま即身に仏になれます。即身成仏が密教の悟りの最高到達点である以上、顕教密教の違いを明確にしないのでは真言密教は成り立たないと考えるのが空海の立場です。

では空海の密教では知恵のある者や厳しい修行に耐えた者のみでしか即身成仏できないのでしょうか。空海は人間一人一人が他の者が持ち合わせていない優れた能力を持ち合わせていると考えます。すべての生きとし生けるものの姿は大日如来から派生し同一であり唯一無二と考えます。十住心論の中で空海は天、人、修羅、畜生、地獄の者でさえいずれも仏になれると説いています。この考えは他の宗教では想像もしない革新的な考え方です。この特徴は空海以前の初期密教から流れている思想です。

現代は宗教間の論争はなるべく避けようとする時代です。宗教は各個人のアイデンティティの核心部分ですので宗教間の対立は非常な怒りと憎しみをもたらし社会を動揺させます。しかし空海は敢えて密教顕教の違いを取り上げ冷静に論拠を示しながら教学を構築したことは見事です。言葉の力で自身の教学を明確に示し、対立や困難に立ち向かう空海の姿勢は、何事も無難に過ごす現代人にはない力づよさが感じられます。

（長崎勝教）

顕密

勝義勝義　廃詮談旨　聖智内證　一真法界　体妙離言等とは　是くの如くの絶離は即ち是れ顕教の分域なり　いわく因位の人等の四種の言語みな及ぶこと能わず　唯《ただ》し自性法身のみ有《い》ます　如義真実の言を以って能く是くの絶離の境界を説きたまう　是れを真言秘教と名づく　金剛頂等の経これなり（二教論上）

【勝義勝義、廃詮談旨、聖智内證、一真法界、体妙離言という表現は、世間から離れた仏界を表現した語句である。これらは顕教の説明であって、求道者では理解ができない。ただし、大日如来のみが真実の言葉で仏の世界を説く。これを真言密教といい、金剛頂経や大日経が説いている】

◉**根拠を示す**　お大師さまの著作の中で『辯顕密二教論（二教論）』『秘密曼荼羅十住心論』『秘蔵宝鑰』は、教判の書物です。教判というのは、教相判釈の略で、広辞苑には「諸経典を内容・形式・説法の順序などに従って、その教えの特徴や優劣を判定したもの」と書かれています。

この名言は、『二教論』の一節です。お大師さまは、新たに真言宗を開くにあたり、従来の仏教の法相、三論、華厳、律、倶舎、成実、天台の各宗との違いをあきらかにするため教判の書物を著わされました。真言密教と従来の顕教と対比させながら、真言密教の優れている点が明確に論述されています。

そもそも教判とは、インドで違う時期に成立した経典が、中国で同時に翻訳されたため、中国仏教では、それぞれが見出した「これこそが究極の教え」であるということを正当化するために、教説全体を体系的に分類して整理することがおこなわれ、中国仏教の伝統をひく日本でも行われたのです。

数ある経典の中から、都合のよいものを見つけ出し解釈をどんどん広げるなら、それは、仏の教えの真意を明らかにしたとはいえません。やはり根拠が明確であることが真正性を担保するのです。優位性を強調したいために逆説的解釈や都合のよい解釈を用いるなら、それは仏教ではありません。少なくとも正統性はありません。

お大師さまは『二教論』に、根拠を列ねて示すので、後に真実の仏法を学ぼうとするものは読むように書かれています。教判の書は、真言密教の真髄です。読下しや現代語訳のものが出版されていますので一読をおすすめいたします。

（森堯櫻）

顕密

諸の顕教の中には四大等を以て非情となす　密教はすなわちこれを説いて如来の三摩耶身となす　四大等は心大を離れず（即身義）

【一般仏教では物質には心がないと説く。しかし、密教は物質も仏の形とする。物質は心と無関係ではない】

◉ありとあらゆるものは独りでは存在しないし心を離れて存在しない　私達凡夫は、一つ一つの物に拘って物事を考える傾向があります。あの人は良い人。この人は背が高い。あの品物は高級。この品物は粗悪。あの人の頭は良いが心は悪い。あの人の足は速い。などと自分の都合に合わせて部分を取り出します。そして通常では例えば月に心があるとは思いません。月は岩石の固まりですね。月に心はないでしょう。心が有ったら、泣いたり笑ったり何かをしようとしたりしますから。

しかし空海様は月にも心があると言われます。「色すなわち心、心すなわち色、無障無礙なり。智すなわち境、境すなわち智、智すなわち理、理すなわち理、無礙自在なり。能所の二生ありといえどもすべて能所を絶せり」と。

もしも月をこの世界から取り出そうとすると、まず太陽系から分離せねばなりません。次に月を取り出そうとすると月を見ている私から分離する必要があります。でもそれは出来るようで出来ないのです。頭では出来ますが実際には出来ません。頭の中ではいろいろな操作ができます。その操作の段階として、月とは何であるかとか地球と重力で繋がっているとかの知見が要りますが、その知見は科学やその発展と共に推移します。

仏様はその真の姿を知っているかもしれません。それを真如といいますが、私達は直感することは出来ません。あくまでも仮説なのです。そして何よりも見るということは心の働きです。凡夫の心の働きは識といい、如来の智といいます。智慧によって見るとき、月は心を持つのです。真実は智を含みます。すなわち月の真実は智を含まなくては存在として確定できないのです。仏教ではこの世は智慧の世界です。智慧の世界ではあらゆるものは智慧そのものなのです。

（加藤俊生）

大乗空観の猛火は人法執着の塵垢を焼いて遺余あること無けれども　三密の不損は猶し火布の垢尽きて衣浄《きよ》きが如し（吽字義）

【大乗の空観は徹底的に執着の垢を取り除く教えであるけれども、しかるに、仏の活動は垢が全く付着していない衣類のようなものである】

◉**座禅**　「空観《くうがん》」は、すべての事物は本質をもつ実体として存在しているものではないという真理を認識することという意。「人法」は、人とその人の説いた教えの意。「執着」は、一つのことに心を囚われてそこから離れられないことの意。「火布」は、火に焼けば垢のみが消去されるという中国の火林山にいる「火光獣」のもので織った布の意。

教えを聞いて学び、その事象を見聞あるいは体験し、「なるほど」と納得することによって悟りを得たような気分になり、心が豊かになったと思うかもしれません。しかし、人間社会においては人との関わり方が大切であります。行動、行為や言葉遣いやそれを司る正しい心（意）が大切です。仏の活動とは菩薩行である。つまり、自分の事はさておき、他人を優先する心が大切だと言っているのです。

高野山金剛峯寺ではご参拝の方々を対象に「ちょっと一息阿字観体験」という真言宗の坐禅体験を行っています。私はその体験のお手伝いをさせて頂いています。体験参加者は信者さんや観光で訪れた方々が主です。

以前に体験された方が、「前に、京都の臨済宗のお寺で座禅会に参加した事がありました。その時は説明を聴いて坐禅に入り、黙って瞑想に入りました。途中で気を抜いたのか雲水に警策という棒で肩を叩かれました。

坐禅を終えて何となくスッキリしましたがそれだけでした。今日の阿字観は説明を聴いて呼吸を整える事、吐く息、吸う息を意識して、『アー』という声を出して『大日如来』と一体となる体験をして、生かされている命という実感を頂きました。今までの自分を振り返り、この命を世の為、人の為に生かしていこうと思います」と話して下さいました。

心を整える瞑想、座禅を通しても密教と顕教の違いを知ることができます。

（糸数寛宏）

顕密

密意《みっち》を解せずして小を得て足んぬとす　己有《こう》を識《さと》らず　貧これに過ぎたるはなし　塵刹《じんせつ》の海会《かいえ》は即ち是れ我が宝なり（吽字義）

【秘密の極意を理解しようとはせずに小さな教えで満足している。心の中の無数の仏を知らないことほど貧しいことはない。諸仏の世界こそ私の宝庫である】

◉悠久なる神仏の存在を知る　多くの人々は、目に見えないものに対して恐れや不審を抱くことがあります。見えていないと不安になるからですが、我々の目に見えているものは、全宇宙の約四パーセントにすぎないことがわかっております。そんな不確実な現象だけを真実と認めることは、間違っているわけです。この世の殆どのことが目に見えない力によって成り立っているわけです。だからといって大きく恐れることはありません。その力は、良きものもあり悪しきものもあります。その良きものの最たるものは、神仏です。

神仏の世界は、普通の人々の目には見えません。それゆえ神仏に対する信仰として、恐れや不安から崇拝、入信する事が多いのです。神仏の世界が本当に存在するのかが不審です。しかし実際には確かに存在するのです。仏教も神道も神仏の存在を信用させようと様々な方法を顕示しております。一神教であれば、唯一の神を信仰します。浄土真宗なども唯一、阿弥陀様を信仰します。しかし密教の場合は、多数の神仏を信仰します。

四国遍路や西国巡礼などに何度も参拝すると、目には見えなくても神仏が明らかに顕現することを実感します。それは理屈ではありません。体感するわけです。何も札所巡礼に限ったことではありませんが、何度も寺社に参拝することにより明らかなものとなります。しかも実際には多くの神仏が存在します。

現在、世界は物質に溢れ科学文明が発達しております。しかしながら目に見えるものは、必ず消え去っていく運命です。かえって神仏の世界のみが古来、悠々と流れて人類が入れ替わっても存在し続けるのです。正しい信仰を持ちましょう。現世の流れに惑わされず、深遠なる神仏の世界に触れることによって本当の悠久なる命を知り、自らの人道が必ず潤色されます。

（後藤瀞興）

顕密

如来の説法に二種あり　一には顕　二には秘　顕機の為には多名句を説き秘根の為には総持の字を説く（心経秘鍵）

【仏の説法には顕教と密教の二種類ある。顕教は多くの文章を用いて説くが、密教は短いダラニを説く】

◉**言霊**　僧侶の葬儀に参列致しますと、ときに聞き慣れない故人の法名を聞くことがあります。僧侶の名前は僧名もしくは法名とも呼ばれますが、古くは普段使う名前を「仮名」と言い、師匠もしくは死後に使われる名前を「本名（諱《いみな》）」と言います。諱つまり忌名である「本名」にはその本人への強い影響力が生じると考えられ、生前中は決して師匠以外は用いず、本人も口外することはありません。このように日本人は、古来から「ことば」を「言霊」といってことばの持つ不可思議な力を畏れ慎んだのです。

ひとは気息によって声帯に「響き」が生じます。それを「声」と呼ぶのです。物の意味は、その示す物の実体に対応した「ことば」で言い表します。「声」によって発せられた「ことば」は、聴覚で聞くことができます。聞いて感じ物の意味を理解できるようになります。漢字などの「文字」が伝播される前の日本人は、まさに「文字」がなくても「ことば」によって文化を創造していたのです。世界各地の古代文明が発展してくると、「ことば」だけでは記録し文化を残すことができませんでした。そこで「声」を表す記号として「文字」が創られます。「文字」を読むことによって物の意味を理解できるようになったのです。そして次第に「文字」自体が神聖化されていきます。そのひとつが「梵字」です。「梵字」で書かれた「真言陀羅尼」は、最も端的に物の本質に迫り、物の実体を如実に明らかにします。

「真言」とは梵語の「マントラ」で「(神秘的な力を内在した)真実のことば」の訳であり、「陀羅尼」は「総持」といって集中して唱えるとことを意味します。

例えば、「オン　アボキャ　ベイロシャノウ　マカボダラ　マニ　ハンドマ　ジンバラ　ハラバリタヤ　ウン」という「光明真言」をお唱えします。二十三字にウン字を加えて二十四字の「梵字」で構成されるこの真言は、神聖な「梵字」で記された真摯に大日如来の救いの光明を願う「声」であり「ことば」なのです。

(瀬尾光昌)

顕密は人に在り　声字は即ち非なり（心経秘鍵）

【顕教と密教の違いは、読み取る理解力にあって、経文の語句にあるのではない】

◉**人生山あり谷あり**　たとえ兄弟といえども考え方が全く違います。他人では尚更で同じ人生は歩めません。なのに「何故、私の言うことがわからないのか」と言い、更に「あいつは変わってるわ」と決めつけて自己肯定に落ち着き、狭い世界のまま扉を閉じます。

この文では、同じ経文なのに読む人の理解力によって捉え方が変わってしまい、或る人は文言を理解し未熟な自身を奮い立たせようとし、また或る人はその言葉の深いところを感じ取り確認した上で実践的な行動をとる、その違いです。

前者は、経文の書いてあるとおり行いを改め、長い時間をかけて理想の自分になろうとします。言うなれば、経文依存になっています。まるでマザコン的感情に囚われてその枠から出た行動が悪であると決めつけて、ややもすると他を攻撃しかねません。

頭でっかちでは中途半端になりがちです。後者は、深い知識や経験、洞察力を以って即時理解し、社会活動の中で経文の内容を実践していきます。先祖様や両親からいただいた智慧を旨に時代に即応した行動は、周りに安心感を与え、より大きな波紋を残します。ですから仏様の智慧であり慈悲心に溢れた経文内容を社会実践のなかで繰り広げられたならば、その包容感と共に深く心に響きます。

お大師様は、幼き頃から学問に励まれ、十八歳からは学問だけでなく山岳修行にも取り組まれ、その上で実践的な密教経典『大日経』を感得されました。生まれ持った非凡な才能とはいえ、お大師様とて生まれてすぐにすべてを理解しえません。雪あかり蛍の光の下で勉学され、足に錐を刺して睡魔と戦われました。生家の地位も高くありません。大変なご苦労も多々ございましたでしょう。そんな中でも一つ一つ真摯に向き合われ、一段一段階段を登られたことが想像出来ます。

人生山あり谷あり、ひと山越えたと思えばまたひと山、入り口から出口へ浅きから深きへと幾重にも重なり合っているのが人生行路です。振り返ってみればなんと頑張ってきたことでしょう。どうぞご自身を誉めてあげて下さい。だからこそ、経文を深く読み取れて、他の心に寄り添った実践が出来るようになれるのです。

（大塚清心）

顕密

一切如来とは顕密二の意を具す　顕の義は十方三世の一切諸仏を一切如来と名づく　是れすなわち各各の衆生　如実の道を修して去って正覚を成じ来りて衆生を化するを如来と名づくなり　密の義は五智の仏を一切如来と名づく　一切の諸法を聚《あつ》めて共にして五仏の身を成ずるが故に　この五仏はすなわち諸仏の本体諸法の根源なり　故に一切如来と名づく（金剛頂経開題）

【如来には顕教と密教の意味がある。顕教の如来は、十方三世の諸仏を指し、それぞれの衆生が教えの通りに修行して悟りを得た後に衆生済度する如来である。密教の如来は、五智の仏そのものを指し、すべての教えを納めて完成した諸仏の本体であり、根本であり、すべてが総合している如来である】

◉次元の異なる仏さま　ウルトラマンという特撮テレビドラマがあります。M78星雲という地球外の途方もない宇宙の彼方からやってきて、地球人の男性に憑依《ひょうい》し、危機があれば変身し地球人の私たちを救ってくれるヒーロー物語の嚆矢《こうし》でしたね。西方十万億土の極楽浄土から臨終の人を迎えに来られる阿弥陀如来と共に、南無観世音と称えるだけで困難から救って下さるイメージと重ねるのは不謹慎でしょうか。

少し話を変えましょう。お釈迦さま亡き後、保守派のお弟子さんたちは弥勒尊者が未来に仏となられるまで無仏の世が続くと考え、進歩派の方々は過去にも未来にも、ましてや今現在にも仏は誕生し続けていらっしゃると考えたそうです。この進歩派の流れを受けて大乗仏教が生まれた、と言われます。大乗仏教では悟りを目指す主体を個人中心の出家主義から大衆中心の在家主義にシフトを変えたのです。この大衆（一切衆生）が成仏したのを「一切如来」と名づけたものと想像します。その大乗仏教の中でもスタンダードな顕教とスペシャルな密教が生まれました。仏教の門を叩き、発心、修行、菩提、涅槃、方便と順（迷いから悟りへ）を追って仏を目指すあり方は、学校で先生の指導のもと生徒たち（因位）が集う「教室」のイメージが顕教。いろいろな科目（国語・算数・理科・社会等）別に担当される先生方（果位）が集う「職員室」のイメージが密教のマンダラ世界で、スペシャリストの世界に相当するのではないかと考えます。元来「職員室」とは先生の単なる控室ではなく、スペシャリスト（仏）として生徒に開かれた救済の空間（マンダラ）であるべき姿のはず、と考えます。（山田弘徳）

二乗三乗の車は機に随ってしかも授け　顕教密教の筏は器に任せてしかも施したもう（平城灌頂文）

【小乗、大乗、声聞、縁覚、菩薩の教えは、相手の素質によって授けられる。顕教と密教も素養によって与えられる】

◉顕密は人にあり

弘法大師は、『十住心論』で人間の心のレベルの段階を十種類に区別されました。最高位の秘密荘厳心は、真言宗の立場です。

ある芸人さんが、てっぺんを取るぞと言ってきましたが、この世的な地位とかお金のことを言っていると思います。本当のてっぺんを取るとは、心中の宝物を発見し、すべての生命は一つにつながっており、全体と個とが一体であることを悟ること、それがてっぺんを取るぞという言葉の真意だと思います。

即身成仏することで、仏界から無間地獄まで把握して一望することができると思います。

修行大師様の姿を拝見していますと、心が洗われます。人生は遍路なりとも言いますが、まさしくその通りで、油断をするとストーンと下に落ちてしまいます。しかし、人間は輪廻転生をしてきて、今世があります。前世でたくわえた徳を誰しも持っていると思います。

『十住心論』では、第一住心である異生羝羊心《いしょうていようしん》は、凡夫の心です。本能のままに生きる心です。第十住心の秘密荘厳心は、弘法大師の心です。

弘法大師を学ぶことは、密教を学ぶことです。前世からの因縁で、密教に出会えた人は、大変しあわせです。密教では、すべての人間に価値を見出します。

機根は、様々で第十住心まで行く人と第九住心までしか行けない人とあります。第九住心と第十住心の境地には、大きなカベがあります。

人間には誰しも無限の可能性があるけれども、大師が十住心を説いても、第一住心で生涯を終える人もあれば、第三住心、第八住心、第九住心と様々です。やはり自分を作ることが大切です。毎日が勉強、毎日が青春とある人が言っていました。刹那、刹那が大切で、一瞬、一瞬を大切に生きましょう。

（堀部明圓）

顕密

牛羊に策《むちう》って道に趣くときは久しくして始めて到り　神通に駕して跋渉するときは　労せずして至る（性霊集二　恵果碑）

【牛や羊に乗って仏道を進めば長時間を要するが、しかし、神通力の真言密教に乗れば苦労をせずに悟りへ到達することができる】

◉良き教えに出逢う　この聖語は、お大師さまが唐の国、長安青龍寺で密教を授けていただいた師僧である恵果阿闍梨の顕彰碑の文言です。良き教えに出会えた喜びが文面からひしひしと感じられます。仏教には顕教と密教があります。顕教では悟りを得るのに長時間の修行が必要ですが、密教は秘密の修法を行えば神通力により一瞬で悟りが得られるのです。このように素晴らしい教えにも一つ難点があります。それは良師に出逢わなければ秘密の修法を教われないということです。

お大師さまは東大寺盧舎那仏に参籠されて啓示を受け、久米寺の塔で大日経を発見されました。このお経に書かれている教え、すなわち密教を学ぶため遣唐使船に乗り、遥々唐の都へ渡られて青龍寺恵果阿闍梨とお出逢いになり弟子となられたのでした。

近年、師弟関係は珍しくなりました。宗教以外では落語や歌舞伎等の芸能関係、伝統工芸などの職人さんの世界に残っている位でしょうか。自分にとっての師匠とは、尊敬し教えを乞う対象者の事であります。ですから師匠は一人とは限らないのです。現にお大師さまも剃髪の師匠（得度の師匠）は槇尾山施福寺の勤操大徳であり、付法の師匠（密教を教わった師匠）は恵果阿闍梨と高名なお二人に師事されています。

かく言う私にも師匠は複数人おります。剃髪の師匠、付法の師匠、御詠歌の師匠、阿字観の師匠、法話の師匠です。いずれの師匠にも大変お世話になりながら未だ恩返しも出来ずに日々心苦しく思っています。今振り返れば剃髪の師匠以外は高野山でお出逢いした方ばかりです。師匠方は等しく見ず知らずの私を快く迎えて下さり、余すところなく奥義を教えて下さいました。私が高野山へ修行に行かなければお会い出来なかった方ばかりです。

「学ぶ意思を持って動くこと」。良き師と良き教えに出逢うためには固い意志と行動力がとても大切だと思います。

（亀山伯仁）

顕密

爪章髪論《そうしょうはつろん》は冥《はる》かに絶えて涯《かぎ》りあり　鳳斗龍言《ほうとりゅうげん》は糟迹《そうせき》　逮《およ》ぶこと無し　あに若《し》かんや乗蓮の珍長　三椎《さんつい》を撥《はら》い去《さ》け　孕日《ようじつ》の輪王　一路を搴《かか》げ示すには

（性霊集六　桓武達嚫）

【インドの外道や中国の儒教、道教などの書物は、法華経の一片にも及ばない。ましてや蓮に坐り光明を放つ仏の教えとは比較すべくもなくかけ離れている】

◉光明真言の光　仏の智慧を光と喩えているのか、目に見える光なのか、転輪聖王に於いては両方なのでしょうが。

法事を始めようとしますと、正面に男の子が座りました。白いシャツに半ズボン。保育園の制服のようです。可愛い声で年長になったばかりと言います。本来なら、そちらの親御さんが、失礼のないようにと奥へ連れて行くのでしょうが、その様子もありません。施主のお爺さんと親戚の方々、三回忌を迎える写真の中のお婆さんも、何にも言いません。大人しいので、そのまま始めました。

法事を修め、「お利口だね」と声をかけると、「神様でしょ」と答えます。一同爆笑。「お坊様じゃ。仏様の方じゃ」、親戚の叔父さんが言います。「いや、神様じゃ！」と譲らないので、またまた爆笑。片道十分程のお墓参りも、ずっと傍らで保育園のことやお友達のことを話しかけてきます。ずいぶん馴れたものだなと感心しておりました。

夕方、お爺さんが、お寺へ御礼に来られました。「今日は、不思議でした。いつも無口な孫が喋って。あんなに話す孫は、初めてじゃ」「いやぁ神様って、照れましたよ」「そうじゃ、それ、なんで神様じゃって訊いたら、手を挙げて拝んだ時、光が出たんじゃて。キレイじゃったって。ホンマかのう？」

習慣で、光明真言という御真言をお唱えする時、掌を開き軽く右手を挙げます。手を挙げて拝むのは、そこしかありません。光明真言のイメージは、二つ習いました。一つは、背中から五色の光が発せられているように。もう一つは、五本の指から五色の光を発するようにと。イメージはしておりますが、実際に光を見たことはありません。それを子供が見たのです。正直、嬉しくなってしまいました。それ以来、自信を持って光明真言を唱えております。けれど、光を見たという報告はありません。

（吉田宥禪）

顕密

如来の説法に二種の趣《おもむき》あり　一には浅略趣　二には秘密趣なり　浅略趣とは諸経中の長行偈頌これなり　秘密趣とは諸経中の陀羅尼これなり（性霊集九　宮中御修法）

【如来の説法には浅略と秘密の意味がある。浅略とは諸経典の経文と詩であり、秘密とは経文に挿入されているダラニを指す】

◉行間を読む　よく「行間を読め」と言われます。それは、そこに書かれている文章から、筆者が本当に伝えたいことを読み取るということで、国語の授業などで聞いたことはないでしょうか。

心療内科の先生から聞いたことがあります。これこれこういうことで悩んでいるとやってきた患者の話を聞いていると、問題は相談してきた内容ではなく、全く別のことだった、といったことです。その話を聞いて、私も思い当たることがありました。

ある日、そうしたことを仕事にしている友人と、世間話を色々していくうちに、自身のこれまでの経験を話したことがあります。その中で、自分が辛かったこと、それも二十年以上も前の話をした時のことです。友人は、「そのことが、ずっと心に残っていたんだね」と私に告げました。

私自身、友人のその一言でハッと気づいたのです。自分の中ではもう終わったこと、過去のことなのでもう忘れていたこと。でも、ずっと心の中で澱《おり》のように残っていて、そのことが嫌で嫌で、だから敢えて忘れていたことだったのだと。

自分ではもう切り替えたと思っていたはずなのに、実は未だに残っていたのです。そのことを気づかせてくれた友人には、とても感謝しています。そうやって指摘してくれたことで、やっと自分の中で消化することができたからです。

この経験から、私も人の話を聞くときには、本当に伝えたいことはなんだろう？と注意するようになりました。見かけや、言葉遣い、また言い方によって印象は全然違ってきますが、その人の本質を見抜き、適切なアドバイスができるように努力していこうと今も思っています。まぁ、難しいことなので思い通りにはいきませんが。みなさんも、一度そういうスタンスで話を聞いてみてはいかがでしょうか。（中村光観）

顕教とは報応化身の経これなり　密蔵とは法身如来の説これなり（性霊集九諸有縁衆）

【顕教とは大日如来から派生された仏菩薩の教えであり、密教とは大日如来そのものの教えである】

◉登頂した瞬間に変わる意識　例えば富士山に登ることを想像してみてください。何合目から登るか、どのルートから登るか、何合目で休憩をとるか、何時間で登るかといった行程、先達や同行者の有無、それにあわせた装備など、経験者の先導やガイド本などを頼りに人それぞれの登り方があります。何のために登るのか、頂上に着いてからどうするかは人によって違いますが、登りきることに集中していた意識は、到達したとたんにおのずと変わります。途中の苦労すらもすべてよき思い出に変わります。また、頂上で実際に参拝や眺望撮影やお鉢巡りなどをして全身全霊が打ち震えるほどの感動を経験した人と、映像や本によって想像する人との間にはやはり大きな差があるように思います。そこには体感した者にしかわからない感動が確かにあるのです。

私自身、かつて富士山頂に登り、その感動は今も心の中で鮮やかです。

同様に、仏さまは、私たちが自らの本質に気づけるようにいくつものルートや目印や足がかりやご褒美などを用意して導いてくださっています。もとより釈尊の覚りは深遠で、これは深遠すぎて誰も理解できるものはいないとして釈尊がそのまま涅槃に入られようとした所を梵天による勧請《かんじょう》で引き留められたと伝えるほどのことです。

その深遠な法を言葉で表現するからには、学校に小中高校の別があるように、時代や地域や言語特性だけでなく聞き手の能力を考慮しなくてはなりません。

多数の仏さまの中、誓願に基づいた修行の果報を具えた仏さま（報身）がその姿で説くことばと、相手に応じた身近な姿で現れた仏さま（応身）が説くことばが同じ表現でないのは当然の話です。また、肉体をもった釈尊（色身）が説法を繰り返す中で、人々の理解が深まり、釈尊と同様に、仏の智慧によって観じられた深遠な法そのものを仏さま（法身仏）として感得できるものも現れました。山を登るルートは異なっていても頂上は一つで、登りきった瞬間に意識が変わるように、深遠な法を直観し、法身仏の説法を直ちに観じた時、私たちの全身全霊はそのまま仏そのものになるのです。

（中原慈良）

顕密

伝法の聖者秘を知らずして顕を伝うるに非ず　知って相譲る　良《まこと》に以《ゆえ》あり

（性霊集九　諸有縁衆）

【仏法を伝える聖者は秘法の密教を知らずに顕教を説いているのではない。時機が熟していないことを知っているから、あえて説いていないだけである】

◉奈良時代にも密教はあった　密教というと、弘法大師が日本にお伝えになったものという見方が一般的ですが、実際には奈良時代にかなり伝わっていました。有名なところですと、良弁や道鏡といった僧侶が密教呪術を使っていたことが知られています。

道鏡は政権に食い込んで政治的な混乱を巻き起こしましたが、密教に由来する呪術力を背景にしていた可能性は高いと思います。この時期の密教は古密教といわれるもので、まだ曼陀羅や明王像はなく、十一面観音や千手観音などの多面多臂《ためんたひ》（顔や手がたくさんあるという意味）の観音像、憤怒の形相をしている菩薩像、薬師如来像や吉祥天像など、平安時代以降の密教像とは一線を画した独特な仏像が作られています。

また、密教の法具としても鋭角的なデザインのものが多く、本当に銛《もり》のような形状をしている三鈷などが残っています。お大師様も中国にお渡りになる前に、すでに密教の一つである虚空蔵求聞持法に取り組まれておられます。

では、奈良時代の古密教とお大師様が開かれた真言密教とはどの点が違うのかというと、真言密教の場合、曼荼羅によって世界観が構築されているなど、完成度が大変高いことです。また、奈良時代などは密教の真言（当時は陀羅尼と呼んだ可能性が高い）が伝えられていたものの、読み方が分からないということが多々あったそうです。このことは、私が執筆した高校向けの古典文法書の監修をしていただいた東京大学大学院の月本雅幸教授に教えていただきました。当時は呪術的効果を期待する以上、正確な発音を知ることは何より大事であり、読めないと呪術的効果がないと考えられていたそうで、お大師様が中国でサンスクリット語を本格的に学ばれた理由の一つに、「真言の正しい発音を知るため」ということがある可能性は高いでしょう。お大師様も奈良時代に伝わった密教の存在をよく知っておられたため、今回のようなお言葉を残されたのではないかと思います。

（佐々木琳慧）

大小鑣《くつばみ》を並べ一三轍《わだち》を争う　権実別《わか》ち難く　顕密濫《みだ》し易し　知音に非ざるよりは誰か能くこれを別《わか》たん（性霊集十　泰範啓書／高野雑筆四六）

【大乗と小乗は肩を並べ、一乗と三乗は競いあっている。仮りと真実の教えの判別は難しく、顕教と密教も混同されやすい。仏法を深く知る者でなければ識別することはできない】

◉知ったかぶりをしてはいけない　仏教にはたくさんの教えがあり、お大師さまは仏法を深く知るものでなくては教えを識別することはできないと慎重な態度を取っておられます。一を聞いて十を知った気になってはいけない、知ったかぶりをしてはいけないという戒めを、お大師さまが教えてくださっているように感じます。

私は秋のお彼岸に、戦没者慰霊祭で法話をさせてもらう機会がありました。戦争を知らない戦後生まれの私にとってどんな話にするのか悩みました。戦争体験を綴ったドキュメンタリーや体験談、歴史を記した書籍を買い求めて戦争について知識を深めようとしました。本で読んだ聞きかじりの知識だけで法話をしても、聴衆の心をつかむことはできませんでした。机上の空論では人の心をゆさぶるような話ができないことを痛感しました。

あるとき先代住職の書棚に『シベリア物語』という書籍を見つけました。著者は私も幼いときから知っている檀家さんであり、シベリア抑留から生還した方でした。この『シベリア物語』をもとに法話させてもらったところ、聴衆は「私の父や兄もシベリア抑留されました。残念ながら帰ってきませんでした。もう一度日本の土を踏みたかっただろうと思います」と回想してくださいました。

法話に取り上げさせてもらった御礼かたがた『シベリア物語』の著者本人に話を聞く機会がありました。著者は「本当の、本当のことは本には書けなかった」と言っておられ、戦争を知らない私との隔たりが胸に刺さりました。

「仏法を深く知るものでなければ識別できない」というお大師さまのお言葉は、知ったかぶりをしてはいけないと諭してくださっています。ひとつの物事でも深く知るよう精進し、少しでもお大師さまの戒めを守りたいものです。

（中村一善）

法応の仏は差《しゃ》なきことを得ず　顕密の教なんぞ浅深なからん（性霊集十　泰範啓書）

【法身と応化身には差がある。顕教と密教にも浅い深いという違いがある】

◉〇《ゼロ》を感じ取る

顕教と密教の違いについて説明を求められると、いつも真っ先に思いだされることは「言葉に表されたものを理解するだけでなく、身体や心で感じることも大切」という表現です。

悟りとは「自然との一体化」と、私は今のところ理解しています。ただ、この「自然との一体化」、自分自身が自然の中に溶け込んでいくイメージは湧いて来るものですが、正直なところよくわかりません。

よく世間では「我を捨て去ることで得られる自然の木々と会話ができる程の境地」みたいなことも聞いたりしますが、それはそれでなんか漫画的でピンときません。またれは「結局この三次元世界において、言葉では表現しきれないのでは？」とも言われたりします。

話は変わりますが、数学における「〇《ゼロ》」という言葉。人は感覚として〇を感じることはできても、物質が一から〇に変化する様を証明することは本当にできるのでしょうか。単に人の視力で見えなくなることをもって〇というのであれば、それは可能でしょう。しかし、この場ではそういうことではなく、一という個体を分子・原子レベルで完全にこの地球上、もしくは宇宙から消し去ることができるかということです。

私はよく「悟りとは、感情のグラフをプラスでもなくマイナスでもなく限りなく〇に近づけることなのではないでしょうか」と説きます。ただ、完全に〇になるのは身体が終わりを迎えるとき、つまりこの世を去るとき。だから、身体がある時にできる精一杯のことは、そこにできる限り近づけるということ。もし〇が本当に三次元上に存在するなら、その〇の存在を証明する存在もあってはならないはずです。だから、人は〇を感じ取ることはできても、見ることや証明することはできないと私は思います。

密教とは、言葉で理解するだけでなく、身体や心で感じ取らなければならないより奥深いものなのです。

（山本海史）

顕密

他宗の頓悟を説くと真言門の頓悟と同じとやせん異とやせん　答う頓悟の義同じと雖もその意少しく異なる　問う異る意いかん　答う余教の頓悟は根熟して時を待って頓に大乗に入る　密乗の頓悟は初心の凡夫この生に證悟するなり（雑問答四）

【頓悟の意味は、他宗と真言密教では異なっている。その相違点は、他宗の頓悟は修行が熟練した後に大乗に入るけれども、密教では初心の凡夫がこのままで悟ることができる】

◉**結縁灌頂のすすめ**　高野山では毎年五月と十月に結縁灌頂という儀式が開壇されます。結縁灌頂とは、一般の方に真言密教の儀式を体験していただき、真言密教の教主である大日如来さまと親しくご縁を頂くという儀式です。毎年多くの方々が入壇を目指して登嶺されます。中には毎年入壇されている方もおられます。入壇前の荷物預り所や出口でのご朱印授与は高野山高校生がいつもお役目を頂いております。私はその引率で気が付けば二十年以上出仕させて頂いております。この本を手に取って読んで下さっている方の中には結縁灌頂に入壇されたことがある方も多くおられるでしょうから、高校生に荷物を預けて頂いたり、ご朱印を受けて頂くなど関わって下さった方もおられるかもしれません。

結縁灌頂に出仕させて頂きますと、いつも感じることがあります。入壇前の方々と、儀式を終えて出て来られる方とは明らかに変化していることです。もちろん入壇前の緊張と入壇後の安堵や達成感が表れているのでしょう。ただ、言葉で言い表すことができない変化を感じます。入壇された方も同じように感じられていることでしょう。灌頂という儀式の中で僧侶の読経に囲まれながら神秘的な仏の世界を体験しますと、心の中の仏が開顕するのです。

冒頭のお言葉は、お大師さまが他宗との違いを問答されている中の一文です。当時の仏教は学問中心でしたので、学問で仏教の意義を知り、仏教の境界に入ることも素晴らしいことですが、体験によって自身の仏性に気付く体験ができるのが真言密教の大きな特徴だといわれています。

真言密教を体験する機会として高野山の結縁灌頂に是非ともご入壇下さい。お大師さまのお言葉の意味をより肌で感じて頂けるでしょう。

（富田向真）

顕は密の意を知らず　密の方便深密にして量り難きが故に（雑問答一〇）

【顕教は密教の真意を知らない。密教の教えは奥が深く計り知れないからである】

◉密教のすばらしさ　インドの仏教史上、最も遅くにできあがったのが「密教」と呼ばれる教えであり、逆にいえば、インドの仏教史上、最も発展した教えが「密教」です。

その教えは、師から弟子へ、さらにその弟子へと、連綿として口伝えで伝承されながら、インドから中国へ伝わり、そして、弘法大師によって日本へと伝えられました。弘法大師は、密教以外のそれまでの一般的な仏教を「顕教」と呼び、顕教に比べて密教が優れている点を、四つにまとめて示しておられます。

第一は、密教では、歴史上の人物であるお釈迦さまや、極楽浄土にいらっしゃる阿弥陀さまが、言葉によって教えを説くのではなく、宇宙の真理そのものを身体とする、時間や空間にとらわれない大日如来という仏さまが、風の音や花の匂いなどの森羅万象をとおして、直接に説法するということです。

第二は、顕教において表現不可能であるとされる悟りの世界を、密教では、仏画や法具などの象徴を用いて、目に見えるかたちで表現するということです。真言宗のお寺にお参りすると、極彩色の曼荼羅が祀られ、たくさんのきらびやかな法具が並べられていますが、それらによって、悟りの世界がお堂の中に再現されているのです。

第三は、悟りに到達する時間が速いということ。顕教では、完全な悟りの境地にいたるには、何度も生まれ変わりを繰り返しながら、とてつもない長い時間をかけて修行を重ねる必要があるとされますが、密教では、大日如来の説法を体で受け止めることによって、自分の中に眠る仏としての性質に気づき、即座に悟りの世界を体験できるのです。われわれは、欲や怒りなどの煩悩に邪魔されて、自分の中に隠された仏としての性質に気づけずにいますが、これが、密教が密教と呼ばれる理由の一つです。

第四は、顕教では、言葉や文字をとおして、いわば頭で悟りの世界を知ろうとするため、その一部分しか知ることができませんが、密教では、大日如来の説法を体全体で受け止めることによって、悟りのすべてを知ることができるということです。

（川﨑一洸）

顕密

直《じき》に丸薬等を服すると薬方等を読むのとの如し　遅速浅深あに同にして論ぜんや（雑問答一〇）

【病気治療は、丸薬の服用と、処方箋を読むのとでは治り方が異なる。そのように、密教と顕教とでは、悟りの速さも深さも同じではない】

◉正しい知識と正しい行動

お大師さまは真言密教を学ばれる以前に様々なものを身に付けておられます。もちろん顕教についてもよく学ばれているのです。この一節は「密教は薬を飲むようなもの、顕教は処方箋を読むようなもの」という意味であるのですが、知識の少ない私たちがこの一節を読むと、顕教をさげすみ密教を讃えているように見えますがそうではありません。薬を飲むことも、処方箋を読むことも、同じ目的のための行為なのです。しっかり顕教を学ばれているからこそ発することのできる言葉です。

まず病気にかかったら、お医者さんの専門知識をもって、それが何という病気で、何が原因でかかり、どのような薬が効くかを正確に見定めてもらわなければなりません。お医者さんの一言は実に患者の心を安らげることが出来るものです。その安心感を得てから必要な薬を得て服用するのです。ただ「薬を飲めば治るだろう」と知識のない者が手当たり次第に適当な薬を飲んでも完治しないのです。正確な知識と安心感を得て実践に入るか、知識なく妄りに実践に入るか、それは全く違う行為なのです。

昨今は簡単に専門知識を検索することが出来ます。身体の調子が悪い時にその症状を検索すると、想定される病気が数種類ほど迅速にヒットします。そのうち最も重い病気を閲覧すると、医師の診断をもらう前に「もしかしたら私はこの病気かもしれない」とノイローゼになることもあります。そのまま病院にも行かず、憂鬱な精神状態のまま「自分は重病だ」と思い込んでしまい、更には「もし病院に行って重病だと診断されたらどうしようか」と悩みを深められている方も多いでしょう。しかしそんな時、思い切って病院に行ってみると、意外と何でもない軽い病気だと診断されることもよくあるのです。第一歩を踏み出す僅かな手間が煩わしいものです。正しい知識に導かれて正しい行動をするということは実に単純で明瞭なことですが、なかなか実践できません。勇気を出して第一歩を踏み出してみましょう。

（大瀧清延）

自受他受　随自随他　理相融ずと雖も浅深なきに非ず　顕密の旨自らこれを覚るべし（雑問答一九）

【悟りを開く方法は様々にあり、仏と行者の関係に共通点はあるけれども、しかし教えに浅深や顕密の違いがあることを知るべきである】

◉生みの苦しみ

我が家には三人の子供がいますが、一人目は普通分娩。二人目、三人目は帝王切開で産まれました。帝王切開ですと、お腹にメスを入れますから、部分的にではありますが、麻酔をかけるわけです。

二人目のお産の後、病室で妻と面会し、私が子供を抱き上げながら能天気に「帝王切開だと麻酔で痛みが和らぎ、普通分娩よりお産も楽だったのではないか？」と言いますと、「お腹を切ると後の痛みがどれだけ大変か！　お産はどんな方法でも命がけだ！」と、妻の逆鱗《げきりん》に触れてしまいました。確かに医学が発達した現代においても、お産、産みの苦しみは命の危険を伴います。まさに切腹ものの失言でした。

さて、その我が子の出産でもお世話になった麻酔ですが、今もってなぜ麻酔によって人が眠りにつくのか？　そのメカニズムは解明されていないそうです。しかしその原理は不明でも、麻酔による手術は多くの人々の命を救ってきました。

日本では江戸時代に外科医の華岡青洲《はなおかせいしゅう》が、世界初の全身麻酔による手術を成功させましたが、そこに至るまでには数多くの苦難がありました。麻酔の開発にはどうしても人体実験が必要で、その実験台を青洲の家族が申し出て、母の死、妻の失明という犠牲により、麻酔薬「通仙散《つうせんさん》」を完成させたと言われます。まさに生みの苦しみによって、医学の進歩が成ったということです。「通仙散」もそうですが、壮絶な体験によって生まれた知識は重みが違います。

しかし、壮絶さや大発明とは縁のない、日常の小さな事でも自ら体験し得た知識は、聞きかじっただけのそれとは違い、より深いものになると思います。よく自分も痛い目に遭って、初めて他人の痛みが理解できたという事が言われますが、物事とは自ら体験し、気付いて、初めて得られるものなのだと思います。

私も、学ぶ時には、なるべく体験を。そう思っています。

さすがに、お産の、産みの苦しみは難しいですが。

（穐月隆彦）

三蔵告げて曰く　吾が百年の後汝この両部の大法を持して　仏法を護持し国家を擁護し　有情を利楽せよ　この大法は五天竺国に太《はなは》だ見ることを得難し　一尊一部も得易からず　何《いかに》いわんや両部をや（付法伝第二）

【不空三蔵は恵果和尚に伝えた。私の死後はこの両部の大法を永く伝えて仏法や国家を護り、人々の救済に努めよ。この大法はインド全土でも見難く、一尊一部を得ることさえも難しい。ましてや両部を得る困難は言うに及ばない】

◉密蔵のともしび　絹の道として知られる交易路シルクロード、中国の長安と西域をつなぐ長く険しい道は、仏教の法をつないだ伝法の道でもあります。インドから遥か東の国日本までつながったさとりの風景はどのように広がったのでしょうか。

理趣経という経典の中に百字の偈という百文字の詞があります。「菩薩勝慧者」、すぐれた智慧を持つ菩薩はという句で始まるこの偈文は、命尽きようとも生まれ変わり永遠に世に尽くす為、自らはさとりの境地である涅槃に留まらないという一節から始まります。三蔵法師として有名な玄奘三蔵が命がけで西域に法を求めた旅の途中、深沙大将という鬼神が現れます。その鬼神は七つのドクロの首飾りをしていました。そのドクロはすべて玄奘のもので、前世代々僧侶として仏法と経典を求め西域に向う玄奘の命をその都度奪いましたが、それでも玄奘の仏法に寄せる情熱は前にも増していることに感嘆して悔い改めます。深沙大将は経典を守る神として高野山でも祀られていますが、法を得ることは一代で成すことができないほど大変なのです。

インド出身の僧、不空三蔵は、長安よりはるかインドやスリランカまで行き大法を受法し経典を持ち帰り、その大法を中国人の恵果和尚が受法します。その恵果和尚は日本より来た留学僧のお大師さまに命幾ばくもない病身をおして金剛界と胎蔵の両部の大法を伝授され、その後役目を終えられたかのように数か月のうちに入寂されました。

驚くことにお大師さまが生まれた西暦七七四年六月一五日は、不空三蔵が入滅した日だといわれています。まるで師が生まれ変わって弟子として受法して密蔵をつないだようで、まさに百字の偈の実践のように思えます。そして密教の密蔵は三国伝燈、つまりインドから中国を経て、海を越えて日本へと伝わったのです。

（中村光教）

密蔵

法性身所説の法教　是れを秘密真言蔵と名づく　即ち是れ一切如来秘奥の教　自覚聖智修証の法門なり（真言付法伝）

【大日如来の教えを真言密教という。この中にすべての如来の真髄があり、悟りそのものを行ずる教えである】

◉仏として過ごす　一般的に悟りを得るには、三劫成仏と言い、とてつもなく長い時間がかかるのだと考えられています。

しかし、お大師さまのお開きになられた真言密教は、この身このままで悟りを開く即身成仏の教えであります。そして、真言密教の根本本尊である大日如来と自分自身が一体であることを自覚する教えです。

お大師さまは、仏になる修行をするのではなく、仏つまり自分自身が大日如来として過ごす教えを説かれました。

密教以外の教えでは悟っていない衆生である自分の身・口・意つまり行動・言動・

意識を「三業」と呼び、御仏の身・口・意を「三密」と呼んでおりますが、密教では自身を仏としているので「三業」では無く「三密」と呼んでおります。

そして密教では修行を三密行と言い、仏の行い・仏の言葉・仏の意志を以て日々修行するのであります。

かつての薩摩藩、現在の鹿児島県の島津家中興の祖で、日新斉こと島津忠良公が五年余の歳月をかけ完成させたという四十七首の歌「日新公いろは歌」というものがあります。この「いろは歌」は薩摩藩の「郷中教育」の基本の精神となったといわれています。その四十七首の内の「ほ」の一首は、

「仏神他にましまさず　人よりも　心に恥ぢよ　天地よく知る」。

つまり、仏さまや神さまは、遠く離れたところにいるものではない。自分の心中にいるのです。恥ずべき行動をしたら、自分の良心に恥じなさい。世間は欺けても自分の心は欺けないものですと説かれています。

自身は仏であると意識して、日々の行い、言動に注意してお過ごしください。

（成松昇紀）

密蔵

この法はすなわち諸仏の肝心　成仏の経路なり　国に於ては城郭たり　人に於ては膏腴《こうゆ》たり　是くの故に薄命は名をも聞かず　重垢は入ること能わず（請来目録）

【密教は諸仏の本心であり、成仏への筋道である。国に於ては城であり、人に於ては富である。それゆえに、薄運の人は密教の名称も知らず、迷いの多い人は入門することもできない】

◉順教尼の一生より　高野山奥之院の中の橋を過ぎると、もろ手を合わせた観音様と腕塚の碑が祀られている大石順教尼のお墓に出会います。自ら観音様の姿になってお大師様のお側で御霊を安めておられます。生前、彼女は両腕を失いながらも困難を乗り越えてついにはお大師様の仏弟子となって、社会の障害者のために人生を捧げられました。

さて、順教尼は、明治二十一年に大阪道頓堀で生まれ、踊りの名手として美しい生涯を送るはずでした。ところが、少女として一番輝かしい十七歳の時、惨殺事件に巻き込まれ、命こそ助かったものの大切な腕を切り落とされてしまいました。不自由な身で苦しく困難な日々を送ることとなります。時には人々からの心ない差別的な言葉を浴びせられましたが、毎日を耐え忍びつつ過ごされます。しかし、幼い頃から踊りの稽古ばかりで文字を習えず、読み書きできないことは不遇の身である以上に、深い悲しみでどん底に思えたのでした。そのようなある日、仙台でのこと、小さな籠の中のカナリヤに出会いました。二羽の番は孵ったばかりの雛に餌を与えていました。よくみると、くちばしを使って口うつしで餌を与えていたのです。この時です。「そうだ私にもこの口がある。口に絵筆を執って書こうと思えばいいではないか！」と開眼されたのです。まさにカナリヤに教えられた瞬間でした。すぐさま順教尼は口に筆を執って一生懸命に文字を習い覚えました。そしてお写経をし、絵も描かれました。

順教尼の句、「くちに筆とりてかけよと教えたる　鳥こそわれの師にてありけれ」。

順教尼の謙虚な心の内が偲ばれてきます。後に高野山に登嶺し、自ら進んで求道者として生き、同じような障害の身の方のために生涯を捧げられました。

順教尼は善き縁によって善き道が開かれました。そして一生涯を清貧なる中で過ごし、仏様の大きなお仕事を成し遂げられたのでした。

（阿部真秀）

頓教の中に顕あり密あり　密蔵に於て或は源あるいは派あり（請来目録）

【速やかに成仏する教えの中に、顕教と密教があり、その密教にまた本源と枝葉がある】

◉仏を眼前に見る　お大師さまは中国から請来した経論等について、『請来目録』を著し、自身が受法した密教は金剛界と胎蔵界の両部の根源を究めた教えであることを示しました。

密教は師から弟子へ法を受け継ぐ師資相承の教えです。お大師さまは恵果和尚から師資相承しました。恵果和尚は不空三蔵から師資相承しました。不空三蔵は金剛智三蔵から師資相承して、さらに龍猛菩薩の法を受け継いだ龍智菩薩を南インドに訪ねて、金剛頂経と大日経を究めて、中国に戻り、恵果和尚に師資相承しました。龍猛菩薩は南天の鉄塔を開いて、金剛薩埵から法を受けた初代阿闍梨です。金剛薩埵はお釈迦さまです。お釈迦さまは悟りを開いて、大日如来と一体になりました。お大師さまの密教は大日如来から付嘱される本源であり、これがお大師さまに受け継がれる真言密教付法の八祖の血脈です。付法とは師資相承して法を付嘱することです。付嘱とは師が弟子に教えを伝え、布教を託すことです。

顕教は悟りを開くために三大阿僧祇劫という無限の長い修行の時間を必要とすることを説きますが、密教は金剛界曼荼羅に現れる十六大菩薩の徳を実証して即身成仏を実現します。

私は密教の法の見方について、修行の教えを受ける先生に尋ねたことがあります。先生は十六大菩薩の徳を一つ一つ説明した後、「この穴の開いた筒の手前を本とし、奥を末とした場合、本から末に至る筒の長さが悟りを開くための修行の過程と見るか、もしくは筒の穴を本から末に覗くかだ」と私に話しました。実際に筒を手にして、本を私、末を仏として、私から仏に向かうと見た時、明らかに筒の長さが修行の過程であると思います。しかし、本尊を目の前にして筒を覗く時、筒の長さは関係なく、仏を眼前に見ることができます。私はこの時、深く感動しました。

お大師さまが請来した本源の密教は、仏の姿を眼前に観じる教えです。本尊を自心に招き入れて一体無二となり、即身成仏を実現する教えです。

（細川敬真）

目を驚かす奇観を貴ばず　誠にすなわち国を鎮め人を利するの宝なり（請来目録）

【人目を引くような奇抜な教えよりも、国を護り、人々を幸福にする教えこそ宝である】

◉スピッツ『青い車』　作詞・作曲とも草野正宗。一九九四年発表。

Jポップ界で最も密教的な詞を紡ぐロックバンド、スピッツ。私がそう思うようになったのは、高野山修行時代、弘法大師の著作『即身成仏義』の授業を受けていたときのことでした。文中の「大空位ニ遊歩シテ」という言葉に『空も飛べるはず』や『ロビンソン』の一節を連想した私は、ノートの余白に歌詞を書きつけてみたのです。するとと出るわ出るわ密教的フレーズが。それはもはや「草野マンダラ」なのでした。

例えば表題曲『青い車』。「永遠に続くような掟に飽きたら／シャツを着替えて出かけよう」は永遠不変の原理を脱ぎ捨てて諸行無常に生きる決意の表れのようですし、「そして輪廻の果てへ飛び下りよう／終わりなき夢に落ちて行こう」は生命が切れ目なく循環するマンダラ思想のようでもあります。さらに「生きるということは木々も水も火も／同じことだと気づいたよ」という告白。まさにこの世のすべては大日如来の変化した姿であるとする密教的世界観そのものといっても過言ではありません。

ゆえに「愛で汚されたちゃちな飾りほど／美しく見える光」「つまらない宝物を眺めよう／偽物のかけらにキスしよう」ということになります。派手な装飾やブランドの証明書がなくても、自分を幸福にしてくれるのであればそれは宝物です。

かたや現代日本は極端な消費社会。物質的な豊かさはもはや飽和状態で、それでもアナリストやテレビＣＭは「経済を回す」ために「物を買え」と私たちに迫っています。企業はパッケージをどんどん奇抜にし、広告費をつぎこんで消費喚起に必死です。そして消費者は長時間労働で稼ぎ出したわずかなお金で無駄な物を買い込み、ごみを増やしては廃棄物処分場の候補地探しに追われる始末。はたしてこれでこの国は、人々は幸福といえるでしょうか。

「目を驚かす奇観」に惑わされることなく、人々を本当に幸福にする宝物を見つけるにはどうすればいいか。スピッツは「君の青い車で海へ行こう／おいてきた何かを見に行こう」と私たちを誘っています。

（坂田光永）

頓が中の頓は密蔵これに当れり（請来目録）

【成仏がもっとも速いのは密教である】

◉名言も凝縮された教え　誰もが人として成長する上で、印象に残る密度の濃い経験や言葉があると思います。「掃除が出来ない者は何も出来ないー」と、私の恩師のお言葉が思い出されます。たいへん意味の深い、日常に密接した教えです。私は高野山という人里離れた集中できる環境で、真にいのちをいかして下さる仏さまとひたすら向き合う修行中にお聞きしたからこそ、お言葉の意図を追い求める事が出来ました。

掃除をすれば環境が整い、来客を迎えられ、掃除自体は目立たずとも、公共を良くする事を率先して行い、大事な事を（その前の掃除も）後回しにしない、外出先でも清掃されている人に感謝の念を忘れない、掃除をする準備、段取りの為の想像力、何事にも臨機応変な対応力を養い、自らの内面も整理する、等々語り尽くせません。

このように日常の掃除も、師の象徴的な言葉一つで、多く説かれずとも教えは人の成長に応じ、自然に詳細に気付かせ多くの発展をもたらします。師と何度もやりとりする時間をかけず、速く人々を正しい方向へ導きます。

お大師さまがこの書物の中で説かれる密蔵（密教）も、重要で、凝縮された意味を含む教えですが、決して秘密の教えではありません。それは本来隠されていないものであり、後は私たちが身近にある教えから、その醍醐味を知る為、より深い教えの蔵の扉を開き、いのちを活かす方法に気付く事が出来るかです。密蔵は、より効果的に、これ程有難く救いに至る方法は他にない、大きな可能性を秘めているのです。

そもそも仏教の教えは自利（生きる喜びを願い求める）利他（苦しみ迷いから救う）を目的とするに尽きるのですが、ただ自分中心にむなしく自利を願い、利他を求めるのではなく、私たちの実生活が、偏りなく物心が満たされる為に、自らがこころを落ち着け、必要な考えを学ぶ修行を進んで実践する前提が必要不可欠で、そうすることで、はじめて他の人の苦を救い、先を見越した智慧を得る事が出来るのです。優れた師はこれが出来ているからこそ、悟りの側から私たちを観る事も出来、短い言葉でもわかり易く、回り道なく危険も避ける、要点を押さえた伝え方が出来るのです。

（村上慧照）

密蔵

奇が中の極奇　妙が中の最妙なるもの　蓋《けだ》しこれ金剛一乗最極秘密の教か

（大日経略開題）

【最も不思議な奥深い教えは真言密教である】

◉摩訶不思議　密教とは不思議なものです。知れば知るほど、実践すればするほど、その不思議な奥深さに触れる機会が増えてきます。

私が最初に真言密教の不思議さと奥深さをありありと感じたのは高野山での修行中でした。修行中には数えきれないほどの不思議な体験をしましたが、その中でも心に残るある体験の事をお話ししようと思います。

四度加行というお坊さんになるための百日の修行に入ってほどなくのこと。ひとり早朝の道場で真言を唱えていると、途中から何ともいえない不思議な音が聞こえてきました。それは今までに聞いたことのないような美しくも不思議な音色でした。金属が共鳴するような音でもあり、いつかどこかで聞いたクリスタルボールの音色のようでもあります。最初は仏具の金属が共鳴しているのかと思いましたが、どうやらそうでもなさそうです。その音は私が真言を唱え始めてしばらくすると、寄り添うように鳴り始め、真言を唱えるのをやめるとピタリと止まります。時に強く、時に微かに強弱を伴って鳴り響きます。

とうとう睡眠不足で幻聴が聞こえ始めたのでしょうか。しかし、どう考えても確かにその音は鳴っているのです。しかも何日にもわたって真言を唱える度に毎回同じ音が鳴るのです。不思議な事に心が真言に集中していない時にはその音は鳴らず、いい具合に集中状態が深まると、その音はまたどこからともなく聴こえてきます。そして修行が進み、本尊が変わって唱える真言が変わると、また別の音が響きだし、次に本尊が変わる時まで何日もずっと同じ音が響くのです。未だにあの音が何だったのか分かりませんが、あの妙なる音は一つの貴重な体験として今も強く記憶に残っています。

考えてみれば、世の中には理詰めで説明のつくことの方が少ないのかもしれません。生まれ、死ぬことも、人との出会いも、ここに在るわたしのこころや身体のことも、森羅万象は理屈では説明のつかない事ばかりです。密教の修行はその事を切に思い知らせてくれます。

（小西凉瑜）

遍照法王法界宮に安住して荘厳の秘蔵を開き三密の法輪を転ず　即身成仏かくの日雷震し　我則法身かくの時師吼す　無等三等未だ聞かざるを今聞き　五智本具は昔失えるに忽ちに得たり（大日経開題　三密）

【大日如来は宮殿に安住し、宇宙真理の秘法を開き、三つの秘法を説法されている。即身成仏とか我即大日という未だ聞いたこともない最高の教えを力強く説き、かつて無くなっていた完全な智慧が、今にして得られた】

◉思いを伝える事の尊さ　ある雨の日曜日の午後。ふと、私は「劇場版コード・ブルー」を見ようと思い、テレビのリモコンを手に取りました。もう半年以上も前に地上波で放送されていた録画が手つかずのままＨＤの中に眠っていた事を思い出したのです。「コード・ブルー」はドクター・ヘリの救急医療のドラマです。事故現場にドクター・ヘリで出動して生死の境で苦しむ負傷者の人々の命を救うお医者さん。しかし、そのお医者さんも私たちと同じ人間で、喜んだり、腹が立ったり、悲しんだり、落ち込んだりしながらも、毎日大変な医療現場でたくさんの命と向き合っておられます。

命と向き合う現場では、感情的にならず、常に冷静な判断が求められます。その為に、冷たい人だと誤解を受けることもあるでしょう。もちろん救えるなら全ての患者さんを救いたい。けれども、医療現場には限界があるのです。目の前の状況を見極めながら最善の手を尽くす。しかし、手の施しようが無い場合は諦めなければいけないという判断も求められるのです。

このドラマを見た時、私は「人は何の為に生きるのか？」という事を考えさせられました。人は自らに秘めた思いを大切な人へ伝える事、表現する事が不器用で下手くそです。しかし、そんな自らのピュアな思いを大切な人へと伝えられる事がこれほどにも尊いことなのか。という事を改めて気付かさせられました。

大日如来の説法とは、秘めたる自らのピュアな思いを大切な人へ語りかける事なのかもしれません。そんな思いや言葉に私たちは常に耳を傾けながら、私たち自身も大切な人に思いを伝える事が出来たら、それは、とても尊く素晴らしい人生なのではないでしょうか。

（加古啓真）

密蔵

人の貴きは国王に過ぎず　法の最なるは密蔵に如《し》かず（性霊集二　恵果碑）

【人の貴きは国王が最上位である。最も優れている仏法は密教である】

◉人の心が密厳国土を築く　この名言は、弘法大師空海の師である恵果和尚が、密教の教えについてよく人々に説かれていた言葉であります。国王が統治している社会を、仏法の中で最も優れている密教によって、済世利人に努められました。

弘法大師は、密教の教えについて「本国の使に与えて共に帰らんと請う啓」の中でこう説いています。

「この教えは則ち仏の心であり、国家を護ることができる教えである。災いを攘い除き、幸福を招く摩尼宝珠のようなものであり、凡夫の位を脱れ聖者の位に入る近道である」と。

恵果和尚は、三代の皇帝より帰依を受けた国師であります。貧しい人を救う為には財を用い、不信心の人には法を説いて導きます。教化を受けた人々は、自身の心の器を充実感で満たされました。遠方から教えを求めてくる人もいました。さらに教化修行道場として寺院を建立し、曼荼羅を建立して、人々と仏様との縁を結ぶ為に、壇を構えて灌頂の儀式を行い、その功徳を説き大日如来の世界へ導きました。

弘法大師は唐から帰国されて、高雄山神護寺で護国の為の修法をされました。また満濃池を修復して水難に苦しむ人々の生活を救い、庶民の為の学校を建設して教育に力を入れるなど、人々の安寧を祈り生活や知識の向上の為に尽されました。

弘法大師は、密教は悟りを得ることよりも、教えに出逢うことの方が難しいと言われています。探し求めていた経典の『大日経』に出逢い、密教求法の為に入唐の決意をされます。実現を阻むいくつもの難関を乗り越えて、漸く長安に到着し、密教の第一人者である恵果和尚に師事することが叶ったのです。

弘法大師によって請来された密教の教えは、日本の国政に大きく影響を与え、稀有な高僧によって、日本社会のあらゆる人の心を揺るがし、密厳国土は建設されてきたのです。弘法大師が創立された真言密教の教えは、大師信仰として今に到り、千二百年もの間人々の心の中に息づいています。

（天谷含光）

密蔵

たまたま灌頂道場に入りて一百余部の金剛乗の法門を授けらるることを得たり　その経はすなわち仏の心肝　国の霊宝なり（性霊集四　国家修法）

【青龍寺の灌頂壇に入門して、一百余部の真言密教の法門が授けられた。この経典は仏の真髄であり、国の宝である】

◉スマホから、仏の御心《みこころ》にアクセス　今から千二百年前。延暦二十三（八〇四）年五月十二日、難波津を出航したお大師さまは、八月十日、唐（今の中国）の福州は赤岸《せきがん》鎮《ちん》に漂着。都の長安に入ったのは十二月二十三日です。しかも、四隻の遣唐使船のうち中国にたどり着いたのは二隻。七か月以上もかかる、まさに命がけの旅でした。

現代ではどうでしょうか。成田から西安（昔の長安）までは直航便で約五時間。明日にだって行くことができます。……と言いたいところですが、二〇二〇年九月現在（執筆時）、新型コロナウイルス感染症の世界的流行のため渡航規制が敷かれています。つまり西安（長安）に行くことはできないのです！

なんということでしょう。西安どころか、会社や学校に行くことさえままならない日が来るなんて。とはいえ、仕事や勉強をしないわけにはいきませんので、その場合テレワークやオンライン授業といった方法があります。そう、オンラインなら東京にいながら西安とリアルタイムで商談を行うことだってできます。私もオンラインで説法を行い動画をアップロードしていますので、リアルタイムでご参加いただくだけではなく好きな時間にアーカイブをご視聴していただくこともできます。つまり距離と時間を無視したアプローチが可能なのです。

さて、お大師さまが命がけで唐から持ち帰った教えは、かけがえのない貴重な宝、まさに仏さまの御心そのものです。それは今や深山幽谷の寺院にだけではなく、都会の博物館や図書館、またオンライン上にデータで存在するものもあり、それに触れればいつでも教えはひもとかれます。ある意味タイムカプセルです。

今年は新型コロナウイルスの為、結縁灌頂も残念ながら中止です。しかし考えようによっては、スマホ一台でお大師さまの教えに、仏さまの御心そのものにアクセスすることができる、ありがたい時代でもあるのです。

（鈴木隆蓮）

密蔵

国を護り家を護り己を安んじ他を安んず　この道の秘妙の典なり（性霊集四国家修法）

【仁王経等は、国を護り、家を守り、自他ともに安寧にし、仏道で極上の経典である】

◉国家のためとは、本当は人々のため　空海さまが日本に請来された経典は、百四十二部二百四十七巻と記録されています。その中の一巻が仁王経であり、その説かれている功徳に拠って、国家の安泰を祈る許しを請っておられるのです。嵯峨天皇は、空海さまより十二歳年下です。でも上奏文の最後に「沙門空海誠惶《せいこう》」、誠恐《せいきょう》と平伏して丁重に申し述べておられます。大切なところを能く心得ておられます。当時、先代平城天皇までは奈良を中心の法相、三論などの南都仏教が中心でしたから、何としても師僧恵果阿闍梨から伝授をうけた修法に従って、鎮護国家の祈願をすることが大切でありますと懇願されているのです。中国から請来した経は「仏の心肝、国の霊宝なり」と、密教こそ国家の安泰に必要な教えであると訴えられています。それは、目の当たりにしてきた藤原氏の勢力争い、それに関わった先の天皇の苦悩も意識されていたのでしょう。国家が安泰、平穏であるということは、民衆が幸せな社会に居るということです。これは、現代にも共通する原理であります。

この稿を記述している今、新型コロナウイルスが全世界に蔓延し、近代科学も医学もこれに対処しきれない混乱に陥っています。二〇〇三年にもＳＡＲＳウイルスが現れましたがこの時は四か月で終息したと報告されています。早く終息してほしいのは万民の願いです。祈りによる科学的根拠が少しずつ証明できていると、祈りとスピリチュアルと自然治癒に働く力を説いている僧侶もいます。集合できない現状から、特にこのウイルス災禍の終焉を毎朝祈願しているところです。

「己を安んじ他を安んず」は、日常生活の基本であると教えられています。自分の心が穏やかに静かに落ち着いていてこそ、他の人の心を安らげることができるのです。「自利即利他」でなければいけません。自分の働きが、他人のために役だっているという自信をもってください。この度の騒動では、我勝ちに先を争って物を買い込んだ行為がありました。そのために緊急に必要なところに物資がまわっていかないから生命にかかわる事態も起きました。悲しいことです。

（野條泰圓）

一途の詣極《けいきょく》　それただ金剛に在り　金剛の普門は人法ともに妙なる哉（性霊集六　右将軍願文）

【悟りへの道筋は非常に多くあるけれども、最短の道は真言密教である。しかも密教は、説く人も聞く人もすべて円満である】

◉自分は大日如来である　本当の自分の心を見極めたならば我が心は仏様であり、大日如来の心に他ありません。仏様の心を如実に知れば衆生の本心を知りつくすことが出来ます。我が心と仏の心と衆生の心の三つは別々のものでなく、一味平等なりと知ることが金剛の覚りであります。

仏の教えを広めるのは人であり、人は教えによって向上し、悟りに至るのです。だから人と仏の教えは一つであって、別なるものではありません。尊い教えがあり、その教えを広めることに生涯をかけたお大師様がいて下さり、その有難い仏の采配を絶え間なく守り伝えてくださった先人に深く感謝いたします。教えを広めるものは人であり、人は教えによって向上するとお大師様は説かれています。

自分は人一倍勉強もし、力いっぱい働いてきた。今得たものは全て自分自身の努力なのだ。そんなおごりは捨てなくてはいけません。私達は一人で生きていられるものではありません。万物からの恩恵を受けて、なおかついつも誰かに支えられているのです。

子を授かれば精一杯にいつくしみ、お百姓さんならば一生懸命に田畑を耕し、教師ならばあふれる愛情をもって生徒を導き教えます。

幸いに私は真言密教にご縁を頂き、七十二歳に四度加行を成満して既に十年になります。もう少しこの世で働かせて頂けるらしく、荒れ果てた山中不動院の復興に着手して、今日も元気にお大師様の教えを弘めるために力を注いでおります。私を生かしてくださっている意味を噛みしめながら、お大師様のお役目の一端を担いたいと思って毎日精進を重ねています。お大師様の御仏飯を頂き、微力ながら後の世の人々の為に死ぬるまで勤めたいと念じています。

（安達堯禅）

難信の事は諸仏の境界なり　声聞縁覚の能く知る所に非ず（付法伝第二）

【非凡にして不思議な内容が諸仏の世界である。声聞や縁覚の修行者では窺い知ることができない】

◉虚空尽き　衆生尽き　涅槃尽き……偉大なる誓言　空海さま五十二歳の時、万灯万華会で真言密教の確立に命をかける「誓願」が高野山や弟子たちや全宇宙に向けて発せられました。「虚空尽き　衆生尽き　涅槃尽きなば　我が思い尽きなむ」と……。この言葉は真言密教に身を置く私にとっては、まるで天の声の様でこの「誓願」に出会うごとに大きくなって響いてきます。

空海さまは、善通寺で第六祖師不空の入滅日である六月十五日に誕生され、不空の生まれ変わりとも呼ばれています。十八歳の時に大学に入るもすぐ離れ、空海さまの人生を大きく変えた求聞持法と出逢って熱中し極められ、山岳修験・坐禅・瞑想等の実践行に全身全霊で取り組まれました。形だけの表面的な知識や技能を嫌い、森羅万象とも融合し、まるで不動明王のお姿のようでした。

三十二歳の時に唐に渡り、頂点におられる恵果和尚と出会い、仏教をはじめ密教の総てを伝授されました。それらを日本に持ち帰った空海さまが真言密教として確立し、天皇を始め貴族や庶民そして宇宙をも巻き込み、東奔西走で数々の偉業や奇跡を残しておられます。

万灯の誓願後、余命いくばくも無い事を悟り、高野の山に籠もり弟子達に密教本来の身口意の実践で、すべての救済を告げられました。その三年後、予告していた三月二十一日に高野山にて六十二歳で入定されました。その後も魔訶不思議な事が多く、現在も生存されておられるとして奥の院に祀られ、朝夕のお給仕もされておられます。

今や仏教や寺院離れが急速に進んでおります。今こそ我々寺院や僧侶が真言密教の原点に立ち戻り変革する時です。私の勝光寺は若者の人間力向上をメインとする寺子屋塾を十八年前より開校し、滝行・坐禅・読経・人間学等の寺修行を行っております。最近は月に百名程の若者がトライされ、終了時には元気になって晴れやかな表情で下山されていきます。皆様の寺院にも昔のように寺子屋塾を開校して、今一番求められている人間教育の場の開設を切望致しております。

（井本全海）

秘密に且《しばら》く二義あり　一には衆生秘密　二には如来秘密なり　衆生は無明妄想を以て本性の真覚を覆蔵するが故に衆生自秘という　応化の説法は機に逗《かな》って薬を施す　言虚《ことば》しからざるが故に　ゆえに他受用身は内証を秘してその境を説きたまわず　すなわち等覚も希夷《きい》し十地も離絶せり　是れを如来秘密と名づく（二教論下）

【秘密には衆生秘密と如来秘密がある。衆生は妄想のために真実の本心を隠してしまっているから衆生自秘という。仏の説法はその人に応じた教えを示すが、高尚な悟りは理解が及ばないために内密にされている。つまり、完全な悟りを開ききれていない境地までは如来秘密という】

◉楕円球の悟り　「衆生自秘」＝煩悩・妄想にまみれた愚かな衆生は尊い教えを見聞きしてもさっぱり理解出来ない。つまりは、「秘密」の教えを受けるにふさわしい存在になるためには厳しい修行の日々が待っているのだ、という意味なのでしょうか。

私自身の人生に置き換えると、四十五年前の楕円球（ラグビーボール）との出会いこそが人生を変える修行に等しい試練を与えてくれたのではないかと思っています。

二〇一九年のラグビーWC日本。「四年に一度じゃない。一生に一度だ！」。列島が熱狂に包まれ、夥しい数のラグビーファンが生まれた年は、偶然にも母校ラグビー部の創部九十周年と重なりました。スコットランド戦で見せたプロップ稲垣選手の日本代表初トライの瞬間、あの笑わない男に接地された楕円球は私を四十五年前に引き戻します。

ルールも知らないまま勧誘されて入部した大学ラグビー部。翌日からスクラムの最前列左プロップと言われ、練習メニューは毎日毎日ひたすら壁を押す「スクラム姿勢」のみ。ラグビーの何たるかは一切教えてくれないのです。楕円球に触れない＝トライに縁のないポジションと言われた私は、一週間だけやって退部のつもりでしたが、進級ラインぎりぎりで二年生になると授業にも出ず、ますますラグビー漬けの毎日に埋没していきます。石の上にも三年！　個人練習で五メートルダッシュならバックスに負けないくらいの走力をつけた私は、密かにトライを狙っていました。

決して大袈裟ではなく、まるで〝悟り〟を得たとさえ感じたあの日です。厳しい練習に耐えた年月が、東工大との公式試合で、左プロップの私に一試合二トライという奇跡を起こさせたのです。楕円球は確かに私の人生を変えました。

（森正樹）

法仏の三密は等覚も見難く　十地も何ぞ窺わん　故に身秘密と名づく（即身義）

【大日如来の働きは、仏に等しい菩薩でも理解ができない。それ以下の菩薩がどうして知ることができようか。まさしく仏身は秘密である】

◉誰でも金剛薩埵になれます　大宇宙をお身体とする大日如来の身口意の三密のうち身密は神羅万象となって織り出され、口密は風のそよぎからあらゆる言語音声となり、意密の意識活動は一切のものの生命となり意《こころ》となるのです。

その神羅万象の活動はそれぞれの因縁により無量ですから、救済者の菩薩も求道者の菩薩も、それを見聞し覚知することは出来ません。従ってこれを秘密と言うのです。

この秘密は英語のシークレットではなく、普通の認識や理論を超えた知恵では計り知れない不思議で神秘なる仏の世界です。その目には見えない神秘なる仏の世界、即ち真理の世界を象徴や儀礼を通して可視的にして悟りへ入る方法をとるのが真言密教です。

その代表が密教の曼荼羅です。曼荼羅は輪円具足と訳されますように、放射状に組まれた車輪の輻《や》が中軸に集まっている如く、中央の大日如来にその分身分霊である諸菩薩がそれぞれの役割分担の姿をとって整然と統一されていて、どの一菩薩も大日如来に繋がっていることを表しております。自分に最も縁のあった曼荼羅の仏を本尊として人格を完成する者は大日如来と等しいのです。

密教は三密瑜伽宗とも言います。三密瑜伽法によって直ちに大日如来の悟りと一つとなり、世間を調えていくのを建前としています。大日如来を目指す菩薩を特に金剛薩埵と呼び奉ります。

理趣経十四段で、人間の子を魔法の鈎でさらって血を吸い、その肉を食べるという七母女天が説かれています。人間にはもとよりこのような悪鬼母の性質があることを諭しています。仏さまからそのことを教えられて大いに喜び、これからは人間の不善な心を殺し、善心を生かす努力をしますと誓う懺悔改心の説話です。私たちにも金剛薩埵の種があることを信じて精進したいものです。

（篠崎道玄）

甚深《じんじん》秘蔵とは衆生自ら之《これ》を秘すのみ　仏の隠《おん》あるには非ず（吽字義）

【秘密仏教の秘密とは、衆生には真言の理解が及ばないという意味であって、仏が教えを隠しているわけではない】

◉仏さんは御見通し　そもそも仏は一切の智人であると言われております。『金剛般若経』という経典のなかに、「一切の有為の法、夢幻泡影の如し」とあります。この世のすべては、夢や幻、水に浮かんだ泡や地面に映った影のようにはかないものであるといっています。お釈迦様は「生・老・病・死」の四苦を説かれています。これは時間的な経過により、私たちが永遠に生きられないことを示しておりますが、私たちは、いつまでも生きられるというおもいが、あるようでございます。目の前のことがいつまでもつづくとの甘えがあり、ものごとに執着したり、とらわれたりする心が起きるのでありますが、そのことに気がつかないで過ごすことが多いようです。どなたの作品であるのか解りませんが、この首題にぴったりのような気もいたします。「今までは、人のことのみ思ひしに、おれが死ぬとはこいつたまらん」とあります。

私どもの日々の生活が「業」（行為）という営みによって成り立っています。「三業」という、一切の生活活動が尽くされますところの目に見えない心の動きが三つあります。それは、あることをしようとする意志が、身体的行動に現れ、言語表現に現れるのであります。身におこなうこと（身業）、口に言うこと（口業）と、心に思うこと（意業）。この業（行為）によって苦はもたらされます。これらの苦は、自分が原因で運び、そして自らその中に没入してしまい、そこに、こだわりや執着をもつことで起こります。

中国の宋の時代に活躍した蘇東坡の詩に、「無一物中無尽蔵。花有り、月有り、楼台有り」という一節があります。何もないということは、なんでもあるということのようであります。美しい花もあり、風流な月もあり、見事な楼台もある。こころのなかにあるつまらぬものを捨て去って空っぽになることができれば、その豊かな世界が待っているとのことであります。そして、弘法さまは「人の昇沈は道にあり」と説かれます。

（岩佐隆昇）

秘密

一切世間は我我を計すと雖も未だ実義を証せず　唯だ大日如来のみ有《いま》して無我の中に於て大我を得たまえり（吽字義）

【凡夫は自分の道を考えることはできるが、本当のところは分っていない。ただ大日如来のみが真実の大道を把握されている】

◉無我の大我（自身即大日如来）　お大師さまは『吽字義《うんじぎ》』において、梵字の吽（𑖮𑖳𑖽）を分解して「賀《か》・阿《あ》・汙《う》・麼《ま》」の四字を説きました。今の一文は麼《ま》（𑖦）字についての解釈です。すなわち麼字の表面的な意味は「我《が》」（私）ですが、深い意味は誰においても無我である、というのです。

確かに自身を観ると、自分々々と言っても、親からもらった体であり、あるいは物品の場合、「これは自分のものだ」と言ったところで、他者が作り出したものであり、その作った者も、天地の材料から工作しており、どこまでいっても限りなく無我であって、我と定まるところを知りません。しかしながら、人の世は「これは私のものである」といった具合に、我に執われて生きています。その心境では、いつまで経っても苦より脱がれる術《すべ》はありません。

そこでお大師さまは、この麼字の深い意味について、次のように記されました。

「麼字とは大日如来の種子（代表的梵字）である。世間の人々は麼字の表面的な意味の我に執われており、その本来の深い意味を理解していない。ただ大日如来だけが、無我の心境にて、大我を得ている…」

一般世間においても、「無我の大我」の語はしばしば聞くところです。何か事を成すときに、大死一番、己を捨てきって進むと、一筋の光明が射して参ります。

またお大師さまは「もし無我の大我を求めるならば、それは大日如来の身・語・心の三密そのものを得ることになる。すなわちその三密とは自身に備わっているものであって、外に求めるべきではない」とも諭されています。

その一文は「自身即大日」を意味しており、無我の大我の心境こそ、我々が大日如来に通じる大道であり、個々のいのちの本来の相《すがた》と言えるでしょう。

（浅井證善）

如来自証の智はたとえ神力加持を以ても人に示すべからず（大日経開題　衆生）

【如来本来の智慧は、たとえ威神力で他に教えても、凡人は誤解をするから示してはならない】

◉〝如来の祈り〟大悲の誓願　最愛の子の突然死に遭遇した母親は予想を超えた計り知れない慟哭に、苛《さいな》まれ苦しみます。「自分の体が自分ではなく夢でないのかと思う……、どうしてよいか考えられない……」と日々悲嘆に悲しみ苦しんでいます。「子どもを守れなかったことが辛いです。どうか亡き息子があの世で迷わないよう救ってやって下さい……」。

人は飢えや迷い苦しみを経験する中でその源である原因にまで考える余裕がありません。ましてや様々な「欲望」が苦しみを生み出していることにも気づいていません。ただひたすら苦渋のまま彷徨い、もがいています。

ＩＴ社会に育つ多くの現代若年層の情報収集はテレビ、新聞よりも携帯、ＩＴ機器など、現代テクニックが主流です。このため大げさに言えば「見たいことしか見ない」いわゆる制限された情報判断材料の中の思考に留まりかねません。一般的には誰でも概ね、興味があることにしか眼差しを向けない偏った考え方に陥る傾向にあります。

空海（弘法大師）さまは「加持は如来の大悲と衆生の信心をあらわす」と述べておられます。

衆生は如来に向けて祈ると同時に如来は衆生に向けて祈り続けます。これを「如来加持」といいます。六大は如来と衆生によって成り立っています。それは如来に加持力があり、如来と衆生の双方が不可分の関係だからです。新たな他の智慧を受け入れて今を見つめ直すことによって、自身の立場を理解するうえでも「しなければならない」「したほうがよい」「しなくてもよい」など分別が明らかになります。

子どもの急死で戸惑う母親には、「今、自分が思うこと」しか見えず、如来の大悲と衆生の信心に気づいていません。そこで気づいてもらう手段の一つが「真言念誦」です。母親は衆生の信心「オン」と大日如来の大悲真言「アビラウンケン」をひたすら唱え続けることで最愛の子への慈悲が芽生え、次第に安心《あんじん》へと誘ってくれます。

（湯浅宗生）

真言の秘蔵は三自を超えて以て聞き難く　金剛の仏戒は十地を過ぎてしかも得難し（平城灌頂文）

【真言の教えは本質そのものであるから、聞いて理解できるものではない。仏の活動は菩薩の最高位を超えても体得することはできない】

◉教えることの難しさ　小学、中学、高校の教育課程では、同じことを何度となく教え、そして段階に応じ少しずつ難しくして考える力を養っていきます。子どもの頃は気にもしていませんでしたが、高校で学ぶ日本史や世界史の基礎はすでに小学校で学ぶものです。逆に言えば、高校の授業を小学生のうちに学ぶということも勉強の近道かもしれません。ただ小学生がいきなり高校の授業を聞いてもわからないというのは知らないことが多すぎるからです。それが教育課程の順番であり、大人になるにつれて専門知識を身につけていきます。

私たちが生きる社会というのは現状あるがままの姿を示しています。それを認識できるかどうかというのは自分の器量にかかっているといえるでしょう。ひとつのことを聞いて理解することはできても、現在あるがままの世界というのをすべて理解するというのは難しいものです。

人々は生きるために悩み、神仏に救済を求めてきました。最近では仏さまの御利益を簡単に紹介する傾向にありますが、簡単に言い切れないところに本来の仏さまの御利益があるのです。一仏に無限の利益があり、その中にまた無限の利益があります。ですから仏さまのことを理解しようとしても難しいというのは当然のことなのです。

教育も同じです。勉強には終わりがなく、その手順をどのように教えていくかということが大切なのです。学ぶことの楽しみは自分の知らないことを知るというところにあります。お寺の修行も同じです。修行には終わりはありません。一定の修行を終えることはできても、学ぶことが多いのはやはり修行が足りないからでしょう。

真言密教を学ぶのは字面だけでは理解できず体得するものだといわれます。人間社会も同じです。辞書を引いて分かっても、身をもって知ることのほうがよく理解できます。社会はそのことを示しています。絶対的な真理を知ることは不可能だとしても、精一杯努力をすることが大切なのです。

（赤塚祐道）

一切衆生は本性清浄なれども諸の客塵《かくじん》の為に覆幣《ふくへい》せられて清浄真如の法性を見ず（不動次第）

【生きとし生けるものの本質は清浄である。しかし、塵芥に覆われて本来清浄なる真実の姿が隠されている】

◉本来清浄　腰の曲がったお年寄りが杖を突きながら広小路を渡ろうとしています。信号機はすでに黄色……。それでも老人は渡り始めました。この場面にあなたが遭遇したならばどうしますか？　私の本心がもしも悪魔ならば、「これは面白いぞ」といって眺めていることでしょう。しかし、私たちには真心がありますから、百人が百人「危ない！」と叫び、老人を横断歩道から引き戻します。

万引きをするときは、店内を見渡して店員や客、監視カメラの位置をうかがいます。平気で万引きはできません。胸はドキドキと鼓動します。この鼓動は、「おい、お前そんなことをしてもいいのか」と忠告をする仏のノックです。

私たちの心は「本来清浄」です。ところが、ボンノウというお客さんがやって来て、座敷に埃や塵を置いていきます。客はやがて帰り、掃除して塵はなくなります。これをお大師さまは「客塵煩悩《かくじんぼんのう》」と表現されました。

お大師さまの教えの核心は「本来清浄」の自覚です。静かに坐って瞑想をしたり、読経や写経をしたりすることによって、自分の悪い癖や歪んだ性格が見えてきます。歪みに気づけば背筋を正します。汚れに気づけば清掃をします。気づかなければ歪んで汚れたままです。仏さまは遠くにはおられません。私にもっとも近いところにおられます。如実に自分の心を知ることが悟りであります。ゆえに、仏の鏡に自分を照らせば埃や歪みに気づくことができます。心はもともと清らかだからです。ところが、人をだましたり、嘘をついたり、怨んだりして魔が忍びこんでくるのです。ちょっとした油断で魔は瞬間に飛び込んできます。

真心は仏さまです。日々の生活に自分の真心に気づき、これをいかに実践していくかということが人生の道ではないでしょうか。今しっかりと「本来清浄　客塵煩悩」の教えを胸に刻み、仏さまがお喜びになる方向に歩みたいものです。私たちは『空海散歩』全十巻を目指して歩んでいます。お大師さまの微笑みを感じます。　（近藤堯寛）

その器に非ざれば櫃《ひつぎ》を泉の底に秘す（三教指帰中）

【立派な文箱があっても、それを開けるにふさわしい人物でなければ、箱のなかの教えは泉に沈んだままである】

◉自分はその役に適当なのか？……

「縁《えん》なき衆生《しゅじょう》は度《ど》し難《がた》し」という言葉がありま す。どんなに慈悲深い仏様でも、仏縁のない者は救うことが出来ないという意味です。冷たいような感じもしますが、仏様であっても目の届かない人には手を延べられないということでしょう。まして人間となれば、追いかけていってまで親切にしようとする事は多くありません。もし目の前で困っているのを知れば、手をさし出し、労力を惜しまず、時間や物を提供する人もいます。しかし、知らなければどうにもならないのです。

さて、仏縁等と言えば、どこかへお参りに行く事かと思ったりもしますが、そうではありません。とりあえずは、仏壇があればお供えをしたり、ご先祖にお参りするお経を見たり、読んだり、覚えたり……、仏壇がなくても、そのうち仏様の教えを理解しようとしたり……、テレビや本などで仏様や仏教の事を見聞したりしていれば、時には近くのお寺が気になったりするかも知れません。

私達は、お互いに知らない人でも、いつも顔を見たりしていると、いつの間にか頭を下げたり、挨拶を始めたりする事もあります。その人の事は何も知らないのに、親しみを感じる事があります。仏様も同じです。次第に親しみを持てるようになると、ご縁が出来たと言っても良いでしょう。それを深めたり温めたりしたいと思います。

最初の文にある「その器にあらざれば……」とは、厳しい言葉です。自分のような何の取り柄もない者なら、何かを求めても得られる筈がないと、ついつい思う人もあります。しかし解釈を変えてみると、理解する能力がなければ、その櫃《ひつ》を開く事は出来ません。もし開いたとしても内容を理解することが出来ないので、何の価値も生まれない訳です。

人は懸命に祈る事によって通じる事もあります。しかし、その器でなければ、いくら祈っても無理な事の方が多いように思います。人の器はそれぞれ大きさが違うため仕方がありません。この文はそのことを言っているように思います。

(佐川弘海)

秘密

調御《ちょうぎょ》の髻珠《けいしゅ》は霊台に秘し　宣尼《せんじ》の良玉は沽《う》らめやと称す（性霊集一　徒に玉を懐く）

【釈尊や孔子の宝は、理解できる人に会うまでは秘められている】

◉秘すれば花　原文は、仏教の真理は心中に秘められており、孔子も才徳があるからと言ってむやみに仕官は求めなかったという意味です。このあとに、移りやすい人の心をとやかく言っても始まらないし、肝胆相照らす仲こそかぐわしい交わりであるという内容が続きます。世阿弥の〝秘すれば花〟とも通じるように感じます。

私の寺と深いご縁がある某棟梁（現代の名工）の思い出を書かせていただきます。この方は、私の住む町出身で、小寺の本堂大修理の腕を認められ、三十三間堂をはじめ京都府内外の多くの寺社の建築や修理を手がけられました。特に屋根の照り（反り）の美しさに定評がありました。明治生まれで私と約半世紀の年齢差があり、仕事の合間でも一人何かを考えておられるという寡黙な人でした。父が仕事を頼むと、

「承知しました」の一言で、仕事は完璧かつ早々に仕上げられました。

　昭和二十六年頃、仁王門の修理を計画した父は、棟梁にその旨を伝えたそうです。棟梁は「承知しました」の一言ですぐに仕事先の京都から帰ってこられ、約半年で修理は終わりました。ところが、昭和二十五年に金閣寺が焼け、二十九年に再建がなりましたが、棟梁はそのチームに招聘されていたにもかかわらず、そのことを一言も言わず、無断で帰ってこられたのでした。そのことを二十年後にたまたま知った父は、「金閣寺の後でよかったのに」と大いに悔やみました。当時、金閣寺におられた若い僧が当時のことを憶えていて、それがこの棟梁だったことが判明したのは今からほんの十数年前でした。

　一年に何度かある寺の縁日には、棟梁の下で働いていた何人もの大工さん達が手伝いに集まり、酒席は必ず棟梁の話で盛り上がります。だれも棟梁のことを話すのがうれしくて誇り高くてたまらないというように。亡きあと、このように話題になりつづける人を私は他に知りません。棟梁にとって、確かな仕事と人同士の信頼を守ることだけが全うすべき真理であったように思います。冒頭の文を読んで私の脳裏にすぐさま浮かんだのは、野武士のような棟梁の懐かしい顔でした。

（友松祐也）

顕教一乗は公に非ざれば伝えず　秘密仏蔵はただ我が誓う所なり　彼此法を守って談話《だんかい》に遑《いとま》あらず（性霊集十　理釈経答書）

【顕教の天台宗は最澄和尚でなければ伝えられず、真言密教は私空海が弘める法門である。相互に教法を護持専念し、談話をする余裕がない】


◉意外な質問　ある檀家さんの七回忌の法事があり、供養の後いつもの通りお大師様の法話をし、終わって衣を着替えていますと突然私の前に一人の青年が座りました。

「お大師様は凄く偉い方だったんですね。だけどちょっと意地悪だったんですか？だって、知り合いの偉いお坊さんから経典を貸してほしいと頼まれて、結局断ったんですよね」と不満げに言われました。最澄様とのことだと確信したので、

「お大師様と最澄様は、西暦八〇四年に遣唐使として台風に遭いながらも命をかけて唐に渡り、それぞれの求める教えを学んで二年二か月後に帰国されました。その後、最澄様は自分が持ち帰った密教では不充分だと感じ、恵果阿闍梨から全ての密教を授

けられたお大師様に経典を貸して下さるようお願いしました。それに応え、惜しげもなく多くの経典をお貸しになられましたが、『理趣釈経』だけは断られました」。

「どうしてその経典だけだめなんですか？」と彼は本当に不思議そうに言いました。

「それは、密教の真理（即身成仏）を説き、あまりにも大きく人智をはるかに超えたものであり、その教えを自分のものとしたいならば、読むだけでは到底無理であり、真言密教の尊き阿闍梨のもとで、正しい教えにより、正しい修行をするしかないのです。だから、お大師様はお断りになられたのです」とお答えしますと、「そうですか。読むだけではなく、とても厳しい修行をしなければ無意味だということですね。少し分かったような気がします」、と納得されたようでした。

今、ネット社会で膨大な情報が流され、その中から正しいものを得ることは本当に困難であると思います。実は法事の後で質問してきた方も、ネット情報を見て私に興味本意で聞いてみたそうです。私は思うのです。不確かな現代であるからこそ、私たち僧侶が必要とされているのだと。真言密教の（即身成仏——人は仏となれる）教えを人々に広めることにより、悩み苦しんでいる人々が、少しでも心安らかに前向きに毎日を送れるようになられることが大切なのです。

（木藤清明）

これ自証の行にして他は知ること能わざるが故に密と云う（雑問答四）

【三密という仏の働きは、自心の仏に向う行であって、他には知ることができないから秘密という】

◉警《いさ》めと懺悔《さんげ》　子供のころ目にした昔話に「木仏長者」というお話がありました――近郷一番の長者の黄金仏《こがねぶつ》と貧しい若者が信心していた木端仏《こっぱぶつ》がひょんなことから賭《か》け勝負で力比べをすることになり、その結果、長者の金仏《かなぶつ》が若者の木仏に負け、長者と若者の境遇が入れ替わってしまうお話ですが、愚痴をこぼす長者に負けた金仏が言った。「ついぞ拝まれたことのないわしに力の出ようはずもない」という言葉が子供心に残りました。祈りを重ねるということは祈る側も祈られる側にもエネルギーが蓄積されることとなのだと思ったのです。

さて、お大師さまは若年の日、阿波の大滝嶽や土佐の室戸崎で「求聞持法」を修されたことを記しておられます。この虚空蔵菩薩のご真言を百万遍ひたすら繰り返す中で「谷響《ひびき》を惜しまず、明星来影す」と大滝嶽の谷々が鳴動し、室戸では明けの明星が大師に向かって飛込んでくる奇瑞《きずい》が起きたというのです。

真言密教は八人のお祖師さまを経て私たちに伝えられました。八人目の祖師はいうまでもなく弘法大師ですが、その最初のお一人が「大日如来」、つまり絶対智と無限の働きを備えたみ仏なのです。真言密教は、み仏から直伝された教えだ、ということです。その受法のお役を担われたのが龍猛さまでした。

龍猛さまは密教を求め南インドの鉄塔におわします大日如来を訪ねますが、塔に入ろうとして守護する神々に阻まれてしまいます。しかし、神々の阻止を妨げではなく警《いさ》めと理解し、龍猛さまはひたすら懺悔の祈りを捧げ塔に入ることを得ました。警めに遇《あ》い、秘教を世に広めたいという強い願いを訴え、懺悔の功徳を積み、龍猛さまの心は自らの内なる仏の存在を悟ると共に己《おのれ》の殻は破れ、自他の間にあった仕切りも消え、大日如来さまの圧倒的な愛と智慧の感化（加持）を受けられます。南天の鉄塔は大日如来の世界、大日如来そのものです。塔内に受け入れられ、それまでの自分は知らず雲散霧消し、龍猛ボサツが誕生したのでした。龍猛ボサツが私たち真言末徒に伝え残してくれたのは、大日如来さまと共にある在り方です。

（田中智岳）

衆生あって偏智を得と雖も　未だ如来の一切智智　自心の中に在ることを知らず（雑問答一七／真言二字義）

【衆生が苦しみの原因を探る道理を知り尽くしても、如来のすべての智慧が自心の中にあることをまだ知らない】

◉物事を正しく把握する　仏教には「聞思修慧」という教えがあります。教えを聞いて得る智慧と、これを思惟して得る智慧と、実践修行して得る智慧。この三つの智慧のことです。

大阪市天王寺区に「清風学園清風中学・高校」という男子校があります。校長は平岡宏一先生です。先生は早稲田大学第一文学部を卒業後、一九八八年から八九年にかけて、インドのギュメ密教学問寺に留学され、外国人として初めて正式に伝授されたことを示す証明を受けられました。その後、一九九七年、高野山大学大学院博士課程を単位取得退学。長年にわたって清風学園教師を務められ、二〇一一年四月に校長に就任されました。一九九〇年よりダライ・ラマ法王の密教関係の通訳を十回以上務められ、二〇二〇年三月、高野山大学より『秘密集会タントラ概論』で博士（密教学）を授与されました。高野山真言宗の僧侶でもあります。

清風学園では、仏教を基盤とした教育を実践し、毎朝、朝礼を行っています。朝礼では、全員で『般若心経』を読経した後、平岡先生の講話があります。仏教の教義内容を織り交ぜながら多感な思春期を過ごす生徒たちの役に立つと思われる心の持ち方や物事の考え方、参考になるであろう学校の諸先輩や各界著名人の話などを交えた講話は、大変好評だとお聞きします。この朝礼での講話をまとめた本が『男の子のやる気を引き出す朝のことば』と題して、令和二年七月にビジネス社より出版されました。

本書の内容は「自利利他の精神とは、みんなを幸せにする精神のこと」「安心と尊敬と信頼できる人物」「自分の心を上手に育てていく」「慈悲の心を持つ」「今ここに集中する――大円鏡智（智慧の仏さまのこと）」など、生き方の指針となるものです。平岡先生の講話は、先生の日々の瞑想や仏教の豊かな学識、お人柄などから醸し出されるものばかり。生徒さんたちの心の成長が楽しみです。

（菅智潤）

第四章

つながり

機根

仁王の国を治むるに封賞差《ふうしょうしゃ》あり　法帝の世を御するに摂引《しょういん》一にあらず　差あるは能治の不平に非ず　不一は還って是れ所化の機の別れなればなり(付法伝第二)

【国王が褒章に差をつけている理由は、統治の政策が一様ではないからである。この差は貢献の不平等ではない。仏の教えも、人々の素質が異なるために様々に分れている】

◉お大師さまは人の器に応じて教えを説かれた　お釈迦さまは、応病投薬と説かれました。病に応じて薬が必要で、病気の数だけ色々な薬が必要です。お大師さまは「身病百種なれば法薬一つなることあたわず」と説かれました。一つですべての病気を治すなどという便利な薬はありません。宗教においても全知全能唯一絶対の神はいないとする、そしてその「いない」もない、というから事は難しくなります。

又、お大師さまは、「医王の目には途に触れて皆薬となる」と説かれました。道を歩いていて雑草を見ると、人はこれを引き抜いたり足で踏みつけていきますが、「草という草で薬にならない草はない、どの薬も使い方で皆薬となる」、どの草も引き抜いたり、踏みつけてよいものはないということです。これは宗教も同じです。世界中に数えきれない神仏が居られますが、どの神仏も使い方で皆薬となります。すべての生きとし生けるもの、有情も非情も人間も動物も植物も、海も山も川も空もすべては平等です。それぞれにこの世を支えており、必要な存在です。これが涅槃経に説く、「一切衆生皆悉有仏性」ということです。

しかし、この平等の仏性の中に発心してから悟りを開くまでの段階があり、上下、差別があります。すぐれた徳のある王様が国を治める時でも、人に応じて褒章に差をつけるように、仏が人を導くのにも成長や器によって人に応じて差をつけるのです。

お大師さまは、先ず欲望を制御できない幼児には、「正義」を教えます。そして、正義に偏りすぎた段階で、正義だけでは多くの人を切り捨てることになり、多くの悪人を作ることになってしまうことを教えます。平等は正義だけをふりかざしても実現できません。そして、次の段階では「中道」です。中道は、正義と正義の否定の中間です。そして、この中道とは、自分も他の人も救われる悟りの道です。お大師さまは主にこの三つの段階で、教えを人の器に応じて説かれているのです。

（畠田秀峰）

人に愚と智あり　器にまた頓と漸とあり　頓機は能く信ず　漸人は何ぞ得ん（付法伝第二）

【人には愚者と智者があり、悟りを得る素質にも遅い速いがある。遅い人はよくよく信じる必要があるが、速い人は容易に理解できる】

◉絶対的世界を信じる　お釈迦様が亡くなられて八百年ほどたった頃のことです。三世紀の南インドに金剛薩埵が作り上げたという鉄塔が聳えていました。龍猛という人がこの鉄塔を開けようとしますが容易にあきません。七日間、白い芥子の実を投げて門をたたくと遂に開きました。中は荘厳な飾りに覆われ、灯明が輝き、得も言われぬ芳香に満ちています。三千世界の仏菩薩が住んでいて、金剛神が守護し、入ることを許しません。龍猛は至心に懺悔し、「滅びなんとする仏法を正に稟け伝えん」と願います。そして金剛薩埵から灌頂を授かり、神秘的な宗教体験をした龍猛は、仏さまからの直接の教えを受けて人の世に伝えました。これが密教の始まりだといわれます。

仏教、なかんずく密教はお釈迦様が説かれた理論的、道徳的な教えだけでなく、哲学的であり神秘的な内容が多く含まれています。お大師様は、この神秘的な話を疑問に思う人に対し、極微の虫に大きな鳥は分からないように、小賢しい分別では理解できない世界があるといわれます。

ものごとを科学的に分析し、論理的に判断することが正しい認識だと思い込んでいる私たちには、小さな鉄塔の中に三千世界の仏菩薩が入るなんてことは、とても理性では理解できませんし、単なる絵空事だと済ますのがおちです。全体の中に部分があるというのが普通ですが、部分の中に全体がある。微塵の中に大きな世界が全部入り込んでいるのだというのです。帝釈天宮の網には、網の目一つ一つに宝珠がついており、その宝珠には回りの無数の宝珠がすべて映し出されている。一つに全体が含まれていることの例えです。この世界のあらゆる存在は、お互いに密接な関わり合いをもっているのです。

ものごとを客観的に見つめ、分析することも必要ですが、仏の存在を信じ、宇宙の摂理、世界の有り様を直感的に受け取る感性も大切でしょう。宗教にとって不合理も、神秘もまた真なりなのです。

（河野良文）

法海一味なれども機に随って浅深あり　五乗鑣《くつばみ》を分って　器に遂《したが》って頓漸あり（請来目録）

【仏の真理は一つであるが、人々の素養によって教えに浅深の違いがある。五派に分けられている仏教には、永く修行する宗派もあれば、速やかに成仏する密教もある】

◉**秘剣と秘鍵**　五十年前になるでしょうか、高野山高校三年生の宗教科で十巻章《じっかんしょう》という授業があり、手始めに『般若心経秘鍵《はんにゃしんぎょうひけん》』を皆で素読しました。素読とは漢文で、内容の理解は二の次にして本の文字を声を出して読み上げることを言います。

はじめのテストで次の文字にルビを付けよ、次の文字を漢字で書けの問題があって、「はんにゃしんぎょうひけん」が問題に出まして、何を思ったのか秘鍵を間違って秘剣と書いてしまいました。答案を返す時に先生が「この中で秘鍵を秘剣と書いたやつがおる。たぶん文殊の利剣と間違って書いたんやろう。般若の智慧を司る文殊菩薩が手に智慧を表す利剣を振るってわれわれの心に隠れている煩悩を断ち切るんやが、あながち利剣は秘剣かもしれんな。しかしここは秘剣は間違いで秘鍵が正しい。『般若心経』の秘密の深い意味を説く鍵という意味や。高野山大学に入ったら内容を講義する授業があるから。今は素読を頑張るように。最後のテストは『般若心経秘鍵』を暗記してひとりずつ素読してもらう。最後まで間違えなく素読できれば満点や」と話されました。

テストは思わぬところで間違えて満点が取れなかったことを覚えております。

お大師様は『般若心経』は大乗仏教の教えを文字で書き表したもの＝顕教の経典ではなく、大般若菩薩の悟りの境地を心真言のかたちで説き明かした＝密教の経典であると独自の解釈をなされ『般若心経秘鍵』を著されました。

『御請来目録《ごしょうらいもくろく》』とは、お大師様が唐に留学した成果を遣唐使高階真人遠成《たかしなのまひとおなり》に託して朝廷に提出した報告書と持ち帰った経典などの目録のことです。表題の文章の内容は第一祖遍照如来（大日如来）から第六祖不空三蔵までどのように密教の教えが伝承されたかが書かれた冒頭のもので、この文章を参考に系統立てたものがお葬式では血脈《けちみゃく》として亡くなられた方に授けられます。

（伊藤全浄）

機根

宅に帰るには必ず乗道《じょうどう》に資《よ》り　病を癒すには会《かなら》ず薬方に処《よ》る　病源巨多《こた》なれば方薬非一なり　己宅遠近《おんごん》なれば道乗千差《せんじゃ》なり（十住心序）

【帰宅するときは道を行く。病気を治すときは薬を飲む。道も薬も多種類あり、病気に応じて処方があり、帰宅の方向によって道筋が異なる。これと同じように、成仏への教導も多岐に分かれている】

◉目的は人生の苦からの解放　仏教用語に「対機説法」というのがあります。教えを聞く人の能力や素質に応じて話をするというやり方です。

お釈迦様は、ブッダガヤの菩提樹の下で悟りを開いた後、これは他の人には難しすぎるので説法をするのはやめて自分一人で涅槃に入ろうとされます。しかし、度重なる梵天の説得に応じて、伝導することを決意します。

最初に説法をしたのは、苦行を共にしてきた五人の出家仲間でした。ここでは「四諦八正道」を述べたとされています。これは仏教の根本教理といえます。したがって「四諦八正道」はある程度知識もあり経験も積んだ出家者のための教えといえます。

次にお釈迦様が教化されたのは、良家の子息であるヤサでした。ヤサは人生に煩悶し、懊悩していた在家の若者でした。宗教的には白紙の状態だったので、「四諦八正道」をいきなり説いても消化できないのは明白でした。そこでお釈迦様が説き始めたのは、「次第説法」という段階的教育法でした。この次第説法が終わった後で「四諦八正道」の教えを説かれたのです。

「次第説法《しだいせっぽう》」とは、「施論」「戒論」「生天論《しょうてんろん》」の三論を指します。「施論」は、他者への施しについての教え。「戒論」は、「不殺生戒」「不妄語戒」「不偸盗戒」「不邪淫戒」「不飲酒戒」の五つの戒。「生天論」は、因果応報の思想。これらの基本的な知識を伝えてから「四諦八正道」を説いたのです。

日本には様々な宗派の仏教があります。念仏を唱えることで救われるとする宗派、坐禅を主とする宗派などがありますが、目的とするのは人生の「苦」からの解放、すなわち悟りであることは共通しています。

（大咲元延）

機根

疾《やまい》に軽重あれば薬すなわち強弱《ごうにゃく》あり　障《さわ》りに厚薄あれば教すなわち浅深なり（宝鑰第四）

【病気に軽症や重症があるから薬に強弱がある。苦悩の深刻さに応じて仏法に浅い深いがある】

◉**自分や相手の本心を知ることの大切さ**　人生は谷あり山ありの連続です。一時は幸せや幸福感で満たされたと感じていてもいつまでも続くとは限りません。そして大きな苦難に出会ったときにどうしていいか途方に暮れることも少なくありません。そんなときは誰かに相談することが重要です。相談相手は友人や知人もいますが、専門のカウンセラーに相談することをお勧めします。

なぜなら、カウンセラーはむやみに回答を出すことはしません。まずはその人の感じている世界や困っている事象や背景をじっくりと傾聴して、その人自身が自分で解答を出して立ち直ることをサポートするからです。心の課題はその人自身しか解決できないのです。そこで専門のカウンセラーは、その人の心の許容量である機根に応じて、問題の所在を一緒に考え、本人自身が解決に導けるように手立てを考えます。

このことからも、応病与薬といって病の内容により、適宜な薬が用意されると同じように、悟りへ向かう人の機根に応じ、教え導く方法にもいろいろあるのです。仏教の神髄を理解するには己の機根を耕すことです。機根とはその人がもっているスピリチュアリティです。個のスピリチュアリティを高めるのが瞑想（瑜伽行）であり、身口意の三密行《さんみつぎょう》を実践することにあります。

具体的には「瞑想を生活に取り入れる」ことです。この覚悟が人生に「成仏へのスイッチ」を入れることとなります。瞑想は禅定《ぜんじょう》ともいいます。禅定というのは、古代インド語のパーリ語で「jhāna: ジャーナ」といい、「思慮する」「深く思い到る」「おもんぱかる」というような自分の心を見つめる意味があります。瞑想が深まって、三昧《さんまい》「samādhi: サマーディ」（密教では三摩耶《さんまや》）という境地に至ると、静かで歓びに満ちた心境を味わうことができるようになり、絶対安心が訪れます。

瞑想は静かな落ち着ける環境と時間帯を確保すれば何処でもできます。瞑想は日常の時間を離れて非日常の時間を創出します。静かな呼吸をしながら、仏の心と自心を合わせて、深くスピリチュアリティを高める実践が密教なのです。

（大下大圓）

機根

文《もん》は執見《しつけん》に随って隠れ　義は機根を逐《お》って現わるのみ（二教論上）

【文章は、読者にとらわれがあれば真意は伝わらなく、その人の素養に応じて受け止められてしまう】

◉**心を磨き素養を高めよう**　弘法大師空海さまが顕教と密教の違いを明らかにした『辯顕密二教論』の序論の中にある言葉です。様々な経典にはいろいろな文章が書かれています。けれども、それを読む人が、心の中に固執があると、正しく伝わらず、その人の能力に応じた受け止め方しかできないのです。

お釈迦さまは「対機説法」といって、聞く人に応じて説法の内容を変えられました。ですから膨大な量の経典が遺されているのです。けれども、どんなに素晴らしい内容の経典でも、聞く人によっては真実が伝わらない。まさに「馬の耳に念仏」の状態になってしまうのです。

赤ちゃんのころは、大人のしゃべっている言葉の意味はわかりません。育っていくにつれ、言葉を覚え、多くの体験を積み重ねます。大人になったらそれまでわからなかったことがひとつずつわかるようになってきます。就職して仕事を覚えるのも、最初はわからなかったことが、徐々にできるようになる。仏法の受け止めも同様です。自分自身が勉強をし、多くの人生経験を積んでこそ、その体験の積み重ねによって、真理に到達する教えを理解できるようになるのです。

仏の正しい教えを受け止められるようになるためには自分を磨くしかないのです。化粧をしてきらびやかな宝石を身に着けるという意味ではないですよ。自分の心を磨くということです。仏教書を読んで勉強するのもいいでしょう。でもそれだけではうわべの知識が増えるだけです。人さまの為になることをする。困っている人が居れば助けてあげる。そうしたことの積み重ねが、人間性を養っていきます。お寺に参拝して法話を聞く。お経を読んで仏さまを拝む。心の洗濯ができればそれまで見えなかったものが見えてくる場合もあります。

はじめは難しくてわからなかったお経の意味も、こうした体験を積み重ねることによって、真実の教えが理解できるようになってきます。わかってくると面白くなってさらに勉強しようというふうになっていきます。それが仏さまとのご縁を深めるきっかけとなるのです。

（柴谷宗叔）

機根に大小あれば車乗不一なり　薬は病にしたがって無数なり　乗は器についで無量なりと雖も　しかも末を摂して本に要《おさ》むれば自《おの》ずから不二に帰す（寂勝王経開題）

【能力には優劣があり、その教えは同一ではない。病気によって薬が無数にあり、車も用途によって多種類ある。しかし、要点を絞れば目的は一つである】

◉能力に応じた多様な導き方　仏教の教えを授けるにあたり、修行をする個々人の能力には違いがあるので、対象に応じて多様な選択肢があります。

仏教における方便とは、能力の異なる衆生を、『悟り、真実の教法』に導くために一時的に設けた教えを意味する言葉です。場合によっては、相反するように見える教えも、それぞれの対象の器に呼応しているのです。

楞伽経に三種の浄肉についての記述があります。見、聞、疑のない肉のことです。浄肉は、殺される場面を見ていない、自分のために殺すという話を聞いていない、自分のために殺したことを知らない、という三つの条件を備える必要があります。托鉢僧の場合、出されたものに対して好き嫌いを言わずありがたく受け取る必要があるということもその理由の一つです。

しかし、これに対して釈迦は原則的にすべての衆生の肉は食してはならないと明言しています。ただ、在家のものが修行をするにあたってすべての肉食を禁じることは仏教への入り口を狭めるものとなること、野菜やその他の食物を育てることが困難な場所に住んでいる場合や、病を患っている老人が薬として少量を食することは、認めています。対象の能力や場所、時間によって方法を変えているのです。

現代社会では、大部分の人々は学校を卒業した後、会社という組織に属して、日々働いて生活をしています。この名言はまさに会社組織の運営にも当てはまるのではないでしょうか。画一的な社員教育を行うのではなく、その人の能力に応じた、柔軟な育成を行うことによって、目指す方向への恒常的な発展が可能だと考えます。

（花畑謙治）

機根

性欲《しょうよく》に多種あれば　医王薬鍼《やくしん》を異にす（三教指帰下）

【人々の要求は様々であるから、如来の教えも多岐にわたる】

◉人生の決意表明――迷わずに生きるために

『三教指帰《さんごうしいき》』というのはお大師様の若き日の著作で、儒教・道教・仏教の教えを戯曲風にまとめ、仏教の卓越したところを説いたものです。親戚や知人は儒教の説く教えでお大師様を縛ろうとし、また君主への忠義や、親に対する孝行に背くと言って、出家に反対していました。当時の日本では、儒教が官史の必須科目だったのです。そこでお大師様は、ご自分が心に決め目指していることを、書きとめておきたいと思われたのです。お大師様は「鳥は空を飛び、魚は水に沈むように、人間もその性質や心はさまざまである。だから生き方を説く教えも儒教・道教・仏教の三種類がある。どれも聖人の教えであるから、その一つに入ることで、忠孝にそむくことはない」と序文でおっしゃっています。『三教指帰』のなかでは、儒教と道教のかなり詳しい教えが説かれたあと、仏教の教えの奥深さを説きます。そして最後にまとめた詩文のなかで「人々の性質や欲望はさまざまであるから、人々が必要とする如来の教えもさまざまである」と説いています。この中では儒教や道教を批判するというよりも、それらを認めたうえで、仏教は自分や自分以外の人、生きとし生けるもの、それらすべてを救済する〝さらに素晴らしい真理〟だと説いています。これはお大師様の、出家に対する強い決意表明なのです。

親は大学に進学させたいと思っているのに、自分は早く社会に入って別の道を進みたいなど、生きて行く限り、何かを選択し、誰かを説得しなければならないときがあります。いろいろな場面が考えられます。相手への説得を考えるだけで、暗い気持ちになってしまいがちです。そのときは少し心を落ち着かせ、それぞれの選択肢を調べ、良いところを認め、信念をしっかり持って決意表明をしてみたらどうでしょうか。お大師様のように、自分の決意を文章にすることによって、さらに強い意志が生まれるのだと思います。道は自分で選ぶものです。仏さまは、その道に必要なたくさんの教えを持っていらっしゃいます。信念をしっかり持って迷わずに進んだそれぞれの道で、自分にあった仏さまやお大師様の教えに出会うために、この『空海散歩』がお役に立てればと思います。

（雪江悟）

機根

洪鐘《こうしょう》の響き　機に随って巻舒《けんじょ》す　空谷の応　器に遂《したご》うて行蔵す（性霊集二　恵果碑）

【梵鐘や山彦は、その時の状況に応じて長短に響く】

◉鐘の音は仏の声　心に響きます　高野山の静寂な夜に鳴る鐘の音は遠くまで響き渡ります。音は昼より夜、夏より冬、晴れより曇りの時の方が、上空の暖かい空気に反射して遠くに伝わるのだそうです。

　高野山には、壇上伽藍金堂東側の「大塔の鐘」と、金剛峯寺正門西側の石垣の上の「六時の鐘」があります。

「大塔の鐘」はお大師様の甥である真然僧正の時代に完成し、現在の銅鐘は一五四七年の鋳造です。直径二メートル十二センチ、全国で四番目に大きいので「高野四郎」と呼ばれました。午前四時、午後一時、六時、九時、十一時の五回撞かれます。夜十一時の鐘の音は静寂な山内中に響き渡り「今日一日お疲れ様」と、お大師様の労いの声のようにも聞こえます。

「六時の鐘」は一六一八年に福島正則が父母の追善菩提のために建立され、朝六時から夜十時まで偶数時に撞かれます。この鐘を撞けば一切の悪道へ誘われることもなく、この鐘の音を聞けば臨終の際に必ず多くの仏・菩薩が迎えに来て極楽往生できると伝えられています。

鐘の音は、聞く人の心の状態により聞こえ方が違うといいます。心が穏やかな時は心地よい響きと感じ、イライラしている時にはうるさく感じるようです。お寺の鐘の音がうるさいと周辺の住民から苦情が出て、鐘が撞けなくなったというニュースを耳にし、寂しくなりました。本当に「縁なき衆生は度し難し」ですね。

お寺の鐘は梵鐘といわれ、単なる時計代わりではなく、その音は聖なる清らかな仏の言葉でもあるのです。「ゴーン、ゴーン」という鐘の音は、英語の「ゴーン(gone)」、ゴーン(gone)」(消えてしまった)と捉えて、貪《むさぼ》り、瞋《いか》り、愚痴《ぐち》の三つの心の毒を消し去りましょう。

(藤本善光)

機根

物類形を殊にし事群体《てい》を分つ　舟車《しゅうしゃ》用別に文武才異なる　若し其の能に当るときは事則ち通じて快し　用其の宜しきを失うときは労すと雖も益無し

（性霊集三　勅賜屛風）

【万物は形が異なり、事象は性質が違う。舟や車の用途、文人や武将も能力が異なる。能力に適合していればうまくいくけれども、そうでなければ苦労ばかりで利益がない】

◉個々の特性を理解し能力を生かす　高野山には高野六木と云われる六種類の木「スギ・ヒノキ・コウヤマキ・アカマツ・モミ・ツガ」が大切に育てられています。お寺の本堂を建てたり、仏像から身の回りの物まで、これらの用材が利用されてきました。

お寺の本堂にはこれ以外にもケヤキの木が使われる事があります。とても堅い木で、木肌もとても綺麗ですが、近年ケヤキの大木が減少して値段も上がり中々手に入りません。

平成七（一九九五）年一月淡路島を震源に阪神淡路大震災が発生して多くの尊い命

と街や建物も甚大な被害を受けました。お寺の本堂も例外ではありませんでした。ケヤキで作られた本堂や鐘撞堂も大変な被害を受けました。木の堅さが災いして地震の力によって割れたり裂けたりしたそうです。それ以降、ヒノキの堅過ぎず弱過ぎずの良さが再認識され再建された多くのお寺の本堂に使われています。コウヤマキは木肌が白くて綺麗です。そして水に強いので浴槽やお風呂の桶に重宝されます。スギはその柔らかさと綺麗な木目を生かした建具や天井板や壁材、現在では特殊な加工をして床材にも使われています。アカマツは油分を多く含んで水に強いので濡れ縁の床材にも使われています。木を植える時もそれぞれの特性を理解して、木の成長しやすい環境を選び又は環境を整え、これらの高野六木は大切に育てられてきました。

人間である我々も、個々に誰にも負けない得意なものや長所を持っています。その長所、得意なものを一層に強化して活用していけば、自らには大きな自信となります。人を導く立場にある人は、部下の能力や個性を理解して、組織の中でその人を適所に配置して、またその人の持てる能力を最大限引き出し、与えられた課題や仕事を完遂することが大切な役目でもあります。世の中に存在するすべての物には意味や意義があります。そこに気づき、共に生かしあいの日暮をしましょう。

（中谷昌善）

機一に非ざるが故に　教随って多し（真言二字義）

【素養は一つではない。だから教えの分野も多い】

◉成長　空海は自分の才能に大きな自負を持ちながら内に籠り人を避ける青年期を過ごしたのではないでしょうか。いわゆる早熟の天才が陥る不安な心理を抱え空海が打ち込んだのは学問と自然の中に入ることです。幼年期の孤独な迷いと鍛錬は人生にとって貴重であり、その後の人生を方向づけることになります。青年期四国を中心に全国の山野で激しい修行した経験も空海の人生に確固とした自信を与えます。

また年を経るに従い、空海の世界を見つめる目は深まっていきます。他のものを受容する姿勢の深まりに、空海の姿に優しさが溢れてきます。機根とはそれぞれ個々が持つ優れた特性です。機根を生かすことによって社会に調和と発展をもたらすと空海は考え共生の思想を打ち立てます。生きとし生けるすべての命はそれぞれ特有の機能機根を備え唯一無二の存在であり大日如来と同一です。皆と一緒に生きる共生の意識が晩年の空海には深まっていきます。

空海の人生を振り返ると、ひたすら神仏に向き合う青年期の修行時代、教団を発展させるべく弟子を厳しく鍛え上げた指導者の時代、すべての命は尊いと感謝する晩年の円熟期があります。空海は数々の苦難を乗り越え、一生懸命生きる人々の努力を讃えたのが機根の教えです。すべての存在は大日如来と一つであり、それぞれが自分の立場で一生懸命生きることが即身成仏につながる。機根の教えは即身成仏と共に空海の根本的な教えであり生きる指針です。

空海の教えは理想であり空想的であると一笑に付すことは簡単です。ですが日本人は自国の風土と歴史に育まれた日本の思想、特に空海の思想をもっと見つめ直すべきです。

理念や思想をもたない社会は堕落し荒廃し尊厳や幸せが失われます。空海がより良い世界を作ろうとした理想は現代にも脈々と受け継がれていきます。空海の機根の教えはこれから高く再評価されていいと考えます。

（長崎勝教）

機根非一なれば教随って万差なり　権を執して実を捨つべからず（真言二字義）

【各人の性質は様々であるから、教えも多種類にある。しかし、仮りのものに惑わされて真実を見失ってはいけない】

◉機根発動物語　私は四十二歳の時、大きな交通事故に遭いました。居眠り運転の車がセンターラインからはみ出し、正面衝突されたのです。アッという間の事でした。全身を強打し、意識がとおのき、力が抜けていきました。舞台の照明が落ちていくような感じの中で「あぁ、死ぬんだ」と思いました。ろうそくが一度消えて、しばらくして火がともる事があります。私の命も戻ってきたのでした。気がついて、いまここで死ねないと、大破した車から這い出しました。

しばらくして、職場の上司のUさんが駆けつけてきてくれました。居眠り運転のセンターラインオーバー、しかも車は大破し、大怪我で動けません。時間が経つほど私の怒りは抑え難く半端ではなくなっていました。そんな私にUさんはこう言いました。「森さん、これですんでよかったなぁ」と。この一言が、私の機根（潜在的な宗教的素質）を発動させてくれたと思います。

事故から三日目、全身の皮がめくれはじめ、やっぱりあの時一度死んだと確信しました。お見舞いに来てくれた人の中には、「災難はやってくるもの。だから、生きるの死ぬのを深刻に考えたって仕方ない。それは仏様に任せて。人間なんて、もともと煩悩まみれの生き物。せっかく拾った命なんだから、元気になったら人生楽しまなくっちゃ損よ」と言う人もいました。

何と刹那的な思考と思いましたが、人はそれぞれ性格も理解も環境も違いますから仕方ありません。まして、物事の本質を捉える教えに出会っていなければ致し方ないのかもしれません。

この世に存在するものは全て何かの偶然でこの世に生を受けました。死や災難に直面しなければこの尊さに気づくのも稀ですが、花や動物の短い一生からも読み取れる人には読み取れるのです。目先の欲にとらわれず、大欲をもって小欲を制し、エネルギッシュに生かされているいのちを生かしましょう。

（森堯櫻）

円蓋《えんがい》は西に転ずと雖も日月は東流す　南斗《なんと》は随い運《めぐ》れども北極は移らず
冬天はことごとく殺せども松柏は凋《しぼ》まず　陰気水を凍らせども潮酒は氷らず（宝鑰第四）

【空は西に動いて太陽や月は東へ流れる。南の星座は動くけれども北極星は移動しない。冬季は万物を枯らすけれども、松柏は枯れない。冷水は凍るけれども海水や酒は氷らない】

◉世間に惑わされず仏の道を行く　仏法は無意味ではないかという様々な設問をご自分で作られて答えた内容です。「五濁悪世には戒律を守ったり真面目に仏教を学んだりする人は居ないよ」という設問です。

五濁とは命が短い、飢饉や災害や戦争多発、精神的荒廃と犯罪、正義の衰退、人間の素質低下。現代もウイルス、国家対立、災害、自分だけ儲かれば良いという不正義。人文科学の不勉強。特に仏教は注目されないですね。

こんな時代に仏教する人はいないのではないかという疑問に対して、大師は日月、北極、松柏、潮酒を譬えとして反論するのです。私達僧侶には耳が痛い言葉です。日月のように流されずに勉学しているか。北極のように周囲が流されていても戒律を守っているか。例えば戦時に不殺生。格差に布施。連休に参禅。

この文章を読むと、ひょっとすると空海様は孤高だったのではないのかと心中を推し量ったりします。高野山など山間を跋渉し禅定して仏を探求することを至福とされていたようで、その間は常にお独りであった様子です。正に孤高を愛し至高を求めていたと言えるのではないでしょうか。ただしその至高は他を圧するためではなく、心が芯から安らぐためです。端座して深く広い心という感がします。世事を行い凡夫を導くときも心は不動で仏の悠々として安らぐ心を湛えていたのではないでしょうか。

心は不動でありながら、しっかりと行くべき方向に揺るぎなく進むお姿が眼に浮かびます。

（加藤俊生）

火まことに物を焼けども布鼠《ほそ》中に遊ぶ　水よく人を溺らせども龍鼈《りゅうべつ》内に泳ぐ（宝鑰第四）

【火は物を焼くけれども布鼠は火の中で遊ぶ。水は人を溺らせるけれども龍や鼈は水中で泳ぐ】

◉火の神　水の神　「火」と「水」は私たちが生命を保つ為に必要不可欠なもので無くてはならない存在です。普段私たちは、台所で火によって食材を焼いたり、煮込んだりして食事を作り、それを食べて命を保っています。昔は、竈《かまど》で薪《まき》を焚いて調理をしていました。火を起こす事に難があり火力の調整も難しかった。現代の台所では、ガスコンロや電気器具を使って調理をします。火力の調整や扱いも手軽で便利になりました。古人《いにしえびと》は「火」を崇め、「火の神」としてお祀りしました。お寺の台所には必ずお祀りされています。私の故郷沖縄の各家の台所には現在でも「火の神」をお祀りしています。

風呂場も同様で、昔は「五右衛門風呂」、薪で湯を沸かし入っていましたが現在はボイラーや電気器具です。冬の寒い時期の暖房も昔は囲炉裏で部屋を暖かくしていましたが現在はストーブや電気器具等です。このように昔に比べますと「火」を扱う事の日常生活は便利になりました。残念ですが「火」に対する意識は、道具の一種となったように思います。その証として、家の内に「火の神」や「火の用心」の御札を見かけなくなりました。火はすべてを焼き尽くす事を今一度考慮して欲しい。

水は人間にとっては大切な飲み物であると同時に動植物等一切の地球に存在する命を育みます。水が無ければ砂漠のようなもので命は存続致しません。水道が整備されていない頃、生活用水を汲む所を「清水」と言い、そこには「仏様」がお祀りされ重宝された。お大師様の伝説に「水」にまつわる話が日本全国に数多くあります。作物の豊作を願う古人は水の出る場所を「水神様」として崇め奉り、その象徴として「龍」をお祀りしました。

一方、水には一切の物を清浄にする力があります。日常生活では、入浴、食材・食器の洗浄、衣類の洗濯等であります。真言宗では儀式に「水」の力を用い「洒水《しゃすい》」にて道場及び修行者の心身を清浄にします。

（糸数寛宏）

梵王は浄土と観《み》　舎利は丘坑と見る　土の相元より無二なれども心によって平と不平とあり（宗秘論）

【梵天は娑婆世界を浄土と見るが、舎利子は丘の穴と見る。土の形は一つであるが、見方によって平らであったり、凸凹であったりするからである】

◉自らの心を知るということ　ある仏像を目の前にした時に、人によってそれぞれの見方があります。美術的な価値を見いだす人や願いを持って拝む人、驚愕的な思いをいたす人もいるでしょう。人の価値観は様々です。仏像に限らず、あらゆるものに関して物を創造した人の意思に反して、そのものを見たり触れたりする人々はそれぞれの意識を持ってしまいます。

お釈迦様を初め、多くの宗教者は対機説法という方法によって様々な人々に対して救いの手を差し伸べて参りました。また救済の加持力を示しました。修行を重ねた聖者は、人々の心を理解しうるから可能なわけです。人の心を推し量ることは簡単なことではありません。それぞれの立場を知ることが難しいからです。

宗教者の修行の目的は、人の心を知るということです。それは先ずは自らの心を深く知り得なければなりません。「如実知自心」といいます。自らの心は複雑で、あらゆるものを吸収してあらゆる心を発して行動に移します。予測もつかない行動に結びつくこともあります。それは本来人間の心の中にあらゆるものに対する種子が存在してしまっているからです。良きも悪しきも自らの経験値によって考え、行動します。先ずは、自らの心の中に善悪のあらゆる心が共存していることを深く認識する必要があります。修行者は、いつも自らの心中を問い、禅定に入るための修行をします。

本を読んだり、テレビや映画を見て温かい物語に感動することは素晴らしいことです。感動は人の心を育てます。良き種子を植え付けます。そしてもっと仏像を観察してみましょう。仏像が何を訴えているのか？　何を表現しているのか？　仏像は人々の理想像なのです。あらゆる仏像はそれぞれの人々の心の表現なのです。私たちの心の中が仏像によって顕現されています。自らの心を知ることは他人の心を知ることにつながります。安らかなる世界を形成することにつながります。

（後藤瀞興）

人に工拙あり　詞《ことば》に妍《けん》喘《し》あり（聾瞽指帰）

【人の工作には上手下手がある。文章にも美醜がある】

◉徳を積む　「積徳」という古い書の習作を寺務所に飾っています。「現代書道の父」と呼ばれる比田井天来翁の揮毫になるもので、四十年ほど前、ご縁があって手に入れることが出来たものです。凜々しくも意匠を凝らしたその二文字を見る度に「徳を積むとは如何なる事か」と翁から問いかけてきます。

直弟子を取ることを拒んだ翁でしたが、晩年には「書学院」教授部で、多くの後進の指導に当たりました。「師につくな」「古碑を学べ」が口癖でした。なぜなら師匠につくとその師匠の思いの傾向になってしまう。だから古碑などの古典の書を数多く臨書し学んで次第に自分の形を構築していくことが必要だと考えたからです。

一方、「積徳」の意味を気付かせていただいたのは臨済宗妙心寺派の管長を務められた山本玄峰老師でした。老師は高野山のお膝元、熊野は湯の峰温泉の出身です。捨て子であった老師は、養父母に温かく育てられ若いときは血気盛んで、遊興に耽った時期もあったそうですが十九歳で結婚すると間もなく目の病に罹り、治療の甲斐もなく悪化を続け、滝行にも救いを求めましたがついには失明の宣告を受けます。死に場所を求めて遁走しますが、あるとき弘法大師の霊跡を廻る四国遍路を知り、旅に出るのでした。都合七度目の巡拝の折り、高知の雪蹊寺の門前で行き倒れました。それを救ってくださったのが住職の山本太玄和尚であったのでした。老師は、寺男として一生懸命働きました、その真摯な姿に和尚から僧侶になることを許されます。しかし、老師には不安がありました。眼病のため仏典を読み学ぶことが困難だったからです。しかし、和尚から「机上の経典の勉学より実際に苦難を乗り越えてきたお前の言葉にはそれを越える重みがある」と諭されて弟子になることを決心しました。

その後、各地を遍歴修行して、ついには一宗派の管長にまで昇られました。

老師は、後進の僧侶に「陰徳を積め」とよく諭されました。実際、玄関の履き物をそっと整えられたのでした。晩年、流感を患い生死の境を彷徨ったとき、病床で「南無大師遍照金剛」と何度もお唱えされました。眼病平癒の遍路のときからお大師さまを父親の如く慕われ祈りを捧げられていたのでした。

（瀬尾光昌）

操行《そうこう》は星の如く　意趣は面《おもて》に疑《に》たり（三教指帰上）

【人の行為は星の数ほどあり、心も顔もすべて異なる】

◉曼荼羅の世界観　『三教指帰』は、お大師様が二十四歳の時に、仏道と修行へのやみがたい気持ちを著した、日本で最初の戯曲です。物語は放蕩者の甥を更生させるために、儒教、道教、最後に仏教へと導いていく、というおはなしです。

上の文章は、儒教の亀毛先生が、「人の心は自然に快楽に走る」理由についてかたったものです。善をのぞむ人はまれで、悪にふけって暮らすものは竜のうろこよりも多い。また、人のおこないは、それぞれ人のもつ星によって異なっていて、その心持も、顔つきが異なるように違っている。その中で、好きな方向に進めば、自然に悪の方向に流れて善にはなじまない、というのです。

それでは、一体どうすれば人が救われるというのでしょうか。

仏教の仮名乞児はつぎのようにつづけます。

人々の性質が多種多様だから、心の闇を除く医王も、病に応じて薬や鍼の用いかたを変えていきます。孔子の道を習う者は、槐林へ通います。老子の道教を伝える者は、道教の寺院の道観へ臨って学びます。仏の説かれた一乗の教えは、人生はすべて、仏の光を浴び、仏に向かって歩むところにその意味がある。仏の教えは教理も利益も最も奥深いものです。自らも、他をも利益し済度します。

もし、唐から帰国後のお大師様なら、曼荼羅を使って説明したのではないでしょうか。つまり、今この社会がいかに多種多様であっても、みなことごとく大日如来にいきつきます。どのような姿かたちをしていても、すべて大日如来からうまれてきたのです。

そう考えると、この世のなかで無駄なものは一つもありません。また、どのような生き方をしていても、平等の価値があるのです。自分が絶対的に価値ある存在である、ということにめざめたなら、他人も同じように価値ある存在だと、気づくはずです。自分と同じ価値観の共有を強いると、とても窮屈な社会になります。

（丸本純淨）

各人各様

玉石途殊《みちこと》んじて遥かに九等を分ち　狂哲区《ちまたことん》別じて遠く卅里《そうり》を隔てたり（三教指帰上）

【玉と石は似ているようで異なり、九種類に分けられる。狂人と賢者とではかけ離れた違いがある】

◉心の飛び級は無い　人の心は出会いによって成長します。出会いの刺激がその人の視点を変えさせ、ある時には良い方向に、または悪い方向に相乗的に変化させます。一方に偏ってしまうこともよくあります。

名古屋でしばらく「坊主バー」に参加していた折、三人組のお客さんが来られ、いきなり、「聞いてよ。会社を設立して二年間順調に運営していたのに、社員の一人がチクりやがって倒産してしまった。チクった奴が許せない」と、えらい剣幕でした。

そこで私が「チクられるようなことをしたのですか」と聞きますと、途端に黙ってしまいました。その社員を責める視点から、一転して自分のしたことへの反省に切り替わった瞬間でした。後で聞くと一億円程脱税していたとのことでした。

さて、この文では、元来九段階の人がいてその差は月とスッポンだとしています。このままだと、どうしようもない状況に聞こえますが、我が国最古の戯曲『三教指帰』全体では、どうしようもない悪たれの蛭牙《しつが》公子が儒教、道教、仏教の教えに順に遭遇し成長してゆく姿を著わしています。今も昔も、出会いによって成長出来ることを示唆しています。

ただし、身体や知識は年齢とともに増しますが、心だけは飛び級がありません。心は年齢だけでは昇級できないのです。乳児幼児、小学、中学、高校、大学、社会人、二十代、三十代……六十代、七十代……。お釈迦様でも生まれてすぐにお悟りを開かれたわけではありません。かかる時間に個人差はあれど順にしか昇級しません。

いきなり大きな衝撃を受けた時には注意が必要です。心が動かなくなり、そこから脱出できなくなりますから、そんな時はとにかく寄り添ってあげましょう。そして本人は視野を広げて明るい方向に進みましょう。

死ぬまでこの世は学び舎です。何事にも関心や興味を持ち、たとえ相手が七歳の子であっても、その子からでも学ぶ心を持ちましょう。特に老齢になり地位や名誉、権力を得た時こそ小さな自分に気付き身を引き締めましょう。

（大塚清心）

人の心は我が心に非ず　何ぞ人の腸を見ることを得ん（性霊集一　山に遊ぶ）

【他人の心は私の心と異なるから、どうして人の腹の中を見ることができようか】

◉相手の心は見えない　お大師さまがお書きのことは、普段の生活でもよく経験することです。誰しも、相手の腹の中は分かりません。人はみな、自分の考えているように相手も考えてくれているだろうと思ってしまいがちです。

「自分がこんなにつらい思いをしているのに、周りの人は分かってくれない」と嘆く人がいますが、そもそも周りの人が赤の他人の気持ちなど分かるはずがないのです。言うなれば、わがままな発想以外の何物でもないということになります。自分がつらかったら、それなりにきちんとアピールしないといけないのです。

もっとリアルな例をあげますと、最近よく持ち込まれる相談に熟年離婚がありますが、あれなどが今回の名言が当てはまる典型的なものです。亭主は家事の手伝いのひとつもせず、腹が立ったらどなり散らし、気が向いたらパチンコざんまいで、それでも俺は家に金を入れて養ってやってるのだから、妻は感謝しているだろうなどと考えていたりします。ところが奥さんからしたらとんでもない話で、長年にわたって怒りのマグマがたまりにたまっています。子供が小さい時は、子供のために我慢に我慢を重ねていたものが、子供が成人して独立などしたが幸い、意を決して行動を起こされることが多く、今のところ熟年離婚で元のさやに納まった奥さまを一人も知りません。

こうなると気の毒なのはご主人のほうで、何が起きたのか理解できないのです。人の腹の中は分からないのが普通で、だからこそサービス精神といたわりの心と、適切なプレゼン能力がどうしても必要です。私の同級生もこの熟年離婚の乱にあってあえなく撃沈し、今や天涯孤独のわびしいアパート暮らしとなり、自暴自棄になって酒ばかり飲んでいるのがいます。彼が昔からかなりわがままな亭主であったことを知っている私は、奥さんの気持ちも理解でき、なんとも言いようがありません。というものの、この私とて、いつなんどき同じ目に遭わないともかぎりません。人生、一寸先は闇です。最悪の事態に陥らぬよう、お大師さまの言葉を肝に銘じたいものです。

（佐々木琳慧）

各人各様

蘭肴美膳味変ずること無くも　病の口　飢の舌には甘苦別なり（性霊集一　徒に玉を懐く）

【料理の味は同じでも、病人と飢えた人には甘苦が異なる】

◉多様な理解を受け入れよう

「空腹は何より勝るご馳走」と評されるように、お腹が空いている時は何でも美味しく頂けるということは誰でも経験されていますよね。

また、逆に自身の体調がすぐれない時は大好物を食卓に出されても口にすることさえできない場合もあります。特に昨年は明けて早々にコロナウイルス感染が世界中に蔓延するなど、日本でも多くの人が感染し、お年寄りや既往症あるいは身体が弱って免疫力が落ちている人が亡くなるなど、その猛威は未だ終息せず不安な日々が続いている現状です。このウイルスに感染された人の症状の特色のひとつに「味覚の異常」があげられました。お大師さまのお言葉にあるように、同じ美味しいものを頂いてもその人の身体の状態によって味覚は一定しない、という自覚を養うことが大事ということでしょう。

奈良にある興福寺や薬師寺に今でも伝わる「法相《ほっそう》」という学問、「この世のすべては皆、心の認識のみに依る」と説く大乗仏教思想のひとつ唯識の教えに学びたいと思います。興福寺北円堂に祀られています弥勒如来と、両脇に唯識の教えを大成した兄の無着と弟の世親の像がありますが、その世親が著した「唯識二十論」という書物に「水」の認識をめぐってのお話があります。きれいな清水を目の前にして恐らく当たり前のように手に掬って「冷たくて綺麗で美味しい」と感じることが多いと思います。ところが同じ水を目の前にして魚たちは「住処」と感じるでしょう。また仏教の世界観に説かれる餓鬼界に住まう者たちには「汚物」の流れと感じられる、という事実です。犬には視覚の色彩がない、その代わり嗅覚が人の何万倍もあって、この世界を犬たちは匂いでもって識別し見ているというのも驚きです。いま世界は文明の恩恵によってグローバル化が進み、いろいろな世界の人々との交流が盛んになりつつあります。わが国でも学校生徒のなかで外国人子女の割合も近年多くなっています。言葉や文化、宗教の違いをお互いに尊重し、認め合う社会の実現をめざしたいものです。

（山田弘徳）

箕《き》星《せい》は風を好み畢星《ひっせい》は雨を好む　人の願い同じからざること亦またかくの如し（性霊集四　真能の啓）

【風を好む星があれば、雨を好む星があるように、人の願いにも様々にある】

◉各人各様　人は、誰しも願いを持っています。中学校も三年生になれば、高校入試が待っています。自分の希望する学校に入りたいために、受験勉強に励みます。その後、高校三年生になれば、今度は大学入試が待っています。願いがかなう人もあれば、かなわない人もいます。学生が終わると、今度は就職が待っています。願いは年齢とともに次々と変わっていきます。

よく、人生は棺桶に入るまでは、わからないと言われます。地道にコツコツと努力する人もいれば、一攫千金に走る人もいます。人間みな顔形が違うように個性がありますます。人間はみな欲望を持っていますが、私が思いますには、「立派な人格者になること」という欲望が最高だと思います。

人間は、誰しも大なり小なり挫折を経験しております。又病気になったりもします。そんな時には、真の友人、法友がいると本当に助かります。

お大師様も、苦修練行によって様々な経験をされたと思います。多分この大悉地で自信をさらに深められたことと思います。この体験で、人間の生命は、永遠であり、時間空間を飛びこえて生きることができるのだと悟られたのだと思います。

悟りにも段階があって、一つクリアすれば、次の段階、また次の段階と変わっていきます。各人がそれぞれに課題を持って生きていますから、人の数だけ課題があるといえましょう。

人間は同じ両親から生まれても、皆それぞれ違った人生を歩みます。人生の前半は、順風満帆でも、後半は逆によくないケースもあります。逆に人生の前半は不運でも大器晩成で幸福な人もいます。人間は、日々種まきですから、一刹那を大切にしたいものです。

大師と共に「同行二人」の精神で素晴らしい未来を見つめて歩んでまいりたいと思います。

（堀部明圓）

物類は形を殊にし　事群は体《てい》を分てり　舟車は用を別にし　文武は才を異にす（高野雑筆一／性霊集三　勅賜屏風）

【物体はそれぞれ形が異なり、事情もおのおの働きが違う。舟と車では用途が違い、文官と武官も能力の分野が異なる】

◉私の輝き　人には向き不向きがあります。私は、どちらかというと文章を書くことは苦とは思わないのですが、何かをコツコツと地道に行っていくということが苦手です。きっと、皆さんにも得意なこと、苦手なことがあると思います。

真言宗には曼荼羅という仏さまの世界を図式化したものがあります。中心には真言宗の教主であります大日如来という仏さまが描かれ、その周りに何重にも仏菩薩が描かれているものです。この曼荼羅は仏さまの世界を表していますが、私たちの世界も表しているのだと教えていただいたことがあります。

中心の大日如来さまは全宇宙の働きを表しているもので、命の根源でもある「おおいなるいのち」という存在です。その「おおいなるいのち」から何かしらの特徴や使命を担い生み出されるのが、周りに描かれる仏さまです。その一つ、阿弥陀如来さまは「妙観察智《みょうかんざつち》」という知恵を司り、特徴や個性を大いに発揮できるようにする働きをします。あるいは、阿閦如来さまは「大円鏡智」という知恵を司り、すべてをあるがままに映し出し受け入れようという働きをします。仏さまそれぞれにも役割や特徴があるのです。

そして、その曼荼羅に描かれている仏さまは「相互供養・相互礼拝」という関係にあるとされます。「お互いに助け合い・お互いを尊重しあう」という関係です。それぞれの特徴を活かし、使命を全うすることで、他の特徴や使命を担った仏さまと共に世界を作り上げているのです。お互いを認め合い、協力しなければ何かが欠け、何かが足りなくなってしまいます。

私たちは容姿も違うし、事情も違うし、担っているものも違います。得手不得手もあります。そんな私たちですが、それを認め個性を尊重し、お互いに協力していくことで、世界は成り立っているのではないでしょうか。互いに助け合い、認め合うことの大切さを忘れずに歩んでいきたいものですね。

（岩崎宥全）

家家の意異にして迂廻直道なきに非ず　機根非一なれば教随って万差なり権を執して実を捨つべからず（雑問答一八）

【宗旨宗派の見解がそれぞれ異なっているから、教えもそれぞれにある。しかし、仮りのものに惑わされて真実を見失ってはいけない】

◉道にこだわるなかれ　仏教には宗派がたくさんあるのは何故ですか？　という問いに対してよく山登りの例えがなされます。頂上を悟りの世界とすれば、そこに至る道は多数あるでしょう。険峻な道、平坦な道、乗り物の通る道、先人未踏の獣道、中には頂上へ繋がっていない道もあるでしょう。その一つ一つの道が宗派の違いだと例えられるのです。

先日、インスタ映えがするパワースポットとして若い人を中心に話題になっている香川県観音寺市の高屋神社へお参りしました。標高四百四メートルの稲積山頂上に本宮があり、ここの鳥居が「天空の鳥居」と言われて有名になっています。頂上へ至るのに二つの道があります。一つは里宮《さとみや》から山道を徒歩で進む表参道。もう一つは自動車で登る道。今回は距離約千五百メートル高低差三百五十メートルの表参道を歩いて参拝することにしました。里宮をお参りしてから参道入り口に向かいます。約七百メートルは急な上り坂とジグザグな山道で一気に標高を稼ぎますが、普段からの運動不足と寄る年波のせいで何回も休憩しながら必死で登りました。その先は少しなだらかな山道が続き、頭上に生い茂っていた木が無くなったかと思うと約二百八十段の自然石の石段が見えてきました。最後の力を振り絞って上り詰めると本宮に到着です。天空の鳥居をくぐり、息を整え水分補給をしてやっとの思いでお参りをいたしました。

頂上からの眺めは最高、展望所で暫く動けませんでした。車で来た人は汗もかかずにいろんなポーズで沢山写真を撮っています。彼らを見ながら「私の方がしんどい目をしてきたのだから景色も彼らより美しく感じているはずだ」などと思ってしまう始末。しかし山頂で元気な彼らを見ているうちに「修行で全力を使い切ったら悟りを開いただけの自己満足で終わるのではないか。山頂に到達した後の活動こそが大切であるのにそれが出来ないのならば悟りを開いた意味が薄いのではないか」と思い至りました。修行の道に優劣は無く、修行を終えた後の活動こそが大切なのです。（亀山伯仁）

般若は猶し大地の如し　万物を出生す（十住心第七）

【仏の智慧は万物を生じさせる大地のようなものである】

◉救いのキット　誕生日に「自分米」というプレゼントをいただきました。パッケージを見ると何のことか解らず、開けてビックリ。自分でお米を栽培するキットでした。時季を見て、透明カップに種を入れ発芽をさせて、全体を湿らせた土に七つほどの浅い穴を爪楊枝で開け、一粒ずつ穴に入れ土を被せます。これが、種まき。次に、生えた草丈が十センチ以上になったら、五本を選んで纏めて別の土に植え替えます。指定の寸法になったら土を二日ほど干して水を張り、穂ができるのを待ちます。花が咲き受粉ができれば、お米になるという手順。稲刈り、脱穀、籾摺り、精米と続くのですが、今はまだ途中です。

農業が未経験でしたので、発見だらけです。二〇粒の種を発芽させて全て用いずに選別し、更に元気な苗を選ぶのです。捨てるのも勿体ないので、別のプランターに植えましたが、同じような手順でも、なかなか育ちません。すぐに変色し枯れてしまいました。お米は、放っておけばできるのではなく、これだけの手順が必要ということと、それに見合う土が必要だということを学びました。

檀家さんに、お米を皇室に献上される方がおられます。お米だけではなく、畑の作物も見事に作られます。その方は「土を育てにゃエエもんはできん」と常に仰います。その意味が、僅かな経験ですが、解ったような気がします。

大日如来の種字は「阿」です。「阿」は、大地を表します。仏様の智慧が大地のようなものならば、その大地のことを理解し育てなければ、良いものが生まれません。農業に従事される方が、元気な作物を繁らせるために土を育てる行為は、出家が地域の安穏な日々を願うため「阿」を理解し、研鑽する行為と同じです。瑞々しい作物を育てるためには、元気な作物を想像しながら土を作る。穏やかな環境になるために、人々の喜びを想像しながら心を耕す。何も変わりはありません。雑草まみれではダメですし、毒のある作物が芽を出すと困ります。欲望まみれや、悲しみしか想像できなくては、人々を元気にできません。その積み上げた功徳をもって、救いのキットを渡せるように、日々の精進に励みます。

（吉田宥禪）

二慧は是れ三世の仏の法身の父母なり（十住心第七）

【世間の真理と仏教の智慧は、過去から未来にわたって仏の本体に相当する父母である】

◉灯明が示すもの　私たちがお供えするローソクは灯明と言い仏様の智慧に例えられています。闇に迷う私たちの進むべき道を照らしてくれているように思えるからです。我が身を減らしながら光る姿からは仏の慈悲を感じます。又、ローソクの灯はこの世での命、明かりを灯すと時間が経てば必ず消えてなくなるように、私たちが生まれた時、誰もが平等に決まっているのはいつか旅立ちを迎える事。永遠のものなど無いのだとも教えてくれています。

生まれた者は死ぬ、栄えた者は滅びる……「諸行無常」という言葉を学生時代に学んだ時、なんてネガティブなんだろうと感じた記憶があります。夢や希望に向かった若き頃、それは全てあきらめなさい、と言われているような暗い寂しい言葉にしか思えなかったのです。

いにしえの時代、戦いで多くの命が失われ、行き渡る医療ももちろん無く、食は貧しく、生まれてすぐに亡くなる子供も多かった事でしょう。そのため、平均の寿命は、三十歳位だったと考えられています。死は現在よりももっともっと身近なものでありました。大切な人を失う悲しみは、今も昔も同じ、死とは、本人ではなく残された者が受けとめるものだと思います。ネガティブだと感じた頃から時を経て、多少なりともふり返る道のりが出来た今、「諸行無常」とはあきらめとは違う、ありのままを受け入れる深い心の表れなんだなと少しは感じとれるようになっていました。

仏教の智慧を般若と言います。日頃使っている知識としての知恵とは少し違います。般若の智慧は悟りへと導く力です。変わらないものは無いという世の真理を正しく知り、こだわりを無くし、正しい行いを積む事により得るものといわれます。自分と他人の境はなく、優れている劣っているの分別もなく、執着から離れた先にあるのが、全てを大切に思うあたたかい慈悲の心……といってはみたものの今の私はまだまだ知識でしかありません。亡き人を思い、心静かに灯明を眺めていると、様々を示してくれている事に気づきます。仏教の教えはいつの時代も変わらない、大切な事を教えてくれています。照らされる灯りをたよりに進んでまいりたいと思います。

（橘髙妙佳）

般若

我れ本不生を覚《さと》り　語言の道を出過し　諸過解脱することを得　因縁を遠離せり　空は虚空に等しと知って如実相の智生ず（宝鑰第十／即身義）

【不生不滅の本源を悟ることによって、言葉や罪、因縁から離れた空の世界を知り、そこから真実の智慧が生まれる】

◉高野山奥の院御供所近くの五輪塔は漢字で書かれている　高野山奥の院にはお大師様がご入定されており、その近辺には二十万基以上の墓碑が立ち並んでいます。昔の墓碑の特徴は五輪塔と言いまして、下から四角形、円形、三角形、半月形、宝形の五つから成り、下から梵字で𑖀（ア）𑖪（バ）𑖨（ラ）𑖮（カ）𑖏（キャ）と書かれています。そして御供所近くには漢字で書かれている五輪塔があり、下から「地」「水」「火」「風」「空」と漢字で書かれてあります。この地水火風空を五大と言い、地球そのものを表しています。大地があり、海があり、火があり、風が吹き、その上には空があります。そして密教修行では色々な観法修行の中、五大が人体そのものであると説き、瞑想を行います。

お釈迦様は菩提樹の下で瞑想され智慧が完成し悟られました。

五輪塔を人に表すと、腰から下が𑖀（ア）＝「地」、臍が𑖪（バ）＝「水」、胸が𑖨（ラ）＝「火」、顔が𑖮（カ）＝「風」、頭頂が𑖏（キャ）＝「空」となり、我が身そのものが地球そのものと同じと考えます。

私達は地球に生まれ、そして地球に帰っていく存在です。現代的に言えばビックバンによって宇宙（大日如来）が生まれ、その広い宇宙の中で、永い年月を経て地球が形成され、命が生まれ、命が継承され、生かされています。

息している自分の存在をはじめ、多くの動植物達、そしてそれらがいつか絶える命、また新しく芽生える命、その永遠とも見える無常（現れては消えて行く）の理屈は言葉や文字では表せないということです。私達も限りある命の中で修行し、智慧を完成させ、精一杯生きなさいとお大師様に言われているように感じます。

奥の院には多くの戦国武将のお墓があり、道を隔てて敵・味方のお墓が並んでいます。生きている時は事情があり敵同士で戦っていても、いざ亡くなれば高野山のお浄土で眠る。本来、敵も味方も無く全てが仏様なのです。

（吉森公昭）

衆生の自心すなわち是れ一切智智なり　実の如く了知するを名づけて一切智智となす（大日経開題　衆生／大日経略開題）

【心は智慧である。真実をありのままに知る智慧である】

◉蟲《むし》も知らざる真実　「虫の知らせ」でいう「虫」とは何を意味するのかは謎です。「針聞書《はりききがき》」（九州国立博物館所蔵）は、人体の蟲《むし》らを可笑しく可愛らしい姿で描いたイラストで、江戸の医師にも重宝されたとか。いまや肉眼に変わり、先端電子「眼」や「鏡」で、人体に約七十兆近くの蟲こと細胞や善玉悪玉中立玉ら微生物が微妙なバランスで暮らしていることも周知のことです。

蟲も衆生です。諸仏菩薩の境地から見て「生きとし生けるもの」は有情といい、衆生には卵生、胎生、湿生、化生があり、衆生はみな平等でかわいいのです。

わたくしことで恐縮ですが、福田衣の袈裟を被り諸衆生を広く救済したいと誓って初めての修行で食事作法中のことでした。「我身中有八万戸。一一各有九億蟲。済彼身命受信施。我成佛時先度汝」という「蟲食偈《チユウジキゲ》」を唱えた途端、目がウルルとなりました。そのロマンあふれるファンタスティックな表現に驚き、偈から読み取れる仏の慈悲に感動を覚えました。細胞や微生物など「八万戸」とは大雑把な蟲の世帯数で、一戸あたり「九億」の体内衆生がいるのですね。行者は食事で蟲らの身命に養分を布施し、読経して法布施もします。蟲らにも信（じて）受（取ってほしい）と。わたし（行者）が成仏時は必ずや君ら蟲をもこの千生万死の輪廻から救い出すぞという強烈なメッセージでした。

弘法大師空海様には、虫を喩に、衆生の無知を諭そうとする名言があります。「微小の虫は大鵬を見ることができない。とかげは大魚の存在が信じられない」。また、仏の衆生に真実を示す仏の慈悲について、「衆生は迷って家へ帰る道を知らない。苦しみの世界に沈んでさまよい、苦の原因がわからないから悟ろうともしない。如来はこれを哀れんで悟りへの道を示されている」。虫も私達人間も諸仏菩薩の救済対象です。四苦八苦の因を知り、本能任せで新「業」を作る生き方をしない為の智慧もあります。「不殺生」が冒頭にある「十善戒」も、身語意を護る智慧です。共存中の体内衆生にも慈《いつく》しむことを忘れず、自心に本来もつはずの智慧を見出したい今日この頃です。（松本堯有）

般若

般若は能くこの二世間を護り　災《わざわい》を攘《はら》い福を招く故に護国と名づく（仁王経開題）

【仏の智慧は、世の中を護り、災難を払って幸福を招く。だから護国ともいう】

◉護国と仏教　ある日、お寺の書庫を整理していると、古い本の中から立派な装丁の経本が出てきました。「訓訳仁王護国般若波羅蜜多経」とあります。それは昭和十二年、有志の真言宗僧侶、信徒が賛同者となって開版され全国に頒布されたものでした。

盧溝橋事件に端を発して日中戦争が始まり、日本全体が戦争に傾斜していったこの時、鎮護国家の宗是に基づき〝護国の経典〟仁王経を講供して国を護るの祈りを捧げんとしたのでした。翌年には国家総動員法が可決され、日本全体が戦争への協力を迫るような雰囲気の中、真言宗としてもこのような国威発揚の運動を示す必要があったのでしょう。その跋文には、古くは元寇の折や近くは日清・日露戦争において仁王経を開版講誦した歴史を述べ、日本の意に従わぬ中国や今後敵対するであろう国々を魔軍と呼び、「宗家総動員の熱誠をもって国家に貢献せねばならぬ」と戦争への覚悟を鼓吹する文面が見受けられます。しかし、その後日本はどうなったか？　国土は灰燼に帰し、数百万人の人命が失われ、またアジア諸国に深刻な被害を与え、現代に至るまで拭い切れない大きな禍根を残しました。残念ながら仁王経を読誦しても、護国は果たせなかったのです。

仏教が国を護るとはどういうことでしょうか？　仁王経に説かれていることは、国王が菩薩となって如来に従い般若波羅蜜多を行ずれば、国土衆生も般若波羅蜜多を習い修めて国を安んずる、これを護国というのです。般若波羅蜜多とは、さとりに至る智慧のことを言います。何故、戦争が起こったのか？　何故、災害が起こったのか？　何故、世間が荒廃するのか？　何故、貧困があるのか？　何故、疫病が流行るのか？　何故……？　それを如実に考える智恵が般若波羅蜜です。考えることを止めてしまっては、いくら経典を読誦し、書写し、講説したとしても護国とはならないのではないでしょうか。智慧を失った国は再び戦争をし、災害に遭い、人心は荒廃するでしょう。正しく円満なる智慧を持つことが国を護るのです。

（佐伯隆快）

般若

仏知見とは何の処にか在るや　凡夫の内心の最も中に在り　汗栗駄心なり

将に観音を覚らんと　またかくの処に於いて　蓮華の形を思え（法華経開題

重円）

【仏の智慧はどこにあるのだろうか。人の心の中、つまり心臓にある。観音菩薩を拝みたければ、自分の心に蓮華を思い浮かべるとよい】

◉観音経の智慧

観音経は、妙法蓮華経観世音菩薩普門品第二十五の略称です。大乗経典のなかでも有名な経典の一つです。観世音菩薩のみ名を一心に称せば、どんな災難に遭っても直ちに、身を変現して守って下さるという教えです。この変現観音は、三十三身を数えると説かれています。

変現観音に対して、観世音菩薩を聖観音ともいって、左手に蓮華を、右手に与願印を結んでいます。観世音とは、世間の音に耳を傾け、見据え続けるという働きを表しています。また、観ることは救うことであり、観られていることは救われていることであるという、深い意味が込められています。衆生の側からは、観ることは救いを求めることになります。観音さまの足元に立つと、大きな右手が先ず目に入ってきます。そのまま上に眼をやると、大きな蓮華を持って観音さまが、じっとこちらをご覧になっています。一方、蓮華を心の中に思うと、観音さまが心の中に入ってきます。

お釈迦さまの滅後、在家信者は仏塔を建てて、遺骨を祀り礼拝してきました。仏塔信仰がインド全土にひろがると、仏塔に資金が集まるようになってきます。そうなると菩薩団は、かつての仏教教団のように、堕落の道をあゆみ始めます。ここに信仰心の強烈な一団が、新経典結集に向かいます。その動きはまず、小品般若経結集となってあらわれ、その後、維摩経結集、法華経結集などがあらわれました。

法華経は、妙法蓮華経の略であって、「一なる立場」しか世の中にはないという教えです。「一なる立場」とは、仏も凡夫も一つ、智者も愚者も一つ、善悪一如、主客一如という世界です。法華経に深く帰依した宮沢賢治は、物語のなかで、蛙にも、ねずみにも、さそりにも、また、風にさえもなった。自由な展開は、現在でも世界中の読者を魅了しつづけています。

（丸本純淨）

般若

如来　無垢清浄眼を発《おこ》して一切衆生を照見し　衆生をして是くの如きの三密に悟入せしめんが為の故に　慇懃に悲歎して知見を開示したもう　知見とはいわゆる衆生の三密なり（法華経釈）

【如来は清らかな眼力で生きとし生けるものをご覧になり、衆生を仏の行ないに導くために、憐れみ悲しんで智慧を説かれている。その智慧とは衆生が仏になる方法論である】

◉仏さまの一大事　仏教には「一大事因縁」という言葉があります。これは、仏さまがこの世に現れるに至った一番大切な理由について示すもので、『法華経』の方便品に説かれています。それによると、仏さまは、私たち衆生に仏知見（仏さまの智慧）を開かせて清浄にするため、そして衆生に仏知見を示すため、さらに衆生に仏知見を悟らせ、仏知見の道に入らしめるために、この世に現れたのだと言います。開示・悟入や、開・示・悟・入の四字などの解説はさまざまですが、私たち衆生にとっては、仏さまが私たちのためにこの世に現れたということ、しかも仏さまはその勝れた智慧の働きで、私たちのだれもが仏さまの智慧を開くことができるとすでに知っておられるということは、何よりうれしいお話です。そしてそれを知っておられるからこそ、仏さまはその巧みな方便を駆使して、何としても開示悟入させせようと導いてくださっていると思えば、仏さまに認められている喜びと勇気がわいてきます。

私たちの日常においても、この人の才能や能力をこのまま埋もれさせておくのはもったいないからと引き上げてくださる方がいます。また、家庭環境や社会的事情から、学ぶ機会や就職の機縁を逸した人に手をさしのべて支援をする個人や団体があります。あるいは、愛情を感じられないままに年月を重ねる人に愛情の手応えを感じられる人生となるように、寄り添う生き方を選んだ人や家族があります。一度でも大きく傷ついた経験をもつ人や、何度も傷ついた人は、他人を信じることに不安を感じ、善意を信じられなくなることもあります。それでも、その時々に相手にとって最善と思える手だてを尽くす人のありようを、私たちは尊いと感じます。

仏さまが、私たちの本質を認めてくださり、同体大悲の想いで救い続けてくださるように、私たちもまた仏さまの心と言動（身口心の働き）を見習い、今の自分にできる善い行いは何かを考えて実践したいものです。

（中原慈良）

仏智見とは即ち衆生の心性なり（法華経密号）

【仏の智慧とは、生きとし生けるものの心の本性である】

◉ひとつの大きないのち　仏智見とはひと言でいえば仏さまの「智慧」のことです。智慧とは「真理」（ダルマ）に照らし合わせて、正しく物事を認識し迷いや不安を打ち破ること。それがなぜ衆生の心性（私たちの本来の姿）なのでしょうか。

仏教では仏さまの智慧を太陽の光に、慈悲を雨にたとえることがあります。どちらもすべてにひとしく降りそそぎます。

小学生の頃、夏休みの自由研究のためにアサガオの種を植えました。芽が出て大空へ向かってつるを伸ばし成長しました。そんなある日のこと、鉢の中に雑草が生えていたので何のためらいもなく引き抜きました。その時、そばにいた母があることを教えてくれました。

「私たちは、毎日食事をとります。言い換えると、他の命を犠牲にしてこの命があります。しかし、同じメニューが毎日続くと、『飽きたから別のものを食べたい、これは好き、これは嫌い』とつい不満を口にしがちです。

やがてこうした好きか嫌いの選択から、好きだから仲間、嫌いだから『やっつけろ、殺してしまえ！』と言わんばかりに戦争や争いがはじまるきっかけに。ついには、人生を幸福か不幸の二極に分けて考えてしまうことにも」

仏智見とは一体何でしょうか。それは、好きか嫌い、敵か味方に分けて自他を区別することではなく、他を慈しみ自他共の幸せを願うことのできる寛大な心。仏さまと私たち衆生（生きとし生けるもの）の心はすべてつながり、ひとつの大きないのち。

そして、煩悩に汚されない清浄なる心こそが、迷いや不安を打ち破ることのできる真理（ダルマ）、つまり、生きとし生けるものが皆で支え合って共に生きている姿ではないでしょうか。

毎年、夏のお盆の暑い日に母のことを偲びながら父と二人して高野山へ出かけます。母が教えてくれたあの「花言葉」（勇気と思いやり）も一緒に。

（雨宮光啓）

深般若を以て無自性を観ずるが故に　自然に一切の悪を離れ一切の善を修し　自他の衆生を饒益《にょうやく》す（三昧耶戒序／平城灌頂文）

【深い悟りの智慧で本質を見抜くことができれば、自然に悪から離れて善を行なうようになり、すべての人々に利益を与えていく】

◉本質を見抜く

私の友人に、とても効率的な言動をする人がいます。人の悩み事などを聞いては、すぐにその話の要点を短くまとめてしまうのです。その例えというかまとめ方は秀逸で、友人のその洞察力に度々感心したものです。

そういう人は、色々な事の本質を見抜く力が長けていると思います。また、物事を客観的に捉え、冷静に分析することができると思います。そういう見方をしていくと、話している人の性格、考え方、求めている答えあるいは方向性ということが読み取れるようになってきます。

例えば、こんなことがありました。職場の皆でお金を出し合って自分たちとお客さんのためにコーヒーを用意していました。コーヒーは好き嫌いや、飲める人飲めない人がいますから、全員が飲んでいたわけではありません。でも、一度淹れておくと、急なお客さまに対しても、即座に出せておもてなしできました。もともと、お客さまのために用意していたことでした。

でも、これも毎日飲みきるものでもありません。皆の話し合いの時に、「残すのがもったいない」という発言が出ました。そして、コーヒーを準備するのを止めるということが決まりました。コーヒーを用意する意図は、お客さまにいつでもおもてなしできることであって、残さないように用意すらしないことではなかったはずです。でも、結局本来の意図は通じませんでした。本質というものを正しく捉えないことで、本来すべきことをしなくなる。最近、そうしたことが多くなっているように感じてなりません。

どうしてこうしているのか、なぜ、このようにするのか。それには意味があるはずです。それを目先のことに囚われて、正しく見る、正しく理解することができず、悪い方向にむかってしまう。そんなことがないように、物事の本質を見抜けるように努力していきたいものです。

（中村光観）

智慧の源極するを強いて仏陀と名づけ　軌持《きじ》の妙句を仮りに達磨《だるま》という（性霊集六　藤中納言願文）

【智慧の最たるものを仏陀と名づけ、人の拠りどころなる言葉を法という】

◉仏教の知恵で心豊かに過ごせますように　唐に遣唐使を派遣していた平安時代では、遣唐使に任命されることは名誉なことでしたが、航海技術が未熟であったためすべての船が唐に接岸できるというわけではありませんでした。遣唐使として日本を出港したら、航海中に命を落とすかもしれないという命をかけた覚悟が必要でした。冒頭の名言は、お大師さまが遣唐使の命を受け唐へ渡ろうとする藤原葛野麻呂中納言のために祈願法要されたときの願文《がんもん》の一節です。

お大師さまも遣唐船で唐へ渡る航海途中で嵐に遭い、日本を出港した四隻のうち二隻は行方知れずとなってしまいました。お大師さまが唐へ渡ったときは人間の非力さを知り、自然の力にあらがうことができないことを思い知りました。けれども、お大師さまは懸命に神仏に祈ったおかげで唐へ渡り日本へ帰国することができました。お大師さまに神仏のご加護があったように、藤原葛野麻呂中納言にも神仏のご加護がありますようにと願文を結んでいます。

神仏のご加護があるようにと祈らずにはいられないときがあります。ある信者さまは、突然に親戚の訃報を受けました。まだ長寿を全うしたと言うには若すぎる死でした。信者さまは、家族同然に付き合っていたその人の訃報を聞いてショックを受け、膝の力が抜けてしまい立ち上がることができなくなりました。やっとのことで葬儀に参列しましたが、焼香をしても夢の中をさまよっているようで精気が抜けたような状態でした。葬儀を終えて数日後、寺から一枚の菩提樹の葉が送られてきました。それは仏教行事の記念品でした。菩提樹の葉には「拠り所となる仏法に出会えますように」という祈りが込められていました。菩提樹の葉に込められた祈りが信者さまの心を癒やしたのでしょうか、信者さんは心にひとすじの光が差し込んだように感じました。そして、やっと親族の死を受け入れることができ、あたたかい涙を流すことができたそうです。祈りは仏教の智恵です。拠り所となる祈りの言葉を法と言います。私は、あなたが仏教の智恵で心豊かに過ごせますようにと祈念しております。（中村一善）

般若

金剛の慧日は愛河を銷竭《しょうけつ》し　実相の智杵《ちしょう》は邪山を摧砕《さいさい》せん（性霊集六　藤中納言願文）

【絶対の智慧によって愛欲を消し、真実の智慧によって邪悪を砕く】

◉智慧とはなにか　本当の知性とはなにか……と最近よく考えます。社会や地球環境がこれまでになく複雑な様相を呈してきて、実際の戦火がない場所でも、人々は不安と恐怖におののいて生きている場面を多く目にします。

私たちは今までにない困難な時代を生きる中、本物の知性が求められています。知性というと西洋哲学的になりすぎるきらいがあります。仏教的には「智慧とはなにか」と言い換えてもよいかもしれません。

ここのところ霊的な導きにより実感することには、具体的な智慧の根源をあらわすものは、「水と火」かということです。本来、仏法はすべてを明らかにしてくれるもの。弘法大師の随筆を集めた『性霊集』の一節に、次のようなことが書かれています。

「金剛の火は煩悩の河を涸らす。悪魔の住む鬱蒼とした樹林地を切り開くのは智慧という武器だ」

これは、単にどちらが勝つとか何が悪いかということを述べたものではなく、智慧というものの動きで境界をなくしていくということです。私たちの目に見えるものは、人であれ動物であれものであれ、それぞれに独立した形状を保っているように見えます。

しかし、智慧の光を通してみたときには、それらの境界はありません。つまり相反するように見える水と火でさえ、もとは一緒です。自然界では、たえず水から火が出たり、火が水を呼んだりします。そして、合わさったときには、両者はぐるぐるとマーブル状に溶け合い、龍のように天に昇っていきます。限定された普通の社会で生きているときには思いもしなかった「智慧」が境界をなくした瞬間に、活き活きと反応し始めます。ここで述べた水と火は基本の素であって、地を含め、世界を構成している風、空、識といった「六大」もまた、絶妙な働きかけで活性します。

密教修法がすばらしいのは、自分を超えて、本物の智慧に触れることができるからです。

（佐藤妙泉）

仏に五智あり　因業各《おのおの》異なる（性霊集八　弟子僧真体）

【仏の智慧は五つにまとめられるが、いずれも無数の業を洞察した智慧である】

◉いただくということ

「五智」とは仏さまが持つ五つの智慧であります。お大師様は「五智」を水に喩えられています。すべてを水鏡としてあるがままの姿をその面に映し出す「大円鏡智」、水はすべてを平等に映す「平等性智」、同時に違いも察知させる「妙観察智」、すべてを育む「成所作智」、そして、すべてを兼ね備えた「法界体性智」であります。「五智」は水のように私たちを包みこみます。

この五つの智慧には、私たち人間の本来あるべき姿がうかがえます。優しく大きな心を持つこと、威張らないで誰にも平等に接すること、つぶさに相手の機微を観察できること、慈しみ育てること、などです。

またそれぞれは五つの仏さまの智慧となります。阿閦如来が「大円鏡智」、宝生如来が「平等性智」、阿弥陀如来が「妙観察智」、不空成就如来が「成所作智」そして大日如来が「法界体性智」であります。大日如来が全てを兼ね備えておられるので、「五智」とは他の仏さまを包む大日如来であるのです。従ってあまりに大きな仏さまであるがゆえに、他の仏さまのような身近な信仰を持ちにくいとも言われます。

ただ古くからこの大日如来の「五智」については広く語られてきました。例えば歌舞伎の「勧進帳」のいわゆる山伏問答などです。富樫左衛門が勧進帳を読み上げた弁慶にさらに問いを重ね、二度にわたり「頭に戴く兜巾はいかに」と迫ります。その時、弁慶は「これぞ五智の宝冠にして、十二因縁のひだをとって是を戴く」と応ずるのです。兜巾は、大日如来の五智そのものであります。

また真言宗の灌頂においても最後に受者は五智の宝冠を戴き、手鏡で顔を映され「ここに映っている方は大日如来様です」と告げられます。

その後、命を賭して窮地を救い酒宴まで開いてくれた富樫左衛門に、目礼し飛び六方で立ち去る弁慶。互いに許し許された身として別れの言葉は不要でありましょう。そしてまた灌頂で五智の宝鑑を戴いたおりの私たちも静かな法悦が身を包むばかりであります。

（小野聖護）

金剛等は並びにみな仏の智の法門なり　受持頂戴すれば福利極まり無し　外には以て魔軍を催破し　内には以て煩悩を調伏す（請来目録）

【金剛杵等はすべて仏の智慧を授かる法具である。これをよく保持すれば、福徳や利益は極まりがなく、悪魔を砕いたり、煩悩を正したりする】

◉智慧を授かるとは

「法具を受持頂戴すれば福利極まりなし」というのは、仏のみ教えを良く学び、日ごろからしっかりと実践すればという条件が付くものであると私は理解しております。ですので、ただ単に持っているだけで福利極まりなしというのは基本的にはあり得ないと。

それは、まるで努力もしないで大学に合格したいとか、スポーツの試合に勝ちたい、お金持ちになりたいと言っているようなものだからです。おそらく、正確な答えとしては自力とも他力とも言い切れませんが、仏のみ教えへの帰依が必要なのであろうと、私は思います。具体的には日常生活における八正道や六波羅蜜の実践です。

確かに、私も仏道を歩み始めて以降この十年、摩訶不思議といえるような話も含め様々なご縁を頂戴しております。それは、日々の自分自身の心持や態度、言動によって作られてきたものと考えております。

もう少しわかりやすく言えば、夢や希望を持ちながら明るく正直に常に人のために尽くすことを優先する。そうすると、良縁の循環は巡ってくるものなのです。ただし、身体にはくれぐれも注意してください。身体は年齢に応じたことをしないとすぐに無理がたたります。法具、ご本尊、寺院など、外面的なものというのはすべて実践のサポート材料、心の後押しをしてくれるお守りです。全ては本来自分自身の中にあるのです。

話は変わりますが、たとえば、道を歩いていてゴミが落ちているのに気付いたのにもかかわらず、無視して素通りするのか、それともゴミ箱まで持っていくのか。たったこの部分だけであっても、本当はどうすべきなのか、自身の心を見つめていくことで次の行動を決めることができます。智慧というのは案外そういうところに見出すことができるのではないでしょうか。

（山本海史）

金剛の能く物を催破する如く　智は能く惑障を破するが故に是れ智の義なり（異本即身義　一）

【智慧には、障害物を強力に砕くという意味がある】

●人間が作り出した世界は存在するのか　人はこの世で生活していると、自分の思い通りにならないと満足しないということがあります。欲に染まる人間生活の中にはいろいろな欲があります。物欲、食欲、あるいは精神的な欲でも、その欲の達成のために人間は動きます。古代文明であっても、また現代社会においても人々はその時代にあった欲を作り出してきました。その時を生きるために、そして今を乗り越えるために人は考え続けているのです。例えば写本から版本、そしてコピー機、あるいはタイプライターからワープロ、そしてパソコン、スマホと、必要に応じて変化してきました。突然、スマホができたのではなく少しずつ変化してきて今の社会があります。近い未来は想像できても遠い未来は分からないのは当然です。

長い人間社会において何も変わらないのは人間そのものであります。人間そのものは何も変わらないのに、人間が欲の充足のために道具を開発し、またそれを上回る道具が開発されます。今存在している道具は将来的に存在しているかどうかはわかりません。しかし、それを使う人間は時代を超えても変わらないでしょう。人間がこの世に誕生してから人間という生き物は大きく変わっていないと思います。少しだけ髪型が変わり、少しだけ着るものが変わって、少しだけ扱う物が変わったのかもしれません。人類の誕生から変化したのは身の回りの物です。これから先も身の回りが少しずつ変化していき、今までのことが通用しなくなっていきます。昔のものは使わなくなり、いつしか存在そのものも忘れ去られてしまいます。昔の人が満足していたものでも、今の人たちは満足できません。

作り出された物はいつしか使えなくなりますが、人間はどの時代にも上を見て生活してきました。あらゆるものごとは留まることがなく常に変化しています。その中で生きる方法を考え生活しています。中でも正しい智恵はどの時代にも困難を乗り越えることができる人間がもっている強い武器なのです。

（赤塚祐道）

六波羅蜜経に云く　一切有情本智如月と　これ等の観念は皆自心を浄むるの方便なり（雑問答一九）

【六波羅蜜経に、人々の本来の智慧は月に似ると説かれている。これらの観念はすべて自心を清めるための手段である】

◉月は見るまで実在しない？　わたくしたち日本人は、マイナスとも思える様々な自然現象でさえ粋に感じながら、移ろいゆく美しい四季の中で月を愛でています。数年前、常識を覆す大変興味深い理論を知りました。名だたる歴史的科学者たちが挑み続けてきた物理理論がついに証明されたというのです。「月は見るまで実在しない」……。量子の非実在性というものらしいのですが、わたくしの理解能力を超えています。ただ、密教がどのように実際の人々の生活の中に生かされるのかを二十五年以上、日々、自問自答・試行錯誤を繰り返してきた自分の実体験から、何か確信のようなものを感じたのを覚えています。分からないことの尽きることはありませんが。

さて、月は実際に欠けたり満ちたりしているのでしょうか。雲がかかってしまったら、月はなくなるのでしょうか。そうではありませんね。天体の位置関係や天候に左右されて見え方は変化しますが、実際の月は、地球の周りを回りながら常に存在しています。わたくしたち真言僧は、この本来ある満ちた月を感じながら、自心の円満なる清浄心を深めていく修行をいたします。一般の方でもできる瞑想法です。

大日如来さまの教え、つまり密教の要は、まず地獄・餓鬼・畜生……の六道を超えた仏さまの世界からスタートします。仏さまの救いたいという願い（大悲）と、わたくしたち衆生の救われたいという祈り（菩提心）、本来一つである二つの道が出遇うのです。この感応の時、仏さまの智慧は円満に働くのです。啐啄同時。ちょうど親鳥と雛が、時を一つに唯一無二のタイミングで、卵の殻を破るように。そしてそれは、まさに自心の意識（信心）による、ということなのだと思います。

月は意識したとき、はじめて実在するのです。是非たくさんの方に仏教密教に触れていただきたいと願っています。多くの偉人たちがそうしたように。人間の無知・弱さ故に、上手くばかりもいきませんが、思わぬ大きなヒントに満ち溢れています。いつでも、どこにいても。

（阿形國明）

阿字の理智　本来法爾なり　その所証の理智を即ち本覚の智と名づく（真言二字義）

【阿字と智慧は元よりそのままにある。悟りを明らかにする道理が智慧である】

◉**私たちの身体は素晴らしい**　私は長年胃腸を患っています。その結果、手術や入院を何度も繰り返しています。クローン病といわれる、原因不明で胃腸に炎症が起きる病気です。炎症を抑える薬を飲んだり食事制限など色々なことに気を付けていますが、なかなか改善されません。ところが最近自分の中で気付いたことがありました。食事の時間がとても速いことです。実はほとんど噛んでいなかったのです。噛まずに丸飲み状態の食事はみんな胃や腸に負担をかけていたのです。胃腸が悪くなるのも無理はありません。そのことを改善して、食事に時間をかけて噛むように心がけたのです。するとと、何となくですが調子がいいのです。胃腸が悪かったのは、自分の行いの結果だったと最近気付いたのでした。

ろくに噛まなかった食物を胃腸は一生懸命に噛み砕いて消化してくれていたと思うと、自分の身体ながらに申し訳ない事をしたと思いますし、よく頑張ってくれていたと思うのです。私が教えたわけでもないのに胃腸は頑張ってくれていた、そんな素晴らしい身体の機能を自然に有していたのに、私はそれを当たり前のように思っていたのでした。

冒頭のお大師さまのお言葉は、「修行の結果で得たものは、実はもともと持っていたものが開花したものだけど、修行を超越した素晴らしいものを私たちは持っているんだ。それを一文字で表すと『阿』字だ」と言われています。

私たちは大宇宙から素晴らしい身体を預かっているのに、それを当たり前に考えて、「もっとこうなればいい」などと欲深いことを考えてしまいます。化粧したり着飾ったからといって、良く見えるのは、元々の素材を生かした結果です。

しかし、もっともっと根本的には、寝ている間も食べたものを一生懸命に消化して栄養をわけて身体の各部分に供給してくれている、計り知れない素晴らしい機能をそもそも持っていたのです。「阿」という文字は私たちが本来持っている素晴らしいものを一文字で表したものであるとお大師さまは教えて下さっています。

（富田向真）

生滅する者を見るに　寂にしてあに生滅あらんや　言説する者を聞くに空にして何ぞ言説あらんや（真言付法伝）

【生滅の現象はもともと静寂であるから生滅はしていない。言説も同じように空であるから言説はない】

◉**長命**　この言葉は弘法大師の名言ではありません。真言伝持第六祖一行禅師の碑文に、時の玄宗皇帝が贈った追悼詞の偈文にある一節です。人間生まれてから死ぬまでを一大事として、この間の所業を表して碑文を作るわけですが、「もともと真如より現れ来る人の命は生死で区切ることはできない、その所業を表す言説も一切は空なのだから明確に言い表すことはできない」といった意味でしょうか。この文章はお大師様が真言密教の法脈を記された「真言付法伝」に引用されているのです。

この真言付法伝によると、第三祖龍猛菩薩は三〇〇歳、四祖龍智菩薩は七〇〇余歳の長命を保ち、龍智菩薩はお大師様入唐の当時、まだ南天竺に存命であったと書かれています。人間の寿命が何百歳も保つわけがない、伝説に過ぎない、と思われるかもしれません。しかし「寂にしてあに生滅あらんや」。静寂の世界、すなわち真如の世界に、生まれ、滅すという区切りは無いのです。長命とは、何が長命なのか？　それは大日如来からお大師様、そして私たちに伝えられた「法」の命のことを示しているのです。始まりなく終わりなく常に在るもの、それが仏法です。永い永い法命の流れに、龍猛菩薩も龍智阿闍梨も、一行禅師、弘法大師、そして私たちも参加している、そう考えると、命の見え方も変わってくるのではないでしょうか。

一行禅師は、四十五歳で遷化されましたが、静慮実行の人で、禅・律・台・密の四宗兼学、道教や天文学、数学にも秀で、大衍暦を撰述し、善無畏三蔵の大日経翻訳を筆受して大日経疏を著しました。その情熱を仏法護持に傾け、まさしく現代にまで連なる長い命を生きたのです。いやまだ生きておられるのです。そうしてみると、龍智阿闍梨もまだ南天竺におわすかも知れませんし、ありがたや高野の山の岩陰に大師は今もおわしますなる、です。

申し遅れましたが、私の自坊は長命密寺といいます。なかなか良い寺名がついています。

（佐伯隆快）

空は即ち仮有の根《もとい》　仮有は有に非ざれども有々として森羅たり　絶空は空に非ざれども空々として不住なり（十住心第七）

【空は現象の根源である。現象は実在していないけれども、仮りの姿を現わしている。絶対なる空は、空を越えているから特定ができない】

◉山に登って　ふと思い立って、近くの山を登ることにしました。登山経験などまるでなく、むしろ体のひ弱さに自信があるほうなので、中腹まで車で上がり、そこから歩いてしんどくなったら引き返そうという日和見登山です。

かつて集落があったという山の中腹には今は住む人もなく草むらが広がっていました。私は車を停めて林道を歩くことにしました。道の両側から草が人の背丈ほどに生い茂り行く手を遮ります。他に昔からの尾根道もありましたが、そちらは私の体には厳しいので、草と石ころだらけの車道をひたすら登っていきました。

四十分ほど息を切らしながら頂上に向かって進んでいくと、道はそれまでの広葉樹の森から深い杉木立の中へと入り、森閑とした空気に変わります。最後の急な坂道を登りきったところに神社がありました。大きな生き物のように起伏のある境内が山頂に広がっています。その苔の生えた石垣の上に、立派な拝殿と本殿が座していました。まずは神社を礼拝。振り返ると、山のこんもりした盛り上がりの上に小さなお不動さまの石像が佇んでいます。

「お不動さま、前を失礼します」

私はそっと手を合わせて、お不動さまの前に立つ杉の根元に腰かけました。まだ息が切れています。たらたらと汗が流れる私の肌に、大気の動きを感じました。山の両側から、緑の匂いを含んだ風が吹き込んできます。その時突然、私の頭の中に「空」という文字が浮かびました。なぜかは分かりませんが、誰もいない山の上で、仏さま自身が私の身体に流れ込んでくるような感覚に包まれたのです。

自分の身体と心が静かに落ち着いたとき、仏さまの世界を感じることがあります。「空」という概念を頭で理解するのは大変難しいことですが、仏さまの前で手を合わせると、それが体で感じられる瞬間があるかもしれない。そんなことを感じた夏の一日でした。

（曽我部大和）

色は空に異ならざれば　諸法を建てて宛然《えんぜん》として空なり　空は色に異ならざれば　諸法を泯《みん》じて宛然として有なり（十住心第七）

【物事はすべて空である。現象は空から現れている。空は現象と同じであるから、死滅も空からの作用である】

◉本当に自由な心　悟りの境地とは、どのような境地でしょうか。「悟り」というと何か哲学的で、一般の人には理解できないような、普段の生活からはかけ離れているような、そんな印象をもつものです。しかし、難しいものではありません。

お釈迦さまは、「すべては苦しみである（一切皆苦）」という真理をお説きになりましたが、まったくそのとおりで、世の中は思うようにならないことばかりで、ストレスに満ちています。「悟り」とは、そのようなストレスから解放されて、いつも朗らかで自由な心でいられることをいいます。

それでは、悟りの境地にいたるためには、どうすればよいのでしょうか。その答えは、あらゆるものが「空」であるということを知ることです。

私たちは、自分の勝手な概念や価値観によって、「これは机である」、「これは鉛筆である」、「この人は好き」、「この人は嫌い」などと決めつけてしまっています。しかし、よくよく考えてみれば、机は木材の集合であり、鉛筆だって、木材と芯となる炭、それらをコーティングしている塗料の集合です。人の好き嫌いだってそうです。Aさんは Bさんのことを好きであっても、Cさんは同じBさんのことを嫌いな場合があります。また、愛する恋人が言ったりしたりするとかわいいと思う言動であっても、それを嫌いな人が言ったりしたりすると、腹立たしく思ったりするものです。

そんな自分の「思い込み」を一度リセットし、まっさらな心で、平等な目線に立って見渡すことによって現れてくるのが、「空」の世界です。

「空」の世界を知って、「ああでなければならない」、「こうでなければならない」という「こだわり」を棄ててしまえば、本当に自由な心を得て、あらゆるストレスから解放され、人や自然に対してもおのずと優しくなれるものです。

（川﨑一洸）

空性を無得に観じ　戯論《けろん》を八不に越ゆ（十住心第七／宝鑰第七）

【空の本質はとらわれのないものであるから、様々な議論を越えている】

◉バランスよく過ごす

お大師さまは、迷い多い凡夫の心境から、絶対的な悟りの心境について十段階に分けて解説されました。ここに挙げられたのは、そのうちの第七段階にあたる「覚心不生心」について解説された一節であります。そこで説かれるのは、仏教の大切なキーワード「空」です。『般若心経』でもよく出てくる文字です。簡単に「空」といって私たち僧侶も何となくその意味を捉えてはいますが、たいへん難解な思想でもあります。

余談ではありますが、空手道という武道があります。これは元々「唐手」と表記していたそうです。大正時代、船越義珍という武道家が沖縄からこの唐手を本土に普及させようと上京した時、鎌倉の円覚寺の和尚さんと対話して、『般若心経』の「空」の思想に触れて感銘し、「唐手」を「空手」の表記に改めたという逸話があります。

そのうえで「空手道」と「道」という字を加え、単なる技術ではなく精神修養の行であるとされたのだそうです。

　さて、この世の中は、相対するものが共存して成り立っています。八不とは「不生にして不滅、不断にして不常、不一にして不異、不来にして不去」というお互い相反しながら存在している真理です。「プラスも存在する。マイナスも存在する。お互い存在するがこれを共存させるとゼロになる。共存するとゼロになるが、プラスとマイナスが無くなるのではなく、絶妙に同じ量で存在し続けている」。これが「色即是空」ということなのかなと私は納得しているのです。

　因みに、仏さまの中に毘沙門天や大黒天など「天部」という部類がありますが、この天部の仏さまたちを供養するのに、よく『般若心経』が唱えられます。如来や菩薩など欲望を断ち切った仏さまに対して、天部はまだ欲望がある世界の仏さまとされます。このような仏さまに「空」と説くのは、絶大なご利益があるとされ、天部の仏さまも「空」の教えを聴聞するのが大好きなのだとされています。

（大瀧清延）

因縁所生の法は我れ即ち是れ空なりと説く　または是れ仮名なりとす　また是れ中道の義なりと（十住心第七）

【因縁によって私が生れ、やがて死ぬ。縁によって生じた私は空であり、仮りの存在である。実体と空の両面を知ることが中道である】

◉良《よ》い加減《かげん》　かの有名な一休禅師は「親が死ぬ・子が死ぬ・孫が死ぬ」と表現しました。これは、親↓子↓孫の順番に亡くなれば子孫繁栄するでしょう、という願いであります。我々もそのように願いたいのでありますが、実際はどうでしょうか。自然災害、感染症被害など様々な苦難、または喜びに満ち溢れた人生の快楽。その多くは因縁によって定められた宿命なのかもしれません。私は幼少期スポーツ選手になる夢を持っていました。しかし、ご縁ありまして僧侶になりました。生涯僧侶であります。多くの皆様も夢と現実の違いに直面しているのではないでしょうか。

仏教の根本であるとお釈迦様が説いた「因縁生起」略して「縁」とは、人間界において多く用いられます。「縁結び」「縁談」「縁起巻物」「有縁」「復縁」「結縁」などがあります。

「縁」によって形成されたものはいずれ変化します。文化財も同様に有形文化財は人間の技術力により固体化された物です。無形文化財は人間の芸術性を生かした技です。どちらも劣化・天変地異・生命の寿命などにより消滅、または技術の継承により変化するのです。

地球上において固体や気体から始まり、自然界の動植物・生物の命・感覚・喜怒哀楽・生老病死などの全ての物事には、原因や条件の相違により変化し結果が生まれます。

しかし目視では世の中に何が有るのか無いのかわからない事ばかりです。仏教における「空」の実体は何も無いように見えますが、空を見上げてわかるように太陽系の水星以外は大気で覆われ、その先に宇宙が広がっているとわかっていますが目視できず、触れる事もできません。物事にとらわれず、見えなくても信じる心が必要です。世の全ては「空」であれば、腹も立ちません。良《よ》い加減《かげん》に生きましょう。

（鈴木英秀）

諸法の空を知らざれば彼よく涅槃を知るに非ず（宝鑰第三）

【すべての物事が空であることを知らなければ、悟りを知ることはできない】

◉よい未来をつくる　諸法とは「あらゆるもの」を指しますが、身体や車といった有形の固定物だけでなく、愛というもの、やりがいというものといった状態や心理を指す言葉としても用いられます。仏教ではこれら「あらゆるもの」は未来にわたって変わらぬ実体があるとは考えず、すべて「因果」によると見ます。

原因があるから結果が出るのです。テストで満点（果）をとるには勉強（因）が必要ですし、病気（果）になればやはりそこに原因を見つけようとします。さらに果は因となり、次の果を生み出します。満点を取って満足すればそこでストップしますし、さらに深く探求していくのかは大きな違いです。つまり次々と変化をし、固定的な実体があるわけではない、と考えるのです。先生や医者との出会いもあります。「縁」というものです。学問の広大な世界に誘うような先生や病に立ち向かう心を喚起してくれるような医者との出会いはかけがえのないものでしょう。

因と縁が組み合わさって果となることや、果がさらに因となり動き続けている状態を仏教では「空」と呼び、世界や自分の見方に取り入れてきました。

仏教を学ぶこと（縁）は、私に広々とした心（果）をもたらしてくれます。お釈迦さまが説いた、あらゆるものに固定した実体はないという見方は、こだわりや思い込みを小さくしてくれますし、お大師さまが説いた、動き続けている世界やこころの中に仏さまがいるという見方は、あらゆる命の躍動や価値に気づかせてくれます。「空」という見方によって迷いのない静かな「涅槃」が現れてくる。仏教では三宝印という言葉にまとめられています。諸行無常（永遠なものはなく）、諸法無我（あらゆるものは動き続ける）、涅槃寂静（迷いのない静かなこころを目指そう）。

未来は間違いなく到来してくるものです。しかし世界のあり方や自分のあり方が結果になるのならば、よい未来をつくるために、よい因をつくっていくことが私たちにはできると教えてくれます。

（伊藤聖健）

空性は根境を離れて相も無く境界も無し　諸戯論を越えて虚空に等同なり　有為無為界を離れ　諸の造作を離れ　眼耳鼻舌身意を離れて極無自性心生ず（宝鑰第九）

【空は、感覚や対象、形、境界を離れ、あらゆる論議を越えて虚空と同じである。迷いや悟りの世界、様々な造作、すべての感覚器官を忘却してこそ、華厳宗が説く極無の究極である心の本性に入ることができる】

◉自在の器　あの人は器が大きい。よく使われる言葉です。特に歴史上の偉人には様々な逸話があり、単に能力に優れただけではない、何か不思議な魅力を持った人間として、語られることが多いように思います。

明治が終わった頃、「当代きっての大人物とは誰か？」という話題になり、まず日露戦争の名将、大山巌《おおやまいわお》の名前が挙がりましたが、別の者が大山の従兄弟の西郷従道《さいごうじゅうどう》は、その何倍も器が大きかったと語り、一同納得しかけます。ですが、ここでさらに「その従道といえども、兄の隆盛と比べると、月と星との違いがあった」と発言する者があり、そこにいたすべての者が、西郷隆盛という人物の、とてつもない器の大きさに驚嘆したそうです。

西郷さんの器というのは、上野公園の銅像や、教科書に載っている肖像画のように、威風堂々として、すべてを包み込むように大きかったのでしょう。しかしただ単に大きい、小さいという比較だけでは、語れないような気もします。

ともに幕末を生きた坂本龍馬は西郷さんを、こう評しています。

「西郷は小さく叩けば小さく響き、大きく叩けば大きく響く」。

西郷さんの器とは、接する人によって変幻自在にその形、大きさを変えられる器だったのだと思います。その人、その時、その場所に最も合った、最も相手の心に響く接し方をした西郷隆盛は、時に大きくもあり、時に小さくもあった。だからこそ後世で、偉大な人物として評価を得たのではないでしょうか。

他人との付き合いは打算的な道を歩みがちです。ですが、後悔の無い、一生ものの付き合いとは、無心であなたの心に寄り添ってくれる人物に出会うことです。時に厳しく、時に優しく、自在にあなたを包み込んでくれる人物に。

（槌月隆彦）

空

如如もまた空なり　空もまた空なり　空空大空は即ち大覚なり（金勝王経伽陀）

【真実の世界は空である。その空もまた空である。空の極めつけが悟りである】

◉悟りのそら　昨今地震や豪雨などの災害が続き、その犠牲者の多さに胸を痛めます。とはいえ被災地では悲しんでばかりはいられません。長い時間をかけて生活を取り戻していく中で、仏道が被災者の方々の心の復興の一助になれることを切に祈ります。

「空」は「空」でも極めつけの「空」ってなんだ？　となぞなぞのようですが、からっぽという意味ではありません。被災者には「空しい」という言葉も浮かぶかもしれませんがそれも違います。因縁という何かしらの縁や条件によって生じているが、固定実体がないことを「空」といいます。実体がないなら「からっぽ」のように思いますが、現在研究が進んでいる量子力学のように、実際に直接見ることも摑むこともできなくても、「無」の中に本性が存在するのです。

仏教と同じくインドで発展した「ゼロ」の概念で説明すると「ゼロ」が無いということをあらわすのではなく、それ自体が確固たる数字として存在するように、「空」の中にも空性と呼ばれる無の本性が存在するということです。

空性が無であるなら空の力は無尽蔵で無量です。うちに絶えず蓄えることができ、またその力を引き出すことで無限の可能性を秘めます。例えば「ゼロ」にどれだけ大きな数字をかけても「ゼロ」です。どんな大きな波もいずれ大海原に呑み込まれ、水面の均衡を保つように、大きな痛みも悲しみも空で包んで癒すことでいずれ「空」が「大空」となって、苦しむ人のために生かす力となることでしょう。それが「空」もまた「空」で、「空」の極めつけがさとりにつながるのです。

「空」とは心を「から」にしてむなしく過ごすことではありません。お大師さまはみな心の中にこの「空」につながる清浄な心を持ち合わせているとおっしゃっています。それに気づくことで苦しみやこだわりの実体が空性とかけ合わされてさとりの風景に変わることでしょう。被災された方々が苦しみや悲しみから立ち上がり歩き出す中で時折見せる笑顔の中に、究極の「空」の「そら」が広がっているのではないでしょうか。

（中村光教）

衆生の自性は本よりこのかた不生不滅にして虚空に同じ　修行の人すべからく本源を了すべし（一切経開題）

【衆生の本性はもともと生ずることも滅することもなく、虚空と同じである。修行する人は心の根本をしっかりと摑むべきである】

◉本源を意識する　皆さんになじみ深いお経としては『般若心経』がございます。その経文中には、空即是色・五蘊皆空・色即是空・空即是色等空という言葉が出てきます。

一切が空であることを説いているお経であり、仏教思想の重要な考え方であります。我々は、自分たちをとりまくものが「確かに存在している」と考えがちでありますが、それが本当に不変の存在なのか、そもそも「有る」「無し」で捉えていいものであるかを考える教えであります。

また般若心経では「不生不滅」「無無明亦　無無明尽」等と「不」とか「無」とか

否定的と感じる言葉が多く出てきます。

空をサンスクリット語で「シューニヤ」と言い、「あるものを欠いている」、つまり「中は空っぽ」で、さらに「それを入れる容器すら無い」という意味であります。ですので、ひたすら存在の否定をすると考えられがちで、「空」とは「まったくの無」を意味すると誤解されがちです。

しかしそうではなく、敢えて存在を否定する作業を通して、余計なものをそぎ落としていき、存在を研ぎ澄ませていく説明なのであります。

その工程を通じて自己のよみがえりというものを獲得する方法なのです。

日々の生活の中で、仕事や家庭生活などで色々行き詰まることがあると思いますが、その際に、改めて自分の言動や考え方を省みて、必要で無い余計なもの、利己的な自分本位な意識や言動が無かったか、さらに執着しているか否かを確認することで、本当に大切なもの、大切な事を見出すことが「空」という教えのひとつの側面であります。

つまり、悩んだときは思い切って自身の本源を意識し、原点回帰することが肝心なのです。

(成松昇紀)

法には実も無く虚も無し　虚実の二迷ともに遣るが故に無虚無実と言うこれはこれ真空の理なり（一切経開題）

【真理には実像もなく虚像もない。二辺の迷いを離れているから虚もなく実もなしという。これが空の理法である】

◉いじめと嫌がらせの空

今も昔もいじめや嫌がらせは世界中に在り、時にしてそれにより命が消えてしまうことさえあります。先に申し上げますと、「してはいけない」「させてはいけない」などは至極当然の意見です。

皆さんはこの「いじめ」と「嫌がらせ」について深く考えたことはあるでしょうか。私はいくつかの日本の辞書を見た時に、それぞれの定義のような意味が掲載されていました。個人的にそれは観念などによって左右されると考えていますし、「何と日本の辞書の解説に洒落た回答が消えたのか」と少し残念な気持ちに襲われました。

それでは、その本質はどうなのでしょうか。

「職場でいじめを受けている」と「職場で嫌がらせを受けている」を見つめると、そこには何か固有の形や実体があるわけでもなく、まったく何も無いわけでもないのです。しかしその現場を見つけた時に、人はハッとします。時には胸を痛める人や不快感や怒りを感じるかもしれません。受けている当事者の心情は想像を絶するものがあります。

そこで考えると「いじめ」も「嫌がらせ」も、まったく異なるとも同じとも言い難いのです。

この二つの言葉がどうのこうのという論争や議論に熱中すると、「本来、何をするべきか」などが見失われます。また、この二つについて深く見つめず、己の保身などに囚われると、戯論という煩悩に犯され、結局、誰しもが幸せになれません。

つまりこれが道理（空の理法）と考えられます。

これは『一切経』と呼ばれている棒大な量の経典に書かれている内容の一つではないでしょうか。そこをゆっくりと紐解けば、現代の世の中で起きている物事の本質の見方が見つかるかもしれません。

（伊藤貴臣）

怖畏ある時には空観せよ　我が身口意と諸仏の身口意と一切衆生の身口意と及び魔王悪鬼等の身口意等とは平等平等にして法界に遍じて能も無く所も無し　一切の諸法は畢竟にして空なり（秘蔵記）

【恐怖心が起これば空を観ぜよ。自分も仏も衆生も悪魔も、身体や言葉、心がすべて平等にして真理に通じ、教えたり教えられたりするのではない。すべての存在は空である】

◉我他我他は畏れの原因、共生は安心なり　約七十年前のこと、戦後の食糧難で物資が行き渡らない時代の頃。ある檀家さんの家では、家族はいつも協力し助け合って過ごしていました。子どもたちは井戸へ行って水くみをし、風呂炊き、薪わりなんでもお手伝いしました。女の子のお一人は、この寺にきてくれて、今は住職である父たちが幼いころ子守りをしていただきました。

さて、この家族に一大事件が起きます。ある夕方のこと、突如として包丁を手にした泥棒が押し入ってきたのです。殺されるかも知れないという身の危険が迫った中で一同は震えあがりました。ところが、包丁握りしめている泥棒の手をよく見ると、自分たち以上に震えていたのです。凶器を手にした姿とは裏腹に、恐怖でおびえているようにも思えます。きっとこの泥棒は人を脅し強奪するような根っからの悪党では無いのでしょう。

それを覚ったお父さんは、「おまえさん、家には盗るものは何もないよ。ただ、もしお腹が減っているのなら、そこにご飯があるから食べていきな」と告げると、泥棒は何も云わずに座りこんで、食卓でガツガツと食べ始めました。家中に走っていた緊張が少しずつゆるんできました。泥棒は夢中でご飯を掻き込み、少しずつお腹が満たされてきました。

そこで、お母さんが、「おまえさん、あんまり帰りが遅いと、家でお母さんが心配しているんじゃない」と諌めると、泥棒は「はい」と素直に答え、「ごちそうさまでした」と表から出て行ったそうです。危害を加えるどころか、挨拶して帰っていったのです。

空とは、命やものごとは依存関係で成り立っているという真理です。畏れや恐怖は、互いに共生し合う世界から自然と消え安心へと変わっているのです。

（阿部真秀）

虚空に中辺なし　何《いずれ》より界を立《りゅう》すと言う（宗秘論）

【虚空には中心も境界もない】

◉仏様の慈悲を受け取りましょう　子供の頃から疑問に思っていました。「空はどこまで広がっているのだろうか」と。長じては宇宙というものの存在が不思議でした。宇宙に関する本を読むと、宇宙は膨張し続けていると書いているけれど、それなら宇宙の果てはどうなっているのかと。専門家でもない自分に分かるはずもなく、それでも疑問は疑問のままに気付けば大人となり、いつしか関心も薄れていきました。

宇宙の成り立ちや形状については今なお多くの学者が様々な説を呈し、幾つかの仮説が有力候補として挙げられているにすぎません。少なくとも人類のスケールをもって、宇宙の端やどこが中心にあたるのかなど定めることは残念ながら非常に困難と言わざるを得ない状況です。さすがの空海様にも、宇宙に関する知見があったとは思えませんが、虚空すなわち「ありとあらゆるものが存在するための空間」について、同じように中心も境界もないとおっしゃっています。

ところで、我々真言宗では大日如来様をご本尊として拝んでいます。大日如来様はこの宇宙そのものであり、森羅万象のあらわれであるとされています。この宇宙が限りなく広がっているように、大日如来様の慈悲にも限りは無く、この宇宙全てにいき渡っています。そのように言うと「仏様の慈悲なんて感じない。世界全体に広がっているなんて、とても信じられない」と、そう思う方が大半だと思います。しかし、それは順序が逆なのです。仏様の慈悲を信じ真っすぐに祈ることで、その祈りに感応して仏様は姿を現します。

みなさんも一度は加持という言葉を聞いたことがあるかと思います。加持祈禱とよく使われる、あの加持です。仏様が衆生に対して慈悲をもたらすことを「加」、衆生が仏様を信じ、仏様の慈悲を受け取ろうとすることを「持」、その二つが合わさることではじめて加持力がうまれます。もう一度言います。虚空に限りがないように、この世界はあまねく仏様の慈悲で満ちており、それを受け取ろうと一心に念じることで大慈大悲を感じることが出来るのです。仏様は常に衆生に寄り添い、手を差し伸べてくださっています。それを感じ取れるかどうかは、あなた次第なのです。（髙田堯友）

物は非物と了すれば物に即してみな空なり　心は無心と知れば心に即して体寂なり（宗秘論）

【物は物でないことを知れば、空が理解できる。心は無だと知れば、心は静寂になる】

◉自分自身はいったい何者？　「物は物でない」といった始まりですが、いきなり「何？」となってしまいそうな言葉です。目の前にある「物」は「物」ではない、と言っているのです。それではまず「空《くう》」について考えてみたいと思います。

「空」という言葉は仏教用語でよく出てきますが、よく思われがちなのは「空《から》」「無常」などのマイナス面が強調された部分です。しかし、「空」を「0《ゼロ》」と考えてみるとどうでしょう？　「0」はプラスとマイナスの間にあり、プラスにもマイナスにも転ずることができます。これを自分自身に当てはめてみると、肉体や魂は実際に今この世に生ある物として存在しているものなので「プラス」、その反対に自分の中心となる本質や我という物は見出すことができないものなので「マイナス」と捉えることができます。その「プラス」要素と「マイナス」要素が完全に調和がとれたとき「空《くう》」が理解できるのではないでしょうか。

それでは「無」とはなんでしょうか？　一つ言えることは「無から有は生まれない」ということです。また「心」は知性や感情、意志などを表します。これを先程の言葉に当てはめた例を作ると「意志の無いところに行動は発生しない」と置き換えることができます。もうひとつ例を作ると「好きという気持ちを持たなければ愛という感情も生まれてこない」とも言えます。つまり、こちらも「プラス」と「マイナス」の関係を表しており、いわゆる「０」になります。

一番有名なお経「般若心経」には「無」を表す言葉が繰り返し出てきます。その「無」を「無常」「虚無」などの「ネガティブな無」と捉えるのではなく、「目の前に今あるものを自分自身の個人的なイメージを含めていないありのままの物として捉える」という「無心」と考えると、前向きな気持ちで読経できるようになります。

これらは全て私独自の解釈で書かせて頂いておりますので、実際にお大師様がどのような意味を込めて書かれたのかはわかりません。しかし、本書『空海散歩』の執筆を通じてお大師様に思いを馳せるのを私の楽しみとしています。

（千葉堯温）

空際は人の察すること無し　法身のみ独り詳《つまびらか》なり（性霊集一　山に遊ぶ）

【空の果ては人の理解が及ばない。仏だけがよく承知している】

◉できないことを知る大切さ　ある人が話されていた言葉で、今でも何度も思い出す言葉があります。それは「本当の意味での師というものは、あなたに何かを与えてくれる存在ではなく、あなたに〈何が足りないか〉を気づかせてくださる存在だ」という言葉です。何度も思い出す言葉です。

人は、自分に欠けているものになかなか気づきません。同時に思うことは、自分に足りないものを気づけてこそ「できること」を知ることができるのはないでしょうか。人間が知らず知らず傲慢になってしまった時、自分が「できる」ことで頭がいっぱいになります。「これもやってきた。あれもできる。それも欲しいな」。頭の中では、〈できること〉でいっぱいです。私もそうなってしまうことがあります。

しかし「師」に限らず、他者との正直な出会いや、対話によって知るのは、むしろ自分の力の足りなさ、弱点でもあります。それは時にくやしいことでもありますが、明日を生きる宝物になり得るものです。「空の果ては人の理解が及ばない」という言葉から、まずは人生という旅の中で「自分のできないこと」を知る大切さを感じました。

むしろ「私は自分のできないことをいつも考えて、頭がいっぱいになってしまう。身動きが取れなくなってしまう」という方も多いでしょう。それも先ほど書いたことをふまえて考えると、じつはとても大切な感性なのです。自信満々で生きているようにみえる人も、自分では気づけないだけで、じつはできないことがたくさんあります。その中で、あなたは「できない」ことに気づけた。自らの心の中に偉大な師を持っているように、スタート地点に立てています。そこからはじめてみましょう。

この詩文の中では、「大宇宙も歩き廻るにはせまく、河や海の水も一嘗めするには少ない。寿命は始めも終わりもなく、生きている年も限界などあり得ようか（現代語訳）」という言葉も出てきます。これが「仏の感性」だと感じます。なかなかその境地は遠く感じますが、まずは空の果てを思い浮かべスタート地点に立ちましょう。そして心の中に小さく芽吹いた、仏の感性を育てましょう。

（白川密成）

色を孕む者は空なり　空を呑む者は仏なり（性霊集八　藤左近先妣）

【すべてのものごとには空が含まれている。その空を仏が包み込んでいる】

◉そら　と　くう　「空」という漢字を見て、「くう」と読みますか？　「そら」と読みますか？　夏の日差しの中、真っ青な「そら」を眺めていると、なんだか吸い込まれそうになります。陽が沈む前の真っ赤な「そら」を眺めていると、時に物悲しく思います。どちらも自然が織りなす姿ですが、受け取る私たちの心に何か問いかけているように感じます。

般若心経の有名な句に「色即是空」「空即是色」という言葉があります。こちらは「くう」と読みますが、「しきすなわちこれくうなり」「くうすなわちこれしきなり」といいます。「色」とはこの世の一切のものごとを指していて、一切のものごとは「くう」であり、「くう」が一切のものごとという事だそうです。難しいですね。

視点を変えてみましょう。今度は、「そら」という読み方で考えてみます。「そら」

を眺めていますと、色々な思いが駆け巡ります。さわやかな思い、物悲しい思い、すがすがしい思い、時に誰かの顔が浮かび、時に想い出が浮かぶ。「そら」は色々な思いや記憶を映し出してくれます。総てのものごとを「そら」を介して心に投影することができるように思います。

「そら」は何事にも縛られることなく、折々の姿となり、私たちの受け方によりどんなものも映し出してくれます。もしかしたら、これがこの世界なのかもしれません。すべてのものは「そら」のように折々の姿となってこの世に存在し、私たちが受け取る姿を認識しているだけなのではないでしょうか。きっと「そら」は固定されたひとつのものではなく、「そら」と思っているものに沢山の姿が含まれているからなのです。今この世にあるものは、「そら」のように沢山の姿があるのです。そう思うと、すべてのものはそれぞれの存在ではなく、大きな存在の一部でしかないのかもしれません。大きな存在の一部であることを「空」と呼び、大きな存在が「仏さま」なのでしょう。すべてのものは仏さまに抱かれ、大きな「そら」のように皆繋がっているのではないでしょうか。

（岩崎宥全）

無住の騎に乗ってこの不二を唱え　有為の人を慨《なげ》いて彼の三空を談ず（性霊集十　勤操大徳）

【無所得の教えを示し、迷える人に空を説く】

◉清らかな心になるために

「空」という言葉は大乗仏教の中でとても重要な概念であります。辞書を引きますと、真言宗の教えでは自分自身の汚れなき心と書かれています。

令和二年の春、新型コロナウイルス感染拡大防止のため、緊急事態宣言が出され、不要不急の外出自粛が求められました。私のお寺でも、あらゆる行事が中止・縮小となりました。「郷福寺喫茶」と題しまして毎月、写経や阿字観を行っている催しも中止にしようと考えました。しかし、こういうときこそ、何か心の安らぎとなるものを提供したい。そのように考えて、お写経用紙と書き方、解説をセットにしたものをお渡しして、自宅でお写経していただくことにしました。

感染拡大する中で、感染者や医療従事者への差別や県外からの来訪者への偏見、長野県では感染者を出した企業が投石されるという事件も発生しました。自粛が求められる中で、私達の心のあり方が問題となっていると思い、少しでも穏やかな心になれることを提供したいというメッセージも込めました。この機会にお写経をやってみたいという方やこのメッセージに共感してくださった方が、次々と写経を取りにきてくださいました。ご家族の分もといって持っていってくださる方、リモートワークで時間があるからと何枚も写経してくださる方もいらっしゃいました。一心にお経を書き写していくと、不思議と心が静かになっていきます。写経するお経は、この「空」の思想を説いた般若心経です。

私達は自分自身だけで存在しているのではなく、全ては関係性の中で成り立っています。他者への差別や偏見でウイルスが無くなるわけではありません。未曾有の脅威に向かう中で、自分自身の心と向き合い、清らかな心であることが大切なのだと思います。コロナ禍の中でお写経に向かい合い、書き上げたお経を持ってきてくださる皆さまの顔を見ながら、そのように気付かされました。

（白馬秀孝）

悉地《しつじ》の楽宮も愛し取ること莫《なか》れ（性霊集十　十喩を詠ず）

【悟りに愛着していてはならない】

◉お大師さまの悟りの教え　お大師さまは『性霊集』の「十喩を詠ず」において、悟りとは何かを私たちに教えています。十喩の詩の内容を観じ念ずれば、無数の経典の教える真理が得られるゆえ、千年後の人々も私の思いを忘れないように祈ると締め括られています。千二百年後の私たちは、本稿でお大師さまの悟りの教えに触れます。

十喩は、幻、陽炎、夢、鏡中の像、乾闥婆城、響、水月、泡、虚空華、旋火輪の十種類の喩えです。右の「悉地の楽宮も愛し取ること莫れ」は夢の喩えです。一夜の眠りで無数の夢を見て、楽しい夢もあり、眠っている時は真実だと思うけれど、目が覚めれば夢だと気づきます。この夢の喩えを観じて、悟りの妙境を得ても愛着してはならないと説き、深く観じて修行すれば、本質の底に到達でき、大日如来の完全なる徳性を成就し得るとあります。

これは悟りを開いたお大師さまの教えです。私は本書の執筆に携わり、お大師さまの名言に触れ、お大師さまは文言を変えながらも繰り返し同様のことを私たちに伝えているように感じます。この十喩の詩で著される悟りの教えとは次の内容です。

あらゆるものは諸々の因縁の仮の和合によって合成されているに過ぎないこと。諸々の因縁は根源的な無知と正しくない行いの集積であること。存在する全ては空と観じることが真実の法であること。真理の世界と心とは異なる境地ではないこと。全ての存在するものと自心は本来一体であること。衆生も法身と互入していること。真実相はありのままの姿で絶対平等の法であること。このようにお大師さまは教えています。

私は、法身大日如来は宇宙を形成する生命エネルギーの源の人格神と考えています。人間であったお釈迦さまは悟りを開いた時、大日如来と一体になり、仏の智慧を獲得しました。仏の智慧とは宇宙の生命エネルギーをありのままに知るものです。私たちも宇宙の生命であれば、大日如来の法体と私たちの心は本来一体です。私たちが目指す悟りとはこの体得です。

（細川敬真）

空

始めあり終りあるは物の常なり　有を去って空に入るは我が師の垂迹《すいじゃく》なり

（高野雑筆四九）

【すべてのものごとは、始めがあり、終りがあり、空に帰っていく。これが仏の教えである】

◉ミスター・チルドレン『進化論』 作詞・作曲とも桜井和寿。二〇一五年発表。

まるで仏教の解説書のような歌です。

「大小の様々な歯車が複雑に絡み合い／今日も廻ってる　あぁ　この世界」。これって仏教の最も基盤となる考え方「縁起」の説明じゃないでしょうか。

「「強く望む」ことが世代を越えて／いつしか形になるなら　この命も無駄じゃない」。これは生命の循環、輪廻を表しているようです。

「誰も傷つけない　優しい夢を」は慈悲の理念ですし、「変わらないことがあるとすれば／皆　変わってくってことじゃないかな？」は諸行無常の法則を示しています。

そしてこの歌の真骨頂である「空を飛び　月を歩き　それでも自然に脅かされる／

すべて受け入れて」の部分。私たちはしばしば天変地異に住処を奪われ、未知のウイルスに恐れおののくけれども、それらを完全に除去することはできません。人間は自然の猛威と否応なく共生せざるを得ない。であるならば、その猛威を「行疫流行神」として受け入れよう。そんな仏教的自然観が描かれているように思えます。

ミスチルはもともと両義的な表現が得意なバンドです。抱いたはずが突き飛ばし、希望の数だけ失望は増え、何かが終わりまた何かが始まる。物事にはそんな両面があり、矛盾する価値観で自分も世界も成り立っていると彼らは歌います。ミスター（大人の男性につける単数名詞）・チルドレン（子どもの複数名詞）という名前からもその問題意識がうかがえます。何事にも矛盾が同居し、始めがあり終わりがある。そんな「空」の世界観を、私たちはミスチルを通じて知らず知らず耳にしているのです。

そういえば表題曲『進化論』は「ニュース・ゼロ」という番組の主題歌でした。ゼロ。インドの言葉でスーニャ。すなわち、空《くう》……。いや、そこまでは考えすぎですかね。

（坂田光永）

法に言説なし　一切の言説は筏喩《ばつゆ》の如し　有無ともに二辺なるが故に　二ともに遣《すつ》れば中道の楽なりと見る（一切経開題）

【もともと真理には言語表現がない。言語は悟りの岸へ渡す説明である。有る無いの断定を離れれば、中道の安楽となる】

◉**言葉に溺れる現代**　私たちは、生活上のトラブルを見聞きした時、関連記事などを検索しては、批判提言を「参考資料」にしようとしますが、根拠のはっきりしない情報や、不毛な誹謗中傷となった言葉も世間で多く溢れています。私たちは心に迷いが生じやすいからこそ、妄念に対峙出来るのですが、ともすると言葉に捉われ考えが偏り、極端になり易いので、本当に正しく必要な言葉か見極める判断力も養い、極端な考えから離れられるよう「修行」する必要があります。この名言からみると言葉は、「ただの表現のひとつに過ぎない」「本質に向かう為の手段に過ぎない」筈です。

先に言葉が立ち、それが多くの共感を得て何か独り歩きして、事の本質がその言葉の通りに運ぶのではなく、先に立つのは言葉であらわされていない本質であって、いかにそれを、間違いや無駄なく、出来るだけ正確に捉え表現できるか、なのです。

だからこそ、言葉は吟味する必要があります。時に言葉は研ぎ澄まされた諸刃の剣となり、最悪、人を死に至らしめ、状況が変わると言葉は時限装置のように「あの時の言葉はこういう事だったか」という程、真意が伝わりにくい時もあります。本当に知恵のある人は、言葉を正しく捉え活用し、余計な言葉には惑わず、自然に無駄が少ない生き方をしているものです。言葉を離れた、表現が難しい事もあるでしょう。

あるTVドラマでは「仮に貴方が、事件の犯人を演じたら、どんな台詞で幕を下ろすか」と問われた某女優さんが、「何も言わせないわね。今のドラマは、喋り過ぎよ。人はね、ここぞという時には、なんにも言わないの」とその場面を絶妙に演じました。

医療ドラマでも、最善の医薬、医療技術をもってしても患者を救命出来ず、茫然自失とする担当医や遺族が、胸の内をあえて語らない場面があります。俳優さんの表情や振る舞いから、私たちはそこに秘められた場面の意図を、言葉で想像しようとする筈です。仏の教えは、時代を超え大衆に寄り添う為、更なる発展の可能性と重要な意味を含む言葉であらわされ、心を満たす大楽に通じています。

（村上慧照）

中道

真体本より凝然《ぎょうねん》として　空有《くうう》に著せず　有と執するときは便《すなわ》ち縛と為り無と言うときは即ち空に落つ（宗秘論）

【真の本体は泰然として、空でも有でもない。有といえば物に縛られ、無といえば空に陥るからである】

◉言葉の不可思議

「前回も難題だった、今回も難題が来た」。白象の会の事務局から冒頭の名言が配信されて来た時に私は思いました。

前回の私の担当の名言は「アイウエオ　カキクケコ（五十音図）」。この名言に対する原稿を仕上げたところでやってきたのが冒頭の名言です。

あなたはこの名言を読んで、お大師さまが何を言わんとしているか意味が分かりますか。私にはさっぱり分かりませんでした。

そもそも、かの般若心経に「諸法空相」と書いてあるのに、何故に今更ここでお大師様は「無と言えば空に陥る」などと言われるのでしょうか。

ひとりで考えていても煮詰まるばかりなので、私は善友のH氏に相談することにしました。分からない事は人に聞くに限ります。H氏は冒頭の名言を読んで「言葉で運動会しているなあ。雲をながめているような趣だなあ」と言いながらヘルマン・ヘッセの『シッダールタ』のテキストを送ってくれました。その中のいくつかの文が、お大師さまの名言を理解するにあたって大きな助けとなったので紹介します。

「知識は伝えることができるが、知恵は伝えることはできない。知恵を見出すことはできる。知恵を生きることはできる。(中略)が、知恵を語り教えることはできない」「あらゆる真理についてその反対も同様に真実だということだ。(中略)世界そのものは、われわれの周囲と内部に存在するものは、けっして一面的ではない」

真の本体を言葉で定義することはできません。真を知ることができるのは、真を体験した者だけです。りんごを食べたことのない人にいくら言葉を尽くして説明しても、りんごそのものを言葉だけで言い表すことはできません。りんごを知るには、実際に触り、匂いを嗅ぎ、齧ってみるしかないのです。手に取り、一口食べてみれば、あなたは一瞬にしてりんごがどんなものかを理解することができます。言葉で表現できるのは物事の一部であり、想像は体験を超えないのです。

(小西凉瑜)

水は自性《じしょう》なし　風に遇《あ》って即ち波だつ　法界は極に非ず　警《いましめ》を蒙って忽ちに進む（宝鑰序）

【水には定まった姿はなく、風によって波が立つ。悟りも究極の世界はなく、状況に応じて変わっている】

◉**翻弄される**　「諸法皆是因縁生　因縁生故無自性　無自性故無去来　無去来故畢竟空　畢竟空故無所得　無所得故是名般若」という言葉があります。大意は、「全ての物事や現象は因縁によって成り立っている。原因があってこそ結果がある。全ての物は相互に関係しあって成り立っている。よって、因や縁がないものはない。固定的で不変のものがない」です。

さて昨今、新型感染症によって人の動きから始まり経済まで停滞しています。そして、もたらされた心の不安により相互に監視する。周囲に感染者がいないか、マスクをしていない人は大丈夫なのかなどなど。目には見えない存在に脅かされています。

ＳＮＳやネットの中では、他者の行動をより一層監視するようになり、人との関わりを、物理的心的距離をどうとるのかということも変容を遂げていっています。

今まであまり一般的ではなかったリモートという方法。どこにいても仕事の分野によっては可能であるということ。これ自体だけがよいというのではなく、リモート化によって首都圏・大都市圏の一極集中であった経済の動きが、地方に分散できるということ。またこれによる地方の過疎や経済の停滞を改善できる糸口になる。まだまだ一部の企業でしか行われていないのですが、技術革新でより一層の普及や価格の廉価化が起きることによって大きな流れとなり、社会の経済上の大転換期とも後世に言われるような時期が今です。これらは以前の日本社会では受け入れられにくいことだったはずです。会社に行き、社内や一定の行動範囲の中だけで仕事をするような感覚から、いつでもどこでも今ここでこの時間に仕事という形になりました。

新型感染症という禍によって世の中や人の心に暗い影がもたらされたのは事実です。しかし、新型感染症という禍の波からもたらされ事象を自分たちで福の波となしていきませんか。

（渡邉智修）

諸法は縁に随って起る　如来は是くの因を説きたまう　是くの法は縁に随って滅す　是れ大沙門の説（秘蔵記）

【あらゆる存在は縁によって起こる。如来はこの原因を説きたまう。この法則はまた縁によって滅する。これは如来の説法である】

◉どうしたらできるのか！　太平洋戦争が始まった頃、日本からアメリカへ渡った日系一世の家族は敵性外国人としてアメリカ各地の収容所キャンプに連れて行かれました。カリフォルニア州のマンザナー強制収容所の歴史を語る上で写真家の宮武東洋さんはとても重要な人物です。

宮武東洋さんはLAのリトル東京で写真屋さんをしていました。強制収容キャンプに連れて行かれる時、宮武さんはこっそりカメラのレンズとフィルムを荷物に忍び込ませて汽車に乗りました。肌を刺すような強い日差し、夜は山からの冷たい風の吹く荒野に建てられた電気も水道もないバラック暮らしの中、宮武さんは写真家としてキャンプでの生活を写真に記録することを決意し、友人の大工さんと共に木の廃材で箱型のカメラを作りました。ピントを合わせる部分は智慧を絞り、ホースと蛇口をくっ付ける部品を使いました。

明かりの無い夜のバラックは最高の暗室でした。こうして二年間、宮武東洋さんはマンザナーの風景と日系人の生活を撮り続けたのです。マンザナーで生活していた日系人の皆さんは困難に負けず常に「どうしたらできるのか！」を考えていました。その智慧をどんどんカタチにしていきました。荒野を耕し、畑を作り、住んでいるバラックの前には日本庭園を造り、学校や郵便局も建てて、強制収容キャンプを日本人街にしてしまいました。

ある日、アメリカ人の監視官に宮武さんは呼び出されました。監視官は言いました。「私がここへ来た時はこの部屋にジャケットを掛けておくからポケットを調べるといい」。そう言い残すと彼は部屋を出ました。ポケットの中には新しいフィルムが入っていました。

私は宮武東洋さんの娘さんにＬＡでは大変お世話になりました。コロナ禍の社会の中でふと日本人の魂とご縁の深さを思い出しました。

（加古啓真）

縁起の法はみな生滅する者なり（秘蔵記）

【縁起の教えは、生じたり滅したりするという変化の法則である】

◉縁は人を成長させる　この世のすべてのものは、縁が生じて存在しています。様々な縁というものは、他からの働きかけであるので、自分の意志にかかわらず、生じたり滅したりと常に変化をしています。

今私は、パソコンを使ってこの文章を打っています。またメールのやりとりなどもしています。今の時代には仕事や私生活の上で必需品となっています。しかし、この便利なパソコンは、いつまでも使えるものではなく、故障が生じ使用に耐えられなくなり、修理をしてもやがては壊れます。いつまでも購入時の状態を保つことができません。変化するのは物だけではなく、私達人間も同様です。

人の生涯を見ますと、寿命があり生ある者には必ず死があります。年齢を重ねると肉体に故障が生じ病に侵され、やがて終焉を迎えます。肉体だけではなく、私達の思考や心理も常に変化しています。例えば人格は、人と人との関係の中で学習経験を通して形成されるものであります。

私は、幼い頃の家庭で受けたしつけがよく記憶に残っています。褒められたり、叱られたりと、幾度も学習する中でしつけられていきます。やがて善悪の判断が理解でき、情緒が豊かになり、しだいに行動に変化が見えてきます。

就学しますと倫理や道徳の教育を受けます。そして、社会という集団の中で働き、今迄の学びの経験を通して複雑な人間関係や、環境に悩みながら自分の役割を果たしていこうと努力します。その時々の経験は、私達の記憶や智慧の蔵に残り蓄積されます。私達の周りを取り巻く時間、空間における環境の変化は、人々に改善し向上したいと思う気持ちを持たせます。

苦しみの中で佇む人々に、道を開く道標となるのが仏法であります。諸行無常の世界で、止まることのない物事の変化に気付いて対応することで、苦悩を解決することができます。この気付きは、原因を知ることができ自分を見つめるきっかけとなります。このような経験が人をさらに成長させます。

（天谷含光）

冬の凍《こおり》春に遭えば即ち泮《そそ》ぎ流れ　金石も火を得れば即ち消鎔《しょうよう》するが如し
諸法はみな縁より生じて自性なし（三昧耶戒序／平城灌頂文）

【冬の氷は春になれば解けて流れ、金属や岩石は火に焼かれて熔解する。このようにすべての物事は縁によって成立し、本性はない】

◉円　「因縁」という言葉を聞くと大半の方があまり良いイメージを持たれないだろう。時代劇やアニメ等では因縁のライバル等の言葉で使わたり、因縁を付けられるという些細なことで他人から難癖を言われる言葉に使われているからだ。

しかし密教ではまったく違う意味として使われており、「因縁」という言葉に「果」を付け足して「因縁果」。つまり、「因」という種（物事の起こり）があり、「縁」という土や水（要素）があるお陰で種が成長し「果」という実（結果）がなる。

現代語訳の文章に当てはめると、冬が寒いお陰で水は氷として存在することができ、また春が暖かいお陰で氷は水になることができる。これは当然のことですよね。これは人にも言えることです。つまり自分という「個」は「他」という縁があることで自分として存在でき、また自分が存在することで「他」が「個」として存在できるということです。

夫婦は夫がいるから妻になることができ、妻がいるから夫になることができる。部下がいるから上司になることができ、また上司がいるから部下になることができる。もっと極端なことを言うと、道端の石ころも貴方の一部であり、また貴方も石ころの一部であるのです。全ての人や物はまるで綱引きのようにお互いに作用しあっていますから大切にしなければいけないのです。ゆえに、他人を傷つけるということは天に唾を吐く行為と一緒で、結果自分を傷つけることになるのです。コロナ時代にマスクをしてない人間を攻撃したり、品薄の物を大量購入して高額で転売したり、ほんの少数だとは思いますが、凄く悲しくみっともない人がいるものだなと思ってしまいます。なぜ分かち合えないのか。なぜ攻撃することでしか意思を伝えられないのか。大変な時だからこそ助け合いが必要です。

地球はなぜ丸いのか。それは全ての人や物の「縁」が繋がって「円」になり、それが沢山あるから地球になっていることを胸に刻んで頂きたいと思います。（松本堯円）

心神《しんじん》と衆生と同異にあらず　因縁にして顕ることなおし響《ひびき》の如し（性霊集十十喩を詠ず）

【心と衆生は、同じものでも、異なるものでもない。響きが因縁によって起こるようなものである】

◉十のたとえ話　この聖句は天長四年三月一日、お大師さまが高尾山神護寺に居られた時に、東山の広智禅師に送った詩文の一節から抜粋しております。この詩文は後に『性霊集』に組み込まれました。『性霊集』はお大師さまの精神性、人生観、社会観等を知る手がかりとなる詩文集で、この「十喩を詠ず」にお大師さまは、密教における「さとりの境地」を十の譬喩（たとえ話）によって著わしております。

幻、陽炎、夢、鏡の中の像、蜃気楼、響き、水面に映る月、泡沫、虚空の中の花、松明を空中で回して出来る火の輪、大日経住心品において説かれる十の譬喩による詩文をお大師さまは「修行者の明鏡」、「求仏の人の舟筏」といい、「さとり」を求める全ての者の助けとなるように作られました。

そもそも、お大師さまは長い修行の果てに密教の教えに出会い、また、苦難の末に唐に渡り密教の教えの全てを授かりました。その困難な道のりに加え、密教の教えに出会い、密教の全てを修めるために人生の多くの時間を必要としました。そのため、お大師さまは後世に生きる私たちのことを考え、数々の教えを文字にして残されました。そして、この詩文の最後には「私がこの詩文を作った意図を忘れず、千年後の人々も忘れないように」と結び、後の世に生きる者たちに教えを受け継いでいくように願われました。現在は、お大師さま御入定からおよそ一千二百年の後の世となりましたが、その教えは現在まで絶やすことなく受け継がれております。

お大師さまの教えに触れたことはまだ「さとり」へ至る道の出発点に立ったに過ぎないのかもしれません。というのも、お大師さま自身が「言説を離れたり」と説いているからです。この十の詩文もただ詠むだけではいけません。お大師さまの教えは実践としての事相と理論としての教相によって成り立っております。理論を学び、そして修行によって実践する、その繰り返しの道をお大師さまは示されております。

（伊南慈晃）

体も無く実も無く　幻の如く影の如し　分段も変易も　因縁生の法は　九百の生滅あり（吽字義）

【因縁には本体も無く、実体も無い。幻や影のようなものである。分けられたり変化したりする因縁の法則は、一瞬のうちに九百回の生滅を繰り返している】

◉一瞬一秒の中で変化している　例えば明日、癌宣告をされたとします。例えば明日、余命宣告をされたとします。きっと混乱する事でしょう。日常が一変する事を宣言され、頭がついていかないだろうと思います。人は、いつかは必ず仏様の世界へ還るという事を分かってはいますが、心の底では自分だけは死なないと思い込んでしまっているのです。日々過ごす当たり前の日常は常に同じルーティンを繰り返し、なくなることは無いと思っています。しかし実際は決まりきった事などはなく、私達の命は常に変化しているのです。今こうしている間にも、多くの命が消え、多くの命が生まれています。ほんの一瞬の時間の中にも、過去や現在や未来があり多くの生滅を繰り返しています。

輪廻転生という言葉があります。人は亡くなっても魂は存在し続け、地獄道・餓鬼道・畜生道・修羅道・人間道・天道の六つの世界を廻るというものです。私という存在、今の姿、それらはこの一瞬の時間のもので永遠にこのままではないのです。

大好きな人が亡くなったり、嫌な事があったりすると気分は落ち込んでしまいます。しかし、どんな事象も全て現在の延長線上にあるだけです。今を生きる命の延長線上には死があり、その先には仏様の世界があります。時間や形を変えて魂は生き続け、生滅はずっと繰り返されるのです。

今、私の目の前には夏の万緑が残っています。しかし、それもいよいよ終わろうとしています。紅葉は先端が少しずつ赤くなり始め、冬の訪れを予告してくれています。やがて寒い冬が来ると、今私の目の前に広がる万緑の残りや草花は次に来る春の栄養になるため土に還ります。そしてまた、雪が消える頃には秋とは違う景色を生み出してくれます。その時間の流れは早く、あっという間に繰り返されています。命の循環、生命の生滅はとても素晴らしいものです。今日もこの一瞬一瞬にありがとうと感謝し両手を合わせ、南無大師遍照金剛。

（堀江唯心）

因縁

因果　相感ずることあたかも声響《しょうこう》の如し　業縁唱和すること還って形影《けいえい》に均《ひと》し（法華経開題　殑河《ごうが》女人／性霊集八　三嶋大夫）

【原因と結果は山彦のようなもの。行ないに縁が調うことは、物体に光があたれば影ができるようなもの】

◉私たちの生活を作り上げる縁　仏教を開かれたお釈迦様の有名な教えの一つに「因縁」というものがあります。これは物事の結果には必ず何かしらの原因が存在しているという教えです。良い行いをすれば、良い結果となって表れます。反対に悪い行いをすれば、悪い結果となり表れるのです。

例えば日頃からバランスの取れた食事をしていれば身体の健康を維持することができます。しかし身体に良くないものばかり食べていると、いつか健康を害してしまいます。主題のお言葉は、お大師様が因縁について説かれたものです。原因と結果は山彦のようなものであり、行いに縁が調うことは物体に光が当たれば影が出来るようなものであるとお大師様は仰せられています。山の頂上から大きな声を出せば山彦となって返ってくるように私たちの行いも、やがては自分自身の元へと帰ってくるのです。「咲いた花より咲かせた根の恩を知れ」。これは岐阜県のある高校の剣道部に掲げられた言葉です。その高校は平成二十六年にインターハイで日本一に輝いた全国でも屈指の名門校です。現在では高校剣道の世界でも有名な高校となりましたが、創部した当初はそうではありませんでした。初めの頃は全国大会の予選でも思うように勝ち進むことが出来ず大変苦労をされたそうです。しかし監督の先生の長年にわたる熱い指導により全国大会で優勝する強豪校にまで成長されたそうです。

根の存在が無ければ花を咲かせることは出来ません。その高校の剣道部では現在でも、そうした根の役割を果たし優勝へと導かれた監督の先生や応援してくださった方々への感謝の心を持ち続けているのです。

美しい花が咲いているのを見ると、その花びらの方ばかりを見てしまいます。しかし花を咲かせることが出来たのは根のお陰でもあるのです。根という目に見えない縁があり、開花するという結果に繫がっています。皆様の日々の生活で起きていることも、客観的に見てみると何かしらの原因が関わっているはずです。

（杉本政明）

因縁を尋ね覓《もと》むれば曾《かつ》て無性なり　不生不滅にして終始なし（性霊集十　十喩を詠ず）

【因縁の元を追求していけば、本体がなく、生ずることも滅することも、終わりも初めもない】

◉生まれる前の私と「どちて坊や」　禅問答に「父母《ぶも》未生《みしょう》の自己」というのがあります。あなたのお父さんとお母さんが生まれる前に、あなたはどうしていましたか？という問題です。なかなかの難問ですが、似た場面に遭遇したことがあります。高校の生物の時間に、先生が質問しました。

「君のお母さんが、おばあちゃんのお腹の中に居た時、君はどこに居ましたか？」

先生は何を禅問答のようなことを言っているんだろう……と思っていましたが、お腹の中の女の赤ちゃんの、そのお腹の中にはもう、卵子が蓄えられて眠っているのだそうです。何とも神秘的な話です。

さて、でもその先はどうでしょう？　ずっと遡って、最初の生命はどこからきたのでしょう？　神様が作った？　じゃぁ神様はどうやって生まれたのでしょう？　はたまた生命は宇宙からやってきたのでしょうか？　では、その最初の生命は、宇宙の中でどうやって生まれたのでしょう？　生命は自然と発生したのでしょうか？　無から有が生まれるのでしょうか？　そもそも宇宙はどうやってできたのでしょう？　宇宙に終わりはあるのでしょうか？

「どうして？　どうして？？」と幼児のように尋ねてみても、正解にはたどり着けません。何しろ今に至るまで大天才たちが挑んできましたが、まだわからないのですから。

この世はわからないことだらけです。自分のことさえ分かりません。私はここにこうして実際に、確かに存在しているのに、どこから来てどこへ行くのかわからないのです！　しかし、わからないから考えても無駄ということではありません。むしろアニメ「一休さん」のどちて坊やよろしく、極限まで考えて考え尽くしてみてください。きっと仏さまのお計《はか》らいが見えてきますよ。

（鈴木隆蓮）

あとがき

近藤堯寛

高野山大学のある学生は、就寝前に『空海名言辞典』を適当に開き、目に止まった名言一句を繰り返し読んで眠りに入り、翌朝その名言を思い出しながら起床。日中に名言をしっかり味わって弘法大師の教えを一つ一つ学んでいると言います。

また私の弟子（尼僧）は、悩んだときには『空海名言辞典』をランダムに開き、目を閉じてそのまま紙面に指を当て、該当の名言を味わうことによって今の悩みや疑問を解くヒントにしていると言います。空海名言は悟りへ通じる経路が帝釈天の網目のように脈々と流れていますから、ランダムであっても該当の一句を深く吟味すれば悩みの縺れが解けてくるのでしょう。

またある男性（42）は、塾の講師を休職して高野山大学の授業を一年間聴講。『空海名言辞典』をテキストにしている私の授業に魅せられ、私の弟子になって帰京していきました。

筑摩書房から一通の封書が転送されてきました。『空海散歩』に寄せた読者からの手紙です。文面には、朝食に一句、昼食に一句、夕食に一句、就寝前に一句、名言法話の内容を思い出していると書かれてありました。元英語教師のこの男性（63）は一日四句というペースで一冊を二か月ほどかけて味読されていて、一話一話が法事の席に座っているようだと言われます。「法味を嘗める」という読書スタイルに敬服し、礼状を書きましたらこの方と交際が始まり、兵庫県より高野山へ登嶺なされて歓談をしました。

本書のベースになっている『空海名言辞典』には百九十の項目があります。この項目に基づいて『空海散歩』は著者八十数名が分担して法話を創作しています。一項目に数名が執筆を担当していますから、多角的に学ぶことができます。

例えば、「鐘」について知りたければ、第三巻を開いてください。六名の著者がそれぞれに梵鐘の響きを伝えています。「空」を学びたければ、本巻に十八名の著者が論述していますから、これによって空を学ぶことができます。お大師さまの著述方法について学びたければ、第六巻を開いてください。「文芸」十七句、「作詩」十五句、「作文」二十二句、「書道」十二句、「筆法」七句があり、七十一名の著者がお大師さまの執筆スタイルを披露しています。お大師さまの「入定」については、本書全体に流れていますが、特に本巻では九名の先生によって弘法大師の入定とその信仰について語っていただいています。

このように、本書全十巻が揃えば百九十項目にわたる真言密教の教義や大師信仰、思想、文芸、人柄などを広範に学ぶことができます。ゆえに、本書は『空海法話事典』として活用することができます。全十巻セットの企画もあります。ご期待ください。

本書シリーズはいよいよ佳境に入り、弘法大師の核心に迫ります。ご愛読の上、ご意見をお寄せください。あなたの感想が執筆者の励みになり、これによって交流も生まれています。お大師さまの糸に結ばれた心の架け橋をさせていただきます。

執筆者一覧（生年順）　＊印は「白象の会」発起人

氏名	生年	出生地	現住所	所属	寺院等	役職
野條泰圓＊	昭10	岡山	岡山県苫田郡	高野	安養寺	住職・本山布教師
安達堯禅	昭11	愛知	愛知県一宮市	高野	日比野弘法堂	支部長
井本全海	昭14	大阪	大阪府河内長野市	高野	勝光寺	住職
篠崎道玄	昭20	奈良	東京都府中市	山階	興徳寺	住職・元宗会議員
岩佐隆昇	昭20	徳島	徳島県徳島市	高野	桂林寺	役僧・臨床宗教師
浅井證善	昭21	北海道	奈良県奈良市	高野	龍象寺	住職・大峰ボランティア「峰の友」代表
湯浅宗生	昭21	鳥取	鳥取県八頭郡	高野	多寶寺	住職・鳥取宗務支所長・本山布教師
近藤堯寛＊	昭21	愛知	和歌山県高野山	高野	櫻池院	住職・高野山大学非常勤講師
佐川弘海	昭22	愛媛	愛媛県西条市	御室	光明寺	住職
友松祐也	昭23	京都	京都府京丹後市	高野	如意寺	住職
丸本純淨	昭23	大阪	大阪府豊中市			薬剤師
田中智岳	昭23	和歌山	京都府木津川市	高野	和泉寺	住職・元宗会議員・まちづくり系ＮＰＯ法人理事長・台湾高野山真言宗協会顧問
菅 智潤	昭24	香川	香川県三豊市	善通	円明寺	住職・管長
畠田秀峰	昭25	徳島	徳島県板野郡	高野	安楽寺	住職・四国八十八ヶ所霊場会会長・本山布教師

河野良文	昭26	福岡	奈良県奈良市	高野	大安寺	住職・本山布教師
伊藤全浄	昭28	京都	兵庫県明石市	高野	極樂寺	住職
大咲元延	昭28	大阪	大阪府大阪市	曹洞宗		中小企業診断士
大下大圓	昭29	岐阜	岐阜県高山市	高野	千光寺	住職
柴谷宗叔	昭29	大阪	大阪府守口市	高野	性善寺	住職・高野山大学研究員
花畑謙治	昭30	福井	東京都中央区	サドラー・ジャパン（株）社長		
雪江　悟	昭30	千葉	米国カリフォルニア	辯天宗		会社役員
森　正樹	昭31	福井	神奈川県横浜市	浄土真宗		会社員
藤本善光	昭31	大阪	福岡県田川郡	高野	十輪院	住職
中谷昌善	昭32	和歌山	兵庫県神戸市	高野	大師寺	住職・本山布教師
長崎勝教	昭32	高知	高知県土佐清水市	豊山	金剛福寺	住職
森　堯櫻＊	昭32	大阪	滋賀県甲賀市	高野		ＮＰＯ法人暮らしと文化研究所理事長
加藤俊生	昭33	愛媛	愛媛県松山市	豊山	石手寺	住職
糸数寛宏	昭33	沖縄	富山県砺波市	高野	日照院	住職・本山布教師
後藤瀞興	昭34	大阪	大阪府堺市	高野	興源寺	名誉住職
瀬尾光昌	昭34	神奈川	香川県小豆郡	高野	西光寺	住職・本山布教師
大塚清心	昭35	福井	愛知県名古屋市	高野	大師寺	住職
佐々木琳慧	昭35	滋賀	滋賀県犬上郡	高野	不動院	住職
山田弘徳＊	昭35	愛知	愛知県名古屋市	高野	真勝院	住職

堀部明圓　昭35　愛知　愛知県岩倉市　高野　金剛寺　住職
木藤清明　昭38　愛媛　愛媛県四国中央市　高野　光厳寺　住職
亀山伯仁　昭38　香川　香川県三豊市　高野　密蔵寺　住職・本山布教師・阿字観能化
吉田宥禪　昭38　大阪　岡山県矢掛町　高野　多聞寺　住職・本山布教師
橘髙妙佳　昭39　広島　広島県広島市　御室　安楽寺　徒弟
吉森公昭　昭40　大阪　石川県輪島市　高野　西光寺　住職
松本堯有　昭40　四川省　和歌山県高野山　高野　尼僧・「翻訳通訳オフィス」代表
愛宕邦康　昭41　鳥取　埼玉県狭山市　一燈宗　一燈仏学院　教授・元種智院大学非常勤講師
中村光観＊　昭41　和歌山　和歌山県伊都郡　高野　興法寺　住職
中原慈良　昭42　広島　和歌山県紀の川市　高野　高野山大学　非常勤講師
雨宮光啓　昭42　大阪　大阪府岸和田市　高野　大師教会光寿会 支部長
中村一善　昭46　徳島　徳島県板野郡　高野　觀音寺　住職
佐藤妙泉　昭46　兵庫　和歌山県高野山　高野　紀州高野山横笛の会主宰
小野聖護　昭46　石川　愛知県岡崎市　高野　弘正寺　副住職・本山布教師
山本海史　昭46　東京　岐阜県高山市　高野　㈱シェアウィング　高山支店マネージャー
赤塚祐道　昭46　千葉　千葉県市川市　新義　徳蔵寺　住職・教学講習所講師
阿形國明　昭47　岡山　岡山県久米郡　高野　華蔵寺　住職
富田向真＊　昭47　京都　和歌山県高野山　高野　高野山高校　教諭・本山布教師・布教研究所員
佐伯隆快　昭47　広島　岡山県倉敷市　醍醐　長命密寺　住職

曾我部大和	昭48	徳島	徳島県阿波市	高野	明王院	住職
川崎一洸	昭49	岡山	高知県香南市	智山	大日寺	住職
大瀧清延	昭49	広島	広島県福山市	大覚	薬師寺	住職　阿字観能化
鈴木英秀	昭49	埼玉	埼玉県熊谷市	高野	歓喜院	副住職
伊藤聖健	昭49	北海道	北海道上川郡	豊山	大聖寺	住職
穐月隆彦	昭50	愛媛	愛媛県西条市	御室	実報寺	住職
中村光教	昭50	山口	山口県周南市	高野	切幡寺光泉苑	支部長
成松昇紀	昭51	和歌山	宮崎県えびの市	高野	弘泉寺	副住職・本山布教師
伊藤貴臣	昭51	大阪	大阪府堺市	高野	高野山大学大学院	講談師
阿部真秀	昭51	北海道	北海道上川郡	高野	眞弘寺	副住職
髙田堯友	昭52	大阪	和歌山県高野山	高野	櫻池院	職員
千葉堯温	昭52	広島	大阪府河内長野市	高野	勝光寺	副住職
白川密成	昭52	愛媛	愛媛県今治市	高野	栄福寺	住職
岩崎宥全	昭53	長野	長野県諏訪市	高野	佛法紹隆寺	住職
白馬秀孝	昭53	長野	長野県塩尻市	高野	郷福寺	副住職
細川敬真	昭53	宮城	和歌山県和歌山市	高野	一休院	住職
坂田光永	昭54	広島	広島県福山市	高野	光明院	住職
村上慧照	昭54	徳島	徳島県徳島市	高野	西光寺	副住職
渡邉智修	昭56	京都	和歌山県高野山	高野	金剛峯寺	職員

加古啓真	昭62	兵庫	兵庫県加西市	高野	寳泉寺	副住職
天谷含光	平01	奈良	徳島県板野郡	高野	觀音院	副住職
松本堯円	平02	愛知	愛知県名古屋市	高野		
伊南慈晃	平04	和歌山	和歌山県海草郡	高野	金剛峯寺	職員
堀江唯心	平08	徳島	和歌山県高野山	高野	無量光院	大学生
杉本政明	平12	神奈川	和歌山県高野山	高野	高野山大学	大学生
鈴木隆蓮		宮城		高野	大師教会支部	支部長
小西涼瑜		宮城	東京都	高野		アシュタンガヨガ正式資格指導者

執筆者別索引

＊数字は頁番号

白象の会は、『空海名言法話全集』出版のために二〇一六年七月、発起人によって命名された、真言宗系の著者で組織する団体です。弘法大師御誕生千二百五十年記念として、二〇二三年六月十五日までに全十巻を刊行することを目的としています。裏表紙のマークが、本会のロゴマークです。

空《くう》海《かい》名《めい》言《げん》法《ほう》話《わ》全《ぜん》集《しゅう》　空《くう》海《かい》散《さん》歩《ぽ》
第七巻　さとりの風景

二〇二一年六月一五日　初版第一刷発行

著者　白象の会
監修　近藤堯寛
編集　白象の会発起人
協賛　四国八十八ヶ所霊場会
発行者　喜入冬子
発行所　株式会社筑摩書房
東京都台東区蔵前二－五－三　〒一一一－八七五五
電話番号〇三－五六八七－二六〇一（代表）

印刷・製本　中央精版印刷株式会社

ISBN978-4-480-71317-9 C0315